曾巩文化丛书

纪念曾巩诞辰1000周年

宦游九州
曾巩政治思想研究

夏老长 —— 主编
Xia Laochang

江西人民出版社
Jiangxi People's Publishing House
全国百佳出版社

《宦游九州：曾巩政治思想研究》

主　编： 夏老长

副主编： 陈飞龙

撰　稿： 王永明（小引、第八章）　刘欣欣（第一章）
彭晓华（第二章、第十章）　夏老长、胡波（第三章）
陈飞龙、马银华（第四章）　顾建华（第五章）
黄行福（第六章）　邹自振（第七章）
李秀华（第九章）

曾巩文化丛书

宦游九州

曾巩政治思想研究

夏老长 —— 主编

Xia Laochang

江西人民出版社
Jiangxi People's Publishing House
全国百佳出版社

图书在版编目（CIP）数据

宦游九州：曾巩政治思想研究 / 夏老长主编. -- 南昌：江西人民出版社，2019.6

（曾巩文化丛书）

ISBN 978-7-210-11341-6

Ⅰ. ①宦… Ⅱ. ①夏… Ⅲ. ①曾巩（1019-1083）—生平事迹 Ⅳ. ①K825.6

中国版本图书馆CIP数据核字（2019）第095429号

宦游九州：曾巩政治思想研究

HUANYOU JIUZHOU ZENGGONG ZHENGZHI SIXIANG YANJIU

夏老长 主编

策划编辑：王一木
责任编辑：聂柳娟
出　　版：江西人民出版社
发　　行：各地新华书店
承 印 厂：南昌市红星印刷有限公司
地　　址：江西省南昌市三经路47号附1号
编辑部电话：0791-88612505
发行部电话：0791-86898815
邮　　编：330006
网　　址：www.jxpph.com
E-mail：942867919@qq.com　web@jxpph.com
2019年6月第1版　2019年6月第1次印刷
开　　本：787毫米 × 1092毫米　1/16
印　　张：14.5
字　　数：210千字
ISBN 978-7-210-11341-6
赣版权登字—01—2019—194
定　　价：53.00元

总序：向来一瓣香，敬为曾南丰

王水照

宋代的江西是文化辉煌、群星璀璨的地区，所谓“两宋文人半江西”。其时人文鼎盛，堪与汉唐比肩，给后世留下丰厚的精神遗产，江西的才俊们做出很大的贡献。唐宋八大家，宋占其六，而江西又占宋之半壁。在这些熠熠群星间，曾巩是炫人眼目的存在，用朱熹的评价就是：“公之文高矣，自孟、韩以来，作者之盛未有至于斯。”

曾巩早年求学期间，家庭频遭变故，以致他以单弱之身“经营食众口，四方走遑遑”，但“艰难困苦，玉汝于成”，终于进士及第，走上仕途。在馆阁九年，校勘、编定了多种史书。馆阁之后自求外放，转徙七州，政务处理精敏清廉，政声流芳千古。在曾巩的著述生涯中，于文学、理学、史学、金石学等文化领域均有重大的建树，王安石对他的成就推崇备至：“曾子文章众无有，水之江汉星之斗。”这是曾巩的生前之名。

从南宋朱熹的崇奉开始，历元、历明、历清，数百年间，他的声望一日高于一日。明初的朱右创《八先生文集》，嗣后就形成了绵延不绝的“八大家”选本系统。到清初被誉为“天下清官第一”的张伯行编《唐宋八大家文钞》，此书共选曾巩文章128篇，几等于同书其余宋五大家选文的总和。曾巩的声誉到达顶点，几乎无人可以颉颃。也就是说，在八九百年的时间内，曾巩在文学上的声望是不亚于欧、苏、王的，甚至某些方面、某个时期还受到过特别的褒扬。作为中国文学史两宋期间承上启下的代表性人物，曾巩被誉为“上续孟子，下启濂洛”，也因此，他被视为“千古醇儒”。

后世对曾巩这样的尊奉，可用陈师道的诗来形容："向来一瓣香，敬为曾南丰。"这是曾巩的身后之名。

五四狂飙突起，曾巩的历史命运遭遇重大转折。提倡科学、民主，高呼"打倒孔家店"口号的新文化运动，对于素以"醇儒"面世的曾巩，自然处在横扫之列；他的"古文"以说理为主，提供了我国古典散文审美体系中别具一格的类型，但与其时新文学运动提倡文学革命、张扬以抒情性、形象性为核心的西方"纯文学"观念，发生严重冲突，曾巩和其他文学先贤一起，跌落到被冷落、被贬抑的低谷。虽有不同的声音，但甚为微弱。这不仅是对历史人物的不公，更是不利于深刻认识曾巩遗产对于当下社会的精神价值，不利于文化选择的多样性，不利于民族性的坚守。我们不能自弃取径，自毁宝藏。

1983年，江西省在曾巩故里南丰县举办了曾巩逝世900周年的纪念活动。学界重新审视曾巩，对曾巩的文学、史学的存在致以相当隆重的敬意。从此曾巩重新进入现代人的视野，他的文本被重新阅读，重新评价。曾巩自然是经得起重新阅读和重新评价的。

2019年是曾巩诞辰1000周年，江西各地举行隆重的纪念活动。这是一次盛会，也是一股东风，我们要借此更深入地研究曾巩，拿出更多的成果来，以慰藉这位曾一度备受冷落的大家。曾巩诞辰千年之际，江西省及曾巩故里南丰及早谋划，推出这套《曾巩文化丛书》，一共8册，从曾巩的诗、文、传记、家族、年谱、生平事迹、仕历等方面着手研究，力图全方位展示曾巩整体的完满形象。丛书作者既有省内外曾巩资深研究学者、专家，也有本地新的研究人员，《曾巩文化丛书》墨香浓郁，琳琅满目，深耕细作，推广了曾巩文化，又培养了后继人才，可谓一举数得。

传承中华优秀的传统文化，探寻两宋江右文化繁荣兴盛的原因，必须以深刻分析研究人物个案为切入点。这套《曾巩文化丛书》便是一次很好的践行，值得细读精研。

是为序。

（王水照，复旦大学首席教授，博士生导师，中国宋代文学学会原会长）

目录

第三章
莫问会稽山外事——曾巩在越州

第四章

莲歌渔唱念曾公——曾巩在齐州

第五章

善政文采至今传——曾巩在襄州

第六章

买船东南寻故里——曾巩在洪州

第七章
为郡天涯亦潇洒——曾巩在福州

第八章
无边江海量兼容——曾巩在明州

第九章
老去飘零心未折——曾巩在亳州

第十章
蓬莱人问几时回——再回汴京

谁道京师有政声

——小引

曾巩画像　封治国作

宋仁宗嘉祐二年（1057），三十九岁的曾巩登进士第，次年任太平州司法参军，开始了他二十五年的仕宦生涯，直至宋神宗元丰六年（1083）病逝于江宁府（今江苏省南京市）。曾巩任职共历九个地方，称"宦游'九州'"。如下表所示：

宦游地	大致相对应的今地名	官职及待遇	起讫时间
太平州	安徽省当涂县	司法参军	嘉祐三年（1058）春—嘉祐五年（1060）冬
汴梁（京城）	河南省开封市	馆阁校勘、集贤校理，兼判官告院，英宗实录院检讨官	嘉祐五年（1060）冬—熙宁二年（1069）秋
越州	浙江省绍兴市	通判	熙宁二年（1069）—熙宁四年（1071）四、五月
齐州	山东省济南市	知州	熙宁四年（1071）六月十六日—熙宁六年（1073）九月
襄州	湖北省襄樊市	知州	熙宁六年（1073）冬—熙宁九年（1076）

续表

宦游地	大致相对应的今地名	官职及待遇	起讫时间
洪州	江西省南昌市	知州，充江南西路兵马都钤辖	熙宁九年（1076）—熙宁十年（1077）春
福州	福建省福州市	知州、度支员外郎、直龙图阁，兼福建路兵马钤辖，赐绯章服	熙宁十年（1077）八月初九—元丰元年（1078）九月
明州	浙江省宁波市	知州、度支员外郎、直龙图阁，兼领市舶司	元丰二年（1079）正月二十五日—元丰二年（1079）五月三十日
亳州	安徽省亳州市	知州	元丰二年（1079）七月十六日—元丰三年（1080）九月
汴梁（京城）		勾当三班院、史馆修撰、管勾编修院、判太常寺，兼礼仪事、中书舍人，赐三品服	元丰三年（1080）十月二十六日—元丰六年（1083）

本书以曾巩官宦生涯中的为人、为政、为文三个方面的内容为主，全面展示曾巩的政治思想与实践。

曾巩为人惇大直方，取舍必度于礼义。这是曾巩在为人及道德修养方面的鲜明特征，体现了中国传统儒家思想“君子和而不同”的至高操守。曾肇《亡兄行状》中说：“其为人惇大直方，取舍必度于礼义，不为矫伪姑息以阿世媚俗。”[①] 曾巩的馆阁同僚林希《曾巩墓志铭》中说：“平居推诚待物，坦然无疑，于朋友喜尽言，虽取怨怒亦不悔。自其求补外凡十二年，而不悦公者屡欲有以挤之。然公奉法循理，终莫能中伤。”[②] 曾巩所交游，欧阳修、王安石、蔡襄、赵抃、范仲淹等等，都是当时名士，更是北宋位高权重的名臣。曾巩与他们至诚相交，朋而不党，挺立无所附。王安石权位日高时，曾巩并不因为他是自己的好朋友而违心附和，而是针对变法直面提出自己的意见，

① 曾巩撰，陈杏珍、晁继周点校：《曾巩集》，中华书局 1984 年版，第 791 页。
② 曾巩撰，陈杏珍、晁继周点校：《曾巩集》，中华书局 1984 年版，第 800 页。

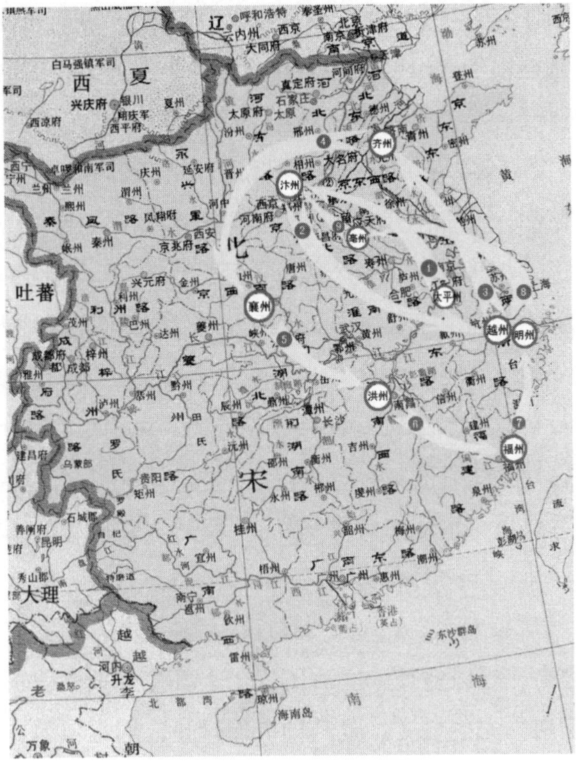

曾巩宦游九州图

“虽取怨怒亦不悔”，始终坚持“取舍必度于礼义”的处世原则。曾巩离任齐州之后，吕升卿为京东路察访使，在齐州“多端非理”，刻意寻求曾巩的过失，竟然没有找到曾巩的任何把柄。这是因为曾巩奉法循理，清廉自律，故莫能中伤。曾巩为人之风节操守，令人敬仰。

曾巩为政盛闻治声，堪称为官之典范。曾巩施政有章法，据曾肇《亡兄行状》等史料记载，曾巩每到一州，对州郡事务，总览纲条，悉心调研，分任僚属，责令完成。他订立一定的标准作为法则，实行督查、考核。曾巩所任职的州郡，大多数都是难以治理的州郡，他到任后，率先垂范，令行禁止，僚属们莫不竭尽自己的力量，勇于作为，勤于职守。正因为曾巩施政有章法，“外更六州皆剧处，然公为之无难”[①]。其行政能力可见一斑。曾巩为政清正

① 曾巩撰，陈杏珍、晁继周点校：《曾巩集》，中华书局 1984 年版，第 799 页。

廉洁。曾巩在福州任上疾呼："太守与民争利，可乎？"[①]明州任上，断然退还高丽国进奉使依照惯例送给明州知州和通判的土特产。曾巩治理州郡，政绩斐然。《亡兄行状》说："其材虽不大施，而所治常出人上。"[②]比如曾巩知齐州两年，"豪宗大姓敛手莫敢动，寇攘屏迹，州部肃清，无枹鼓之警，民外户不闭，道不拾遗"[③]。卸任齐州时，百姓"绝桥闭门"挽留曾巩。曾巩所到之处，"澄清风俗，振理颓坏，斗讼衰熄，纲纪具修，所至皆然也"[④]。曾巩在福州任上，因为政绩突出，"京师盛闻治声"[⑤]。其实何止在地方，曾巩在京城任职时，"感激奋励，思有所自效。……除吏日至数十，人人举其职事以戒，上数称其典雅，天下翕然传之"[⑥]，同样政绩显赫。无论是治理州郡，还是任职京师，他都堪称为官之典范。

曾巩为文简严典重，卓然而自成一家。《宋史·曾巩传》中说："曾巩立言于欧阳修、王安石间，纡徐而不烦，简奥而不晦，卓然自成一家，可谓难矣。"[⑦]曾巩文章在当时就享有盛名。比如王安石说："曾子文章众无有，水之江汉星之斗。"赞誉之高，难以复加。之后历代士人都极为推崇曾巩。南宋朱熹说："熹未冠而读南丰先生之文，爱其词严而理正。居常诵习，以为人之为言，必当如此。"[⑧]南宋陈宗礼将曾巩文章和"三苏"文章进行比较："眉山父子兄弟文之奇，南丰先生文之正。奇者如天马，如云龙，恍惚变态；而正者金之精，玉之良，凡物莫能加也。帛之暖，粟之饱，不可一日而无，人莫知其功也。"[⑨]陈宗礼认为"三苏"的文章"奇"，曾巩的文章"正"。他用一个比喻指出曾文的价值：曾巩的文章像棉帛一样使人暖和，像米粟一样可以给人充饥，人们不能一天没有它，但是又不知道它的功绩。在儒家思想为主

---

① 脱脱等：《宋史·列传》卷三百一十九，中华书局1985年版。
② 曾巩撰，陈杏珍、晁继周点校：《曾巩集》，中华书局1984年版，第792页。
③ 曾巩撰，陈杏珍、晁继周点校：《曾巩集》，中华书局1984年版，第792页。
④ 曾巩撰，陈杏珍、晁继周点校：《曾巩集》，中华书局1984年版，第793页。
⑤ 曾巩撰，陈杏珍、晁继周点校：《曾巩集》，中华书局1984年版，第130页。
⑥ 曾巩撰，陈杏珍、晁继周点校：《曾巩集》，中华书局1984年版，第800页。
⑦ 脱脱等撰：《宋史·列传》卷三百一十九，中华书局1985年版。
⑧ 朱熹：《跋曾南丰帖》，《晦庵集》卷八十三。
⑨ 陈宗礼：《迎盱门祠堂记》，《续修曾文定公族谱·祠墓志》南丰道光己亥版。

流意识形态的我国古代，言必孔孟，行必忠孝礼义，无终食之间，造次必于是，颠沛必于是，曾巩的文章谁都需要。正因为如此，明清两代，曾巩的地位极高、影响极大。明代的唐宋派和清代的桐城派都奉曾巩为圭臬，把曾巩的文章当典范来学习。唐宋派的代表作家王慎中说："由西汉而下，莫盛于有宋庆历嘉祐之间，而粲然自名其家者，南丰曾氏也。"① 茅坤编辑《唐宋八大家文钞》，把包括曾巩在内的唐宋八大家权威性地定格在中国文学史上。清代的桐城派代表作家有方苞、刘大櫆、姚鼐等，在继承唐宋派文学观点的基础上，对曾巩的文学思想、创作方法和诗文艺术进行了更为全面、更为深入的研究与学习，把曾巩当作是"文统"与"道统"合一的楷模。曾巩的文章确实是中国思想史、文学史上一颗璀璨耀眼的明珠。

下面，我们将围绕曾巩转徙九州的官宦生涯，来叙述其为人、为政、为文的事迹，全面展现他的政治思想和杰出的政治才能。

---

① 王慎中：《南丰曾先生文粹序》// 曾巩：《南丰曾先生文粹》，明嘉靖二十八年刻本。

第一章

砥砺中锋初入仕
——曾巩在太平州

位于江淮水网地带的北宋太平州（今安徽省当涂县），是当时年届不惑的曾巩宦游经历的第一站，他自嘉祐三年（1058）春至嘉祐五年（1060）冬，在此地任司法参军。

历经命运坎坷而矢志不渝的曾巩，凭借其丰富的学养、娴熟的治政方法，妥善化解矛盾、勤奋履职、坦诚交友，小试牛刀，颇受好评。

第一节　非常之喜与意外之惑

一、中年折桂

北宋仁宗嘉祐元年（1056），时年三十八岁的曾巩，在历经了庆历二年（1042）应试落第的十数年之后，再次打点行装，携其三弟两妹夫共同踏上了进京赴考的征程。出生于儒学世家的他，自幼聪颖，“读书百数千言，一览辄诵，年十有二，日试六论，援笔而成，辞甚伟也”[①]。曾师从名家欧阳修，在其时已是名满神州的文坛翘楚的。曾巩按说应是“视取功名如拾草芥”的，

---

① 曾巩撰，陈杏珍、晁继周点校：《曾巩集》，中华书局 1984 年版，第 791 页。

但奈何造化弄人，尽管他博学多才，却屡困场屋。

以曾巩如此大才，缘何会每每抱屈落第？究其缘由，因宋朝科举承袭唐制，进士考试以诗赋策论为主，“有司束以声病，学者专于记诵”。自然，这种单纯片面的选才方式，是不利于选拔出具有真才实学的人才的，在当时就有许多有识之士提出过要改革这种不合理的科举制度的建议，如范仲淹就曾经指出：“国家专以辞赋取士，以墨意取诸科，士皆舍大而趋小道，虽济济盈庭，求有才有识者，十无一二，况天下危困乏人如此，将何以救？在乎教以经济之业，取以经济之才，庶可救其不逮。”[①] 但尽管如此，科举弊端不改如故。

面对这种状况，许多士子虽然不善辞赋，不习骈体，但也不得不学一点骈四俪六的“时文”，以便能高中进士，例如曾巩的恩师欧阳修就曾直言自云：“少从进士举于有司，学为诗赋，以备程试，凡三举而得第。”[②] 而曾巩却不通此机变，一味地以自己擅长的汉唐古文应试，自然会落榜而归。后又因其父曾易占被诬罢官，家无“饘鬻之养”而躬耕垄亩，自身“病肺”达数年之久等，接连数次错失了朝廷开科取士的机会。而这一次，对于个性自守不回的他来说，也可能又是一次徒劳的尝试。

其时，整个北宋文坛中以真宗朝杨亿、刘筠、钱惟演为首的“西昆体”，在欧阳修和尹洙、梅尧臣共同致力创造的诗文革新的打击下已渐沉沦，到了庆历年间却又兴起了一种以学官石介为首的“太学体”，即一味追求艰涩怪癖、内容迂阔矫激的文风。作为古文大家、北宋诗文革新运动的积极参与者，曾巩是断然不屑去写此类文章的。不过此时的曾巩倒是根本未从其他方面去做过多的考虑，而是在一到京城之后便专心致志地求学去了。

天生英才终须用。这一届的科举是注定了要给他带来非常之喜的。

意外的机遇来自朝廷对考官的任用。嘉祐二年（1057），欧阳修奉命知贡举，主持科试。同科主持本届考试的同知贡举还有端明殿学士韩绛、翰林

① 《钦定四库全书·史部·范文正奏议卷上·治令奏议类二·治体·答手诏陈条十事》。

② 欧阳修著，洪本健校笺：《与荆南乐秀才书》，《欧阳修诗文集校笺》，上海古籍出版社 2009 年版，第 1173 页。

学士王珪、侍读学士范镇和龙图阁直学士梅挚。他们又共同推荐梅尧臣为参评官。

作为北宋文坛盟主的欧阳修，为达到为国广纳贤才的目的，决心利用这一次难得的主考机会，一改已往单纯以诗赋取士的弊端，并以此推动诗文革新，力矫“太学体”之弊，使诗文走上健康发展的道路。他的想法得到同知贡举的几位同僚的一致赞同。

果然，在这场考试中同科选拔出了像曾巩、苏轼、苏辙等诸位在日后共同名列“唐宋八大家”的文坛巨匠，及如曾布、吕惠卿等数位日后位列宰辅的人物。其他在本科中脱颖而出的一时俊彦、一代名儒更是比比皆是，得人之盛，可谓是空前绝后了。这对曾巩个人来说实乃是在历经十数年困顿之后的非常之喜，而对于当时的朝廷以及整个中华文学发展来说，何尝又不是历史性的非常之喜呢？

二、初仕遇挫

金榜题名的曾巩，在京师与诸师友盘桓应酬了数月之久，大约于五月后启程返乡。这一次的返乡可不是十多年前被无聊里人所讥讽为“一双飞去一双来”的“落煞”“曾家两秀才”了。其一门同科六进士的荣耀可以说是史无前例的。

人的一生，往往会有诸多莫名的困惑。像曾巩这样自守不移的贤者，早就以文名著称于世的一代醇儒，却因不屑阿世媚俗，做“附啄腥污”之举，而一生大受谤伤。从当年首次进京应举“避兄而居”的所谓“不悌”，到吕公著在与神宗陛对时对其所污蔑的“行义不如政事，政事不如文章，以是不大用”[①]云云，林林总总，不一而足。曾巩一贯遵循儒家理念，坚持以道德自律，自励于风节，自然是以豁达的胸襟，对一切诽谤之言嗤之以鼻、淡然处置的。正如他在庆历二年（1042）落第南归途中所作《之南丰道上寄介甫》一诗中所写到的“吾心本皎皎，彼诟徒嘐嘐。方投定鉴照，即使征马班。

① 脱脱等：《宋史》卷三一四，中华书局 1999 年版，简体字本，第 8360 页。

相期木兰楫，荡漾穷川湾”[①]那样，心地坦荡不惑。但在此时，又一次的造谣中伤，却给他在嘉祐三年（1058）初赴太平州司法参军任职过程中带来了莫大的困惑。

曾巩在嘉祐三年（1058）得到朝廷的第一份任命，命其出任太平州司法参军，并于是年开春，即由家乡建昌军南丰县赴太平州之任，其间沿途朋友的迎送唱酬自是不必说的了。他的恩师欧阳修与挚友王安石等，皆以极其恳切的口吻向他的上司主官、时任太平州知州的张伯玉热情推荐他，可是，张伯玉并未把曾巩放在眼里，根本不为所动，且在与曾巩共事期间还产生了一些摩擦。

这位在宦海浸淫多年的张知州，与曾巩之父曾易占同科进士，有着同年之谊，算来也应属曾巩的父执辈人。但是，也不知他是从哪里听得屑小谗言，说是曾巩以其年少，自恃才名，曾对其有过不恭的非议，私下以不识字诋毁过张伯玉。[②]而这位出生于宋真宗咸平六年（1003）的上官，虽然仅年长曾巩 16 岁，但因早在仁宗天圣二年（1024）就先登进士第，再登书判拔萃科，庆历初年（1041）就开始出知县、府、州事，不仅娴熟吏治，而且擅长文学，博闻强识，在其所任治所颇有政声。按其常理，此时二人风云际会，本应惺惺相惜、彼此倾慕。但因这位张太守误信谗言在先，心存芥蒂，或许还自恃政声、才名和其父执身份，所以刻意责难、教训这位不知天高地厚的后生晚辈一番。

司法参军，即司法参军事。两汉郡僚佐有决曹、贼曹掾。北齐与隋称法曹行参军。唐于府称法曹参军，县称司法佐。宋有司法参军，掌议法断刑；又有司理参军，掌讼狱勘鞫。据《太平州志·职官志》记载：“幕属录事司理、司法、司户参军之属，职田三顷，俸料钱秩有差。”[③]

本来司法参军的地位就较低，与司理参军、司户参军一样，都属于地方上的低级官员。收入低微却责任重大，其实不过也就是地方长官知州的一个

① 曾巩撰，陈杏珍、晁继周点校：《曾巩集》，中华书局 1984 年版，第 21 页。
② 李震：《曾巩年谱》，苏州大学出版社 1997 年版，第 85 页。
③ 李震：《曾巩年谱》，苏州大学出版社 1997 年版，第 191 页。

幕僚罢了，是一切必须仰其长官鼻息行事的。当他们一旦遇到刻薄刁难的上司，其处境是可想而知的。

而此时的曾巩则完全是处在一种毫不知情的状态之中，到任之初，自然是以当时的官场惯例拜见主官,但所受到的却是不愠不火的冷遇。据李震《曾巩资料汇编》所引宋吴曾《能改斋漫录》卷十《张伯玉记六经阁取王弼传〈易〉意》文云："吾尝见吕居仁，言曾子固初为太平州司户，时张伯玉作守。欧阳公与荆公诸人咸荐之，伯玉殊不为礼。一日，就设厅作大排，召子固。惟宾主二人，亦不交一谈。既而召子固于书室，谓曰：'人以公为曾夫子，必无所不学也。'子固辞避而退。一日，请子固作《六经阁记》，子固屡作，终不可其意。乃谓子固曰：'吾试为之。'即令子固代书曰：'六经阁者，诸子百家皆在焉，不书，尊经也。'乃知伯玉之意，取李畋发明弼传《易》之意耳。"①

可以看出，曾巩在开始并未领悟到张伯玉将这个阁命名为"六经阁"，是借鉴了李畋所说的王弼解释《易》经的方式，这使张伯玉很不满意。

本来，张伯玉完全可以在事前将六经阁命名的意图告诉曾巩，而大可不必让年轻的下属猜谜一样地去揣摩上司的心思。即便不告知，一篇文章的立意也可以有多种选择，不必一定要按上司的意图去写。所以，张伯玉这样做，是多少有些故意刁难的意图在内的。

曾巩似乎也意识到了这一点，作为当时早已誉满天下的文坛骄子，又是在历经数十年"江湖苦遭俗眼慢,禁禦尚觉凡木多"②的艰辛磨砺而终得及第的科场新秀来说，此时正是意气风发、踌躇满志之时，遭此无端刁难，自然是不可能毫无原则地唯唯诺诺、逆来顺受的。但作为一个秉承儒家忠恕、中庸之道的谦谦学者，又不至于激愤失态。更加之他父亲当年在信州玉山县令任上，因抵制上司信州太守钱仙芝的索贿而遭挟愤构陷失禄丢官，飘零避祸十二年之久，致使家道中落的惨状，一直让他心有余悸、如鲠在喉，于官场的勾心斗角避之唯恐不及。所以，他所能做的也唯有如履薄冰、战战兢兢、

① 李震：《曾巩资料汇编》，中华书局2009年版，第94—95页。

② 曾巩撰，陈杏珍、晁继周点校：《曾巩集》，中华书局1984年版，第7页。

谨小慎微的谦恭自处，以免重蹈其父覆辙。

这在他给挚友王回的书信《与王深父书》中曾有明晰表述："在官折节于奔走，悉力于米盐之末务，此固任小者之常，无不自安之意。顾初至时，遇在势者横逆，又议法数不合，常恐不免于构陷。方其险阻艰难之时，常欲求脱去，而卒无由。"①

另据曾巩佚文《与密学别纸启》亦有云："某白首微官，苟稀寸禄，候伺之屈，奔走之劳，是皆常分。顾唯凌暴窘辱之非意，风波险恶之难测，动须忧畏，曾不皇宁，则心形具困，无复平昔，慨然思归，日满山林，辄欲收身，尚复顾私为贫，未能决然引去。真小人之仕唯利禄者也，岂可谓知耻也哉。"②

当涂县"太平府文化园"仿古建筑清源门

此启应为曾巩与时任枢密直学士的蔡襄之书信。依文中"孟夏渐热，伏唯密学执事尊候动止万福"和"秋冷，伏唯顺时自重"可知，行文之时应是在嘉祐三年（1058）夏秋交际之时。其时的曾巩，作为一位年满四十、品位低下的"白首微官"，既不愿因利禄而奔走于权门，又不堪无端遭受"凌暴窘辱"，宦海风波令他感到压抑郁闷，"心形具困，无复平昔"，不免使之产生出退隐的想法，但又因须顾及家庭生计"尚复顾私为贫"，故而"未能决然引去"。此书充分流露出曾巩初到太平州时的痛苦矛盾心情。

好在这种有如芒刺在背的处境并未持续太久，通过他的诚心以待、谦恭处置，终于守得云开见月明。

据李震《曾巩年谱》考证："梅尧臣是年为国子监直讲，作有《送次道

① 曾巩撰，陈杏珍、晁继周点校：《曾巩集》，中华书局1984年版，第263—264页。
② 转引自金程宇：《新发现〈永乐大典〉残卷中的曾巩佚文》，《学术月刊》2004年第9期。

学士和太平州因寄曾子固》诗一首（《宛陵文集》卷五十六）。诗云：‘春浦杨花撩乱飞，春江鮆鱼来正肥。采石新林女儿去，茭白蒲牙艇子归。归令煮鱼不得熟，已望使君船上矶。上矶亦不待潮应，争牵篾缆泥污衣。姑熟溪头捶打鼓，红抹靴刀趋俯偻。牙兵可拟岸傍芦，森森甲立雄南土。更得西州谢法曹，新咏定多传乐府。’朱东润《梅尧臣集编年校注》（卷第二十八）将此诗系于是年。此诗写春景，题又云《寄曾子固》，是年春曾巩已在太平州任上。又，欧集（卷第七）《送宋次道学士赴太平州》（按：古堤老柳藏春烟，桃花水下清明前。江南太守见之笑，击鼓插旗催解船。侍中令德宜有後，学士清才方少年。藏书万卷复强记，故事累朝能口传。来居侍从乃其职，远置州郡谁谓然。交游一时尽英俊，车马两岸来联翩。船头朝转暮千里，有酒胡不为留连。），题下自注‘嘉祐三年’亦可得证。”[①]

宋敏求，字次道，燕国公宋绶子。宝元二年（1039）赐进士及第，仁宗朝历任馆阁校勘、集贤校理，知太平、亳州，累迁至工部郎中。由前文梅尧臣与欧阳修诗文可得知，曾巩于春初到太平州上任时的知州还是张伯玉，但在数月之后的暮春时节，宋敏求就到太平州接任知州了。这从其嘉祐三年（1058）所作的《代太平州知州谢到任表》中亦可看出，此时的知州已有更替，而那张伯玉应该已经离任而去。所以曾巩会在两年后的嘉祐五年（1060）对王深父说道：“今于势者已更，幸自免于悔咎。而巩至此，亦已二年矣。”[②]

第二节　勤政展才学

一、尽职护民

太平州地处长江沿岸的水陆交通要津，属长江水系。其境内多河流、

---

① 李震：《曾巩资料汇编》，中华书局 2009 年版，第 7 页。

② 曾巩撰，陈杏珍、晁继周点校：《曾巩集》，中华书局 1984 年版，第 264 页。

湖泊，水网交错，长江纵贯州境西部，湖泊横陈治所东缘。就在曾巩到任前后的连续数年之内，这里暴雨涝灾连续不断，“去岁之水，其危害大矣。……今苗始莳而雨不止，若将又病之，民有转死之忧”[①]。因为“水之害甚矣”[②]使得百姓“方且结草苇以自讬于坏堤毁埠之上，有饥饿之迫，无乐生之情。其屡发而为盗”[③]，贫民因饥寒而为盗者时常有之。不法之徒凭借水陆交通之便利作奸犯科，杀人越货者借天灾而愈发猖獗。

宋代的司法参军，职掌议法断刑。曾巩历经数十年的勤学苦读，对历代法典及本朝律法了如指掌，况又常怀悲天悯民之心，所以在其定谳盗案时能十分地小心求证、认真地斟酌参详，将各类案犯按其罪行轻重归类，“皆别见于图之上下，而狱之轻重详矣”[④]。这正如曾巩故后其弟曾肇为其所作的《亡兄行状》中所说：“为司法，论决轻重，能尽法意，由是明习律令，世以法家自名者有弗及也。”

这在曾巩的一篇类似工作总结性质的文章《叙盗》中有过明晰的分析表述。他在文中说道：

“盗三十人……凡应死者十有八人。……凡应徒者，十有二人。此有司之法也。

“其创作兵仗，合众以转劫数百里之间，至于贼杀良民，此情之尤可嫉者也。

“方五六月之时，水之害甚矣……有饥饿之迫，无乐生之情。其屡发而为盗，亦情状有可哀者也。

“《康诰》曰：‘……是则杀人之盗，不待教而诛，此百王之所同，而未有知其所始者也。……则非杀人之盗，有待教而诛者，此亦百王所同，而未有知其所始者也。’不待教而诛者，天下之所不得容也；待教而诛者，俟之

① 曾巩撰，陈杏珍、晁继周点校：《曾巩集》，中华书局1984年版，第537页。
② 曾巩撰，陈杏珍、晁继周点校：《曾巩集》，中华书局1984年版，第216页。
③ 曾巩撰，陈杏珍、晁继周点校：《曾巩集》，中华书局1984年版，第216页。
④ 曾巩撰，陈杏珍、晁继周点校：《曾巩集》，中华书局1984年版，第216页。

之道既尽矣，然后可以责之备也。……天子尝密下宽大之令，许降其罪，而此非有司之法也。至杀人与赃重者亦不降，有司法之存焉，亦《康诰》之意也。

"余当阅是狱，故具列其本末情状以览观焉，以明余之于是尽心矣。"①

其后有明代著名散文家茅坤曾对此文做出过评语："前半篇按图次盗情本末如画，后半篇则又归重于不忍刑之意，此子固之文所以动合典刑也。而子固之谳狱详悉处，亦可见矣。"②

在此期间，曾巩作有一篇写给时任提点江南东路刑狱王安石的回信《太平州与提刑别纸启》："某以属吏，理当隔绝，不敢辄进私书以冒烦视听。而拜别门下，未及旬日，再蒙宠贶手教，眷爱之至，非复常情，其为重赐，何以当之；其为感幸，岂敢忘也。所谓孙小九，情宜正其重辟而听于钤辖司，固如尊旨；至于妻子从坐，若不上请，则尚有可疑。盖闻今狱辞云，所杀者非一家三口，若果如是，则盗杀五人以上，妻口与同居周亲及财产皆应请比，自有奏令，恐须至奏陈，不审如此处之如何，愿不惜终赐委曲教诲之，而某于职分，所当受约束与下执事者也。辱存宠之厚，故敢及此，冒黩微尊，不任皇恐之至。"③

曾巩曾前往金陵拜访王安石，不足十日便收到王安石的来信。信中，王安石大概是对一宗杀人案件的判处提出了要求。《太平州与提刑别纸启》正是曾巩对王安石来信的回复。

案犯孙小九杀人未及一家三口，但王安石应是在来信中要求曾巩将其妻子从坐处决，而曾巩则认为如此处置量刑过重，并列举理由说："若果如是，则杀五人以上，妻口与同居周亲及财产皆应请比，自有奏令，恐须至奏陈。"作为属吏能如此精确析辨法度，为犯人家属能得到合法处置而向顶头上司据理力争，足以证明他的"明习律令"和"论决轻重，能尽法意"。而且，他还强调对百姓应当"委曲教诲之"，重视对民众的教化，也更能看出他的爱

① 曾巩撰，陈杏珍、晁继周点校：《曾巩集》，中华书局1984年版，第216页。

② 茅坤：《唐宋八大家集》卷六。

③ 转引自金程宇：《新发现〈永乐大典〉残卷中的曾巩佚文》，《学术月刊》2004年第9期。

民护民之心。当然这应是在他与王安石尚未产生隔阂之前的事了。

曾巩恪尽职守，在从事司法参军的本职工作中显得游刃有余，因此曾巩在《送宣州杜都官》一诗中也曾略显欣慰地写道："拨置簿书有余力，放意樽罍无俗情。忠义非徒劝风俗，恺悌固可交神明。余休比户得涵泳，嚣讼累岁皆澄清。"①

由此亦可得见，此时的曾巩，虽说是初涉仕途，却小露锋芒，不仅保持了文风的徐纡婉转，且表现出精明干练、游刃有余、从容不迫的治政能力。诗文的字里行间充分体现出了根植于曾巩心中的中庸仁义的儒家理念。可见，曾巩真的不像吕公著之流所污蔑的那样"行义不如政事，政事不如文章"。

另外，在《叙盗》篇末所说的"余当阅是狱，故具列其本末情状以览观焉，以明余之于是尽心矣"中，亦可看出曾巩身处幕僚之位，凡事谨小慎微之心态。

二、力行政务

以曾巩的精明干练，处理好司法参军本职内的政务工作，乃游刃有余。于是，他在处理好本职政务之暇、与过往友人酬唱之余，尚能充分地眷顾同僚，协理本州其他政务。

其间，仅为时任知州代书的表文就有《代太平州知州谢到任表》《代太平州知州谢赐钦恤刑敕书表》《代太平州知州谒庙文》等篇。这些本应由知州亲书的表文，却一应由曾巩代书，当然这在当时的官场是一种惯例，但也足以说明这新任的知州并非像前任张伯玉那样对曾巩心存芥蒂，而是对曾巩有一定信赖的。

这些处境的变化，亦可从曾巩的作品中窥探到一些痕迹。他的《桐树》一诗，描写一株被"弃地瓦砾间"的桐树，由"惜哉禀受弱，安使鸾凤顾。商声动犹微，秀色触已沮。低摧乱繁条，逼迫畏清露"，逐渐转而为"暄情幸未阕，飘落傥可拒。噫号冲飙回，激射阴霰聚。此事复可言，瞪视空薄

① 曾巩撰，陈杏珍、晁继周点校：《曾巩集》，中华书局 1984 年版，第 57 页。

暮”。[①] 从诗行中，隐约可以看出作者当时是处境稍安的。

此外，曾巩在太平州司法参军任上所作的《太平州祈晴文》与上列诸文又有不同，并未写明“代书”，或许可理解为是由曾巩主持的一次活动。按说，像谒庙及祈晴求雨诸类的拜谒祭祀活动，应由地方主官主持而不应由像曾巩这样一个主管司法的参军来操持办理的。而事实上，从一些文献资料中可以看出，这一时期的太平州知州已近乎于一个撒手掌柜了，不但像前文所说的《代太平州知州谢到任表》《代太平州知州谢赐钦恤刑敕书表》《代太平州知州谒庙文》是由曾巩代笔，同样像祈晴祷雨这样的祭祀大事干脆也由曾巩代为。正因如此，使得曾巩在行文当中不敢过于自揽其责，而是说：“吏之不能事神治民，以降兹沴，不敢逃其责。然沴之既降，非吏之所能扞而止也。唯神旧依吾民，而食于此土，扞患除灾，固神之职，敢不以告？”[②] 而不像其在《泰山祈雨文》中所说的“虽政或不良，足以致此，而百姓何罪？宜蒙哀矜”[③]。及《大悲祈雨文》之所言“吏非循良，敢不任咎”[④] 等深刻自贬自责之类的词语，或许也是为了顾及当时知州的自尊吧。

或许此时的曾巩所要代劳的，还不仅仅是草拟文书这么简单的公事，同时还要代为操劳州府其他日常事务。这其实也为曾巩提供了一个良好的见习机会。冗杂的政务锻炼了他的治政能力，也为他此后治政理念的形成奠定了基础。正如他的品行、文风一样，他的理政思想同样是深受端正醇雅的儒家思想影响的。以他的品行而言，他是一个有着强烈责任感的人，并且有足够的能力去担当责任、积极实践。

他的治政理念虽然是坚持“追尧舜三代之盛”，但又不会盲目地崇古贱今，他所遵循的是历经古人检验之法，即所谓“其法已行，其效已见”。他所推崇的是最能集中体现周代典章制度的《周礼》，并力图将之融会贯通于自己的治政思想中。

---

① 曾巩撰，陈杏珍、晁继周点校：《曾巩集》，中华书局 1984 年版，第 52 页。
② 曾巩撰，陈杏珍、晁继周点校：《曾巩集》，中华书局 1984 年版，第 537—538 页。
③ 曾巩撰，陈杏珍、晁继周点校：《曾巩集》，中华书局 1984 年版，第 538 页。
④ 曾巩撰，陈杏珍、晁继周点校：《曾巩集》，中华书局 1984 年版，第 542 页。

第三节　醇儒的情怀

一、仰贤缅古

太平州治所姑孰（今当涂），位于长江下游东岸，一路向东奔涌而来的万里长江流经此处做了个向北的折转，当涂即位于折转后的东侧江畔。其得名于古涂山氏国，《尚书·益稷篇》就有禹娶涂山氏女的记载。此地历史渊源悠久，据民间传说，北距当涂不到90公里的马鞍山（今马鞍山市），就是由西楚霸王项羽所骑的乌骓马在为项羽徇死后，遗落的马鞍幻化而成的。

早在宋代以前，此地即为历代文人墨客揽胜抒怀之所。自秦以来，有数百位诗人在这里留有近千首脍炙人口的诗文，故而此地被南朝大诗人谢朓称之为“山水都”。诗仙李白曾7次游历当涂，写就《望天门》等五十六

诗仙胜境

首千古绝唱，晚年更是定居当涂，终老青山。唐代翰林学士、擢中书省博士、同知府事、主会试潘庭坚，著有被后世传颂、千百年来被用作幼儿启蒙教材的《千字文》的南朝文人周兴嗣以及被梅尧臣称之为“天才如此，真太白后身”的北宋诗坛主将之一郭祥正等，均为当涂出身的历史文化名人。

试想，曾巩居身于文化底蕴如此深厚的文乡学府之中，怎能不如鸟翔长空、鱼跃瀚海般的尽情遨游一番。

他在太平州任职期间著有诗、文三十余篇，除其代人所写的多篇谢表、贺状、祭祀、墓志铭等文章之外，尚有追怀凭吊古人的如《谒李白墓》，有表现与朋友游览登临的闲情逸志的如《延庆寺会景纯正仲希道介夫明叟纳凉同观建郢宫中画像翰林墨迹延庆寺者刘裕故宅中有寿丘山》，有咏怀历史人物、历史事件，借以抒发自己的感喟的如《明妃曲》，亦有和朋友倾诉衷肠的《与王深父书》和对挚友忠言劝谏的《与王介甫第二书》等等。

自唐以后的文人，但凡到太平州（当涂），无有不拜谒李白墓的，而曾巩自然也未能例外。我们现在所能读到的他于此间所作的一篇《代人祭李白文》，其文冠以“代人”并以“姑孰之野，予来长民。举觞墓下，感叹余芬”结句，可知这又是代时任知州所作之文。

虽为代人捉刀，但曾巩在立意行文上却是一丝不苟、不遗余力的，字里行间充满了对先贤的敬仰之情。他在文章开头开宗明义地说道：“子之文章，杰立人上。”认为李白之文是“大巧自然，人力何施？”全文一百七十六字，洋洋洒洒，一气呵成，写得轻盈飘逸，婉转纡徐。虽为代人作文，实乃文者自身感受之写照。他在致力赞誉李白诗文的同时更批评了当时“下里之学，辞卑义鄙。士有一曲，拘牵泥滞。亦或狡巧，争驰势利”的现象。

而他在《谒李白墓》中则发出了“顾我自惭才力薄，欲将何物吊前贤”[①]的感叹，从中充分体现出了一个谦谦学者反躬自省、敬仰先贤的醇儒本质。

---

① 曾巩撰，陈杏珍、晁继周点校：《曾巩集》，中华书局1984年版，第89页。

李白墓

嘉祐四年（1059），王安石作《明妃曲》二首，他在诗中一反前人从同情昭君、悲其远嫁或叹元帝昏庸、画工贪腐而咏叹明妃的角度，将汉唐以来文人墨客笔下的“昭君悲”“昭君怨”几乎写成了“昭君乐”，除描写其身世可悲之外，还揭示出她对故国、亲人的挚爱之情以及推己及人的善良心肠，所刻画的形象不惟可悲，而且可敬。

王安石此诗一出，和诗四起，其时的文学名家如欧阳修、梅尧臣、司马光、刘敞等均有和诗，而作为王安石好友的曾巩亦和诗二首。

明妃未出汉宫时，秀色倾人人不知。何况一身辞汉地，驱令万里嫁胡儿。
喧喧杂虏方满眼，皎皎丹心欲语谁？延寿尔能私好恶，令人不自保妍媸。
丹青有迹尚如此，何况无形论是非。穷通岂不各有命，南北由来非尔为。
黄云塞路乡国远，鸿雁在天音信稀。度成新曲无人听，弹向东风空泪垂。
若道人情无感慨，何故卫女苦思归。

蛾眉绝世不可寻，能使花羞在上林。自信无由污白玉，向人不肯用黄金。
一辞淑屋风尘远，去讬毡庐沙碛深。汉姬尚自有妬色，胡女岂能无忌心？
直欲论情通汉地，独能将恨寄胡琴。但取当时能托意，不论何代有知音。

长安美人夸富贵，未央宫殿竞光阴。岂知泯泯沉烟雾，独有明妃传至今。[①]

曾巩的和诗，是通过对王昭君命运的惋惜而抒发出对人生际遇的感叹。这时的他已名满天下，但因年近不惑方涉仕途，且又即遭“当事者横逆”，其诗中那“喧喧杂虏方满眼，皎皎丹心欲语谁”，不正与当时曾巩自身境遇颇有几分相似吗？应该说，此时的他还未能完全摆脱那种担心身受陷构的心态，尚处于“延寿尔能私好恶，令人不自保妍媸”的忧虑中。而诗中“丹青有迹尚如此，何况无形论是非”“穷通岂不各有命，南北由来非尔为”，所揭示的恰恰就是存在于社会现实中的那种是非曲直任人反复颠倒的丑陋现象，这对于曾经饱受谤伤之苦的他来说，或许还真的会感到人生有如浮萍，任由摆布的无奈。“若道人情无感慨，何故卫女苦思归。”和番的黄云路远、鸿雁音稀，应是诗人其时心境的写照，正因为有其满腹的愁绪，方有卫女思归之感叹。

然而，感伤归感伤，作为一代醇儒，其惜羽之心却未曾稍减，他所赞许的是明妃那种“自信无由污白玉，向人不肯用黄金”的傲骨，他追求的不是世俗眼中的虚荣浮华，而是一种自守不回的信念：“但取当时能托意，不论何代有知音。”他一反历代文人大多对明妃悲其远嫁的论调，将在“未央宫殿竞光阴”中虚夸富贵的“长安美人”与“直欲论情通汉地，独能将恨寄胡琴”的王昭君相比对，发出了“岂知泯泯沉烟雾，独有明妃传至今”的赞叹。

诗以言志，曾巩在此诗中通过对明妃的咏叹，发出了对自身境遇以及某种社会现象的感慨，也抒发了其坚守理念的心境。全诗结构严谨，韵律通畅。这还真的不像他的学生秦观所说的“曾子固以文名天下，而有韵者辄不工”[②]，及其另一位学生陈师道所说的“曾子固短于韵语”[③]，更不像彭渊材那样，在明知所说的话“不入时听”，却还将所谓“曾子固不能诗”列为“鲥鱼多骨、

---

① 曾巩撰，陈杏珍、晁继周点校：《曾巩集》，中华书局1984年版，第59页。

② 苏轼著，李之亮笺注：《记少游论诗文》，《苏轼文集编年笺注》诗词附·九，巴蜀书社2011年版，第338页。

③ 陈师道：《后山诗话》// 何文焕辑：《历代诗话》，中华书局2004年版，第312页。

金橘太酸、蓴菜性冷、海棠无香”之后的“第五恨”[①]。他们不知道，曾巩并非是“韵者不工”“短于韵语”，更不是“不能诗”，只不过是因为其散文成就更高，以致“文掩诗名”罢了。

二、剀切规友

在曾巩任职太平州司法参军之前的嘉祐二年（1057），他的好友王安石由知常州移提点江东刑狱，直接管辖着太平州等数个州府的刑狱公事，可以说是曾巩的顶头上司。当时的王安石在提点江东刑狱任上时，或因其行事风格而多招讽谤物议。这一点在王安石本人与好友王深父及曾巩的书信往来中多有提及。而曾巩在他的《与王介甫第二书》中也曾提及“比辱书，以谓时时小有案举，而谤议已纷然矣”，可见王安石此时已深为其事烦恼。

所以曾巩在此书中劝导王安石曰：“足下无怪其如此也。”并因之而阐述出自己的观点：“夫我之得行其志而有为于世，则必先之以教化，而待之以久，然后乃可以为治，此不易之道也。”然后再强调教化所能起到的潜移默化的作用：“有渐磨陶冶之易，而无按致操切之难；有恺悌忠笃之纯，而无偏听摘抉之苛。”[②]从教育方法的角度来看，则是“己之用力也简，而人之从化也博”，从而逐步达到“迁善而远罪，虽有不肖，不能违也”的境地。相反，如不先施行“教化”，而欲“责善与人”，其结果必然是“己之用力也愈烦，而人之违己也愈甚”。古代之人但凡有行此道者，“人皆悦而恐不得归之。其政以熄而人皆思，而恨不得见之，而岂至于谤且怒哉？”

不如是，是不能收到预期的效果的。“按致操切之法用”，其必然会导致“怨忿违倍之情生”，而“偏听摘抉之势行”，会使“谮诉告讦之害集”。最终必然会是“己之用力也愈烦，而人之违己也愈甚”。更何况“今之士非有素厉之行，而为吏者又非素择之材也。一日卒然除去，遂欲齐之以法，岂非左右者之误而不为无害也哉？”因而他坦诚地对王安石说道：“谤怒之来，诚有以召之。故曰足下无怪其如此也。”分析王安石的心态是在于“顾吾之职

---

① 《四库全书·子部·杂家谈·惠洪·冷斋夜话》。
② 曾巩撰，陈杏珍、晁继周点校：《曾巩集》，中华书局 1984 年版，第 255 页。

而急于奉法，则志在去恶，务于达人言而广视听，以谓为治者当如此”，却没有考虑到“夫志于去恶者，俟之者道已尽矣，则为恶者不得不去也。务于达人言而广视听者，己之治乱得失，则吾将于此而观之，人之短长之私，则吾无所任意于此也”。他在书信的结尾又用较为委婉的口气说道：“足下于今最能取于人为善，而比闻有所晓者，足下皆不受之，必其理未有以夺足下之见也。”[①]

指出当时导致王安石为之烦恼的纷然谤议，在很大程度上是因其自身的处事方式“思之不审”。劝导其在行事决策时应“达人言而广视听”。这也正如前文提及之《太平州与提刑别纸启》中所反映出来的一样，是完全由他们两人各自不同的性格所决定的，且曾巩其时应是本着一贯秉持的那种“平居推诚待物，坦然无疑，于朋友喜尽言，虽取怨怒亦不悔”[②]的行事风格对挚友进行规劝的。然而这正切中了王安石性格中执拗的一方面，所以他的这一番推心置腹的话语，最终还是以“其理未有以夺足下之见也”而告终。

王安石是否就此书明确回复过曾巩，我们尚不得而知，但他在《答王深父书》中就曾说道：“某学未成而仕，仕又不能俛仰以赴时事之会。居非其好，任非其事，又不能远引以避小人之谤谗，此其所以为不肖而得罪于君子者，而足下之所知也。”在谈到自己在刑狱提点任上的政务时他说：“故某于江东得吏之大罪，有所不治，而治其小罪。不知者以谓好伺人之小过以为明，知者又以为不果于除恶，而使恶者反资此以为言。”并坚持认为自己的行事“固无以媚斯世，而不能合乎流俗也”，且“自江东日得毁于流俗之士，吾心未尝为之变”。直到得知“吾朋友亦以为言”，方才“怵然自疑，且有自悔之心”。但在反复思考之后却又认为：“吾友庸讵非得于人之异论，变事之传，而后疑我之言乎？”他对王回说：“知我深，爱我厚……足下尚有以告我，使释然知其所以为罪，虽吾往者已不及，尚可以为来者之戒。”从他的这番话中可以得知，他本在“自江东日得毁于流俗之士”时起就从未曾想过

① 曾巩撰，陈杏珍、晁继周点校：《曾巩集》，中华书局 1984 年版，第 256 页。
② 曾巩撰，陈杏珍、晁继周点校：《曾巩集》，中华书局 1984 年版，第 800 页。

要“为之变”，因为不必为“媚斯世”而去“合乎流俗也”。直到有“吾朋友亦以为言，然后怵然自疑，且有自悔之心”。但虽为“自疑”而终非“自省”，反念一思，则又以为“我的朋友又怎么不可能会是在误听了别人的‘异议’以及被讹传了的事实后而对我的话产生了怀疑呢？”虽然他也期盼朋友“有以告我，使释然知其所以为罪”，但当曾巩以其一颗诚炽的挚友之心，与他推心置腹地坦荡交流时，他也并未稍更性情，这或许就是曾巩后来评价王安石“吝于改过”的原因吧？亦或为各人所特有的“秉性”所致罢？也或许正是由于这种个人性格的差异，而导致了他们各自处事的方式不同。不过这并未影响到后来曾巩对王安石新政改革的具体执行，金代临汾刻本《南丰曾子固先生集》中有一首《杜鹃》诗，此诗所作年月不详，但其中“人各有求难意合，何须勤苦劝人归”两句，却似乎很契合曾巩当时的心境和对分歧的态度。后来的事实也充分证实，曾巩在其后的各州任上对王安石新政是坚决执行并卓有成效的。

第四节　召赴馆职

嘉祐五年（1060）十一月，欧阳修为枢密副使。这对曾巩来说又是一大喜事。早在庆历元年（1041）曾巩初谒欧阳修时，两人就产生了惺惺相惜的心灵碰撞，当时曾巩以《上欧阳学士第一书》及其杂文时务策两篇并献，欧阳修一见其文而奇之，他曾在《送杨辟秀才》中说道：“吾奇曾生者，始得之太学。初谓独轩然，百鸟而一鹗。”①

此后在欧阳修的悉心教导下曾巩的文章渐趋成熟，更深得恩师赏识。直到二十年后的嘉祐五年（1060），欧阳修在《送吴生南归》中还写道：“自我得曾子，于兹二十年……我始见曾子，文章初亦然。昆仑倾黄河，渺漫

① 欧阳修著，洪本健校笺：《欧阳修诗文集校笺》卷六，上海古籍出版社2009年版，第34页。

盈百川。决疏以导之，渐敛收横澜。东溟知所归，识路到不难。”[①] 此诗本为欧阳修写给吴孝宗的，但他却反复在其中提及“得曾子”“见曾子”，由此可见欧阳修对曾巩文才的嘉许。这也正如邵博在《邵氏闻见后录》中所说：“是子固之文，遇欧阳修公方知所归也。”

欧阳修为枢密副使这一年，正是曾巩在太平州任司法参军满三年之时。在仲秋之季，曾巩手书《与内翰给事别纸启》与恩师，其间有云：“去违门馆，今三年矣。”并委婉地表露出自己“流落之迹，只欲退藏”的情形心迹。[②]

对于一生以为国荐贤为己任的欧阳修来说，在身居高位之际，当然不会忘了其举荐心仪贤能的要务，因此他即上《举章望之曾巩王回等充馆职状》云：“太平州司法参军曾巩自为进士，已有时名。其所为文章，流布远迩，志节高爽，自守不回。……宜被朝廷乐育之仁。……臣今保举，堪充馆职任。欲望圣慈，特赐甄擢。如后不如举状，臣甘当同罪。”[③]

宋时大臣荐人如遇不淑是要承担连带责任的，而像欧阳修这样能在举荐奏文中斩钉截铁地承诺“如后不如举状，臣甘当同罪”者，当不多见，这足见欧阳修在对举荐曾巩等人的事情上是不遗余力、充满自信的。

而此事对于曾巩来说，却不亚于自嘉祐二年（1057）科举得中的喜悦，虽然此时他与新上司的关系较为和缓，但毕竟还是处身在一种必须时时事事保持高度警觉、谨小慎微的状态中，那种以幕僚身份寄人篱下的处境，也只有当事人才能有切身体会。缘此，当曾巩在接到朝廷钦命之后，即于嘉祐五年（1060）冬欣然赴京就任，开始了新的宦游历程。

---

① 欧阳修著，洪本健校笺：《欧阳修诗文集校笺》卷六，上海古籍出版社 2009 年版，第 184 页。
② 转引自金程宇：《新发现〈永乐大典〉残卷中的曾巩佚文》，《学术月刊》2004 年第 9 期。
③ 《钦定四库全书·集部·文忠集卷一一二·奏议卷十六》。

第二章

京华宦旅十年辛
——曾巩在汴京

度过太平州司法参军那段对曾巩来说颇为惊心动魄的时期，嘉祐五年（1060）座师欧阳修为他引荐的史馆职位颇有适时而来的意味。离开使他感受挫折的地方，去史馆履新似乎预示着一条坦途，既可潜心修行，又可耐心在这“名卿贤相，多出此途”的机构等待大用，践行自己的理念。这一年曾巩42岁，不惑之年，似乎看到了自己光明的政治前途。没想到，这一待就是九年。

第一节　履新汴京之初

一、赴京履新

嘉祐五年（1060）二月，朝廷下诏，三馆秘阁各置编校书籍官职位。十一月，新任枢密副使欧阳修向朝廷推荐王回（王深父）、曾巩、章望之三人出任该职。当年曾巩就赶到京城，接受朝廷对应试史官的考核。

从太平州到汴梁城可走通济渠水路，这条水路是汴梁城的运输线，扬州的粮米最快三天就可运达京都。宋朝对这条运输线非常倚重，宋太宗曾经在汴水浚仪段决堤时亲自前去视察，并对百官说：“东京养甲兵数十万，居人

汴京古城墙

百万家，天下转漕，仰给在此一渠水，朕安得不顾。”①

宋太宗的这番话透露出宋朝的一个最致命的痼疾，京都汴梁城将拖累这个王朝，很有可能使其无百年之运。这一点，宋王朝的创建者赵匡胤早就看到并指出过。

汴梁城，从夏朝帝杼迁都至此两千余年间，陆续有诸侯国建都于开封，像战国时期的魏国，西汉时期的梁国。到了五代，中国再次南北分裂，北朝朝代更迭，篡唐的朱温建立梁国，建都开封；十七年后被后唐灭国，后唐设都于洛阳；十四年后，后晋灭掉后唐，将国都再次设于开封；十二年后，契丹灭掉后晋，在开封短暂停留数月就回到北方草原，后汉趁机占领开封建都称帝；四年之后，后汉大将郭威灭掉后汉建立后周，定都开封。短短五十年不到，开封作为国都迎来了走马灯一般的建国又亡国。又十年之后，宋太祖赵匡胤陈桥兵变，黄袍加身，建立宋，都城也是建在开封。但宋太祖想迁都，去洛阳或是长安，他甚至已经做了一些尝试，开宝九年（976），宋太祖借去西京洛阳郊祀，祭祀完就不打算回开封，就势定都洛阳，被弟弟晋王赵光义劝回。

宋太祖为什么要迁都呢？首要的原因开封是四战之地，无险可守。要守住开封，只能聚重兵，靠数量可观的兵来守京城。京城是一国之首，不能不守。

但养兵就要耗财糜饷，同时又会造成冗兵状况，财饷的耗费又得增加，

① 脱脱等：《宋史》卷九十三，中华书局 1999 年版，简体字本，第 1558 页。

形成一个恶性循环，像是套在帝国脖子上的绳索。治平三年（1066），三司使蔡襄在《论兵十事疏》提到过："一岁所用，养兵之费常居六七，国用几无矣。"①

王禹偁《建隆遗事》记载了宋太祖解释为什么迁都："吾将西迁无它，欲据山河之胜而去冗兵，循周、汉故事，以安天下也。"当时晋王赵光义劝谏说："在德不在险。"被弟弟上了那么大的纲和线，赵匡胤久久不语，最后只好妥协，说："晋王之言固善，今姑从之，不出百年，天下民力殚矣。"

这个预言一年又一年被证实着，宋建立于五代残乱之后，但人口、财富逐年增长，到宋太宗时，就两倍于盛唐，可是仍旧国用不足。苏辙指出其根源是三冗：冗兵、冗官、冗费。三冗之中又以冗兵耗费最大，治平年间的大臣陈襄说得更是不留余地："乃六分之财，兵占其五。"宋王朝只剩下六分之一的财赋供除养兵之外的其余各项国用，其中还包括冗官需要养以及皇室宗亲需要赏这两大无底洞。这两项也不得了。元丰三年（1080）曾巩上书建议："诚诏有司按寻载籍，而讲求其故，使官之数、入者之多门可考而知，郊之费、用财之多端可考而知。"②对于冗兵，司马光评论："兵众而不精。"③

大臣们敢议论冗兵对国家的危害，不敢讨论是谁造成这局面。烛光斧影之后，议论"在德不在险"的阻劝那不是直接说宋太宗为了做皇帝，不肯离开自己经营了多年的开封——晋王赵光义任过开封府尹，在开封培植了很多自己的羽翼——从而直接造成冗兵？或者说，至少让冗兵现象得不到机会缓解？

曾巩一直崇拜宋太祖，中进士前，为应付试举，他给自己写了一系列《本朝政要策》的殿试卷练习，这些练习都是奔着试举中的策论准备的。若是不能中举，这些练习也就失效了，只能作为文集的文章。这些练习以《添兵》最能看出曾巩对宋太祖的崇拜。其中谈到宋太祖开始自己做皇帝去征讨其他

---

① 熊鸣琴：《曾布与北宋后期政治》// 张其凡主编：《北宋中后期政治探索》，华夏文化艺术出版社 2005 年版，第 186—187 页。

② 曾巩撰，陈杏珍、晁继周点校：《曾巩集》，中华书局 1984 年版，第 451 页。

③ 熊鸣琴：《曾布与北宋后期政治》// 张其凡主编：《北宋中后期政治探索》，华夏文化艺术出版社 2005 年版，第 186—187 页。

皇帝时说："当是之时，举中国之兵，才十六万人，平五强国，不知兵之少也。"后面加了个尾巴："至太宗伐刘继元，驾前之兵盖十余万，兵之稍稍益广自是矣。"

太祖、太宗之论，曾巩在《添兵》中已经明白地说了他心向往之的人是谁了，仁宗、英宗、神宗可都是太宗的后裔。曾巩晚年在辉煌时的失落，很大程度上肇起于布衣求学时形成的正统观念。正统观念在政治上向来有微妙的解释法，对守道不回的人来说很难用现实主义令其再认识。

汴京，曾巩很熟悉。庆历元年（1041）和嘉祐二年（1057）他曾两次赴京应试。在这里，既有过落榜时的辛酸，也有上榜时的喜悦，汴京给曾巩的回忆是五味俱陈的。还有庆历七年（1047）那次，其父曾易占有望起复，他陪侍父亲进京，半途父亲去世，汴京城成为父丧之痛的背景。现在他再度来到汴京，再度考试，可能他自己也没想到这一次考过之后，一住就有九年之久。

曾巩履新的地方是集贤院，位处开封内城。集贤院是宋朝三个史馆之一，另两个分别是昭文馆和史馆，三馆设在崇文院，集贤院在院南。宋太宗端拱元年（988），于崇文院中殿修建秘阁，由此有三馆一阁的名称。曾巩刚到任，还不能称集贤校勘，只能编校史馆书籍，按例得两年之后才能做校勘。

馆职是有机会"十年而至宰辅者"的职位，因此其除用规矩很严。在宋朝初期出自三种情况："进士高科，一路也；大臣荐举，一路也；岁月酬劳，一路也。"这次朝廷虽增加位置，门槛恐怕不会降低。进士高科的标准是"进士第一人"，也就是状元才有任馆职的可能，而且还必须外放两任才具备应试馆职的资格。曾巩在进士高科这条件上显然不合要求，制度森严，第一路走不通。由于第一条路过于狭窄，壅塞贤路，宋廷也因此别开第二条路，大臣荐举。制度为"两府臣僚初拜命，各举三两人，即时招试"。嘉祐五年（1060）十一月，欧阳修拜任枢密副使，是西府的副手，有荐举馆阁人选之权。然而，早在嘉祐二年（1057），馆职荐举法发生变化，大臣荐举的人选只登记造簿，等馆职空缺再随机点人应试，往往数年之内大臣荐举的人无一个得到招试的机会。因此，欧阳修这一次的推荐书上就写得额外郑重："其章望之、曾巩、王回，臣今保举，堪充馆职任。欲望圣慈，特赐甄擢。如后不如举状，臣甘当同罪。”[1]曾巩因此得到即刻试用的机会，有意思的是，除曾巩外，王回和章望之都没进史馆。

有可能只有曾巩一人通过了馆职的应试。毕竟，大臣荐举只是创造应试馆阁职务的条件，能不能进去，还是有更为严格的专业水准的要求。曾巩在蹇顿三十九年方才跨过第一条独木桥之后，再一次越过了设得高高的龙门。

二、初入馆阁，频遭亲丧

崇文院三馆一阁在庆历元年（1041）藏书就达30669卷，由欧阳修主编了《崇文总目》。曾巩的职事是校雠其中的史书。嘉祐六年（1061）八月，曾巩接到的第一项任务是校雠《陈书》。

《陈书》是由唐朝姚思廉编著，记载南北朝时期南朝的陈国的史书。曾巩在馆阁看到的《陈书》有很多讹误和脱漏，于是上表请求向京城乃至全国征求《陈书》的善本用来校对，仁宗准其请，于第二年冬方才收集到足够的善本，直到嘉祐八年（1063）曾巩和他的馆阁同僚方完成校定。校勘《陈书》时，对无法勘定的地方不妄自揣测、强行定论，而是存疑，且一一在篇尾

汴京古民居

① 李震：《曾巩年谱》，苏州大学出版社1997年版，第198页。

注明。原书各版没有目录，曾巩和同僚撰写了一个目录附于书中。三年时间，从请旨征书到定版传印，可以看出曾巩进入工作状态很快，也很认真。之后在编校《南齐书》《战国策》《梁书》等史书时，莫不一以贯之。

嘉祐六年（1061），在曾巩初领任务时，他身体一向很好的夫人晁文柔病倒，他为之延医求药，无日停之。而更大的灾祸又在几个月后到来，他的幼女庆老于十一月夭亡，年仅三岁。嘉祐四年（1059），晁文柔在太平州诞下庆老，那时曾巩还处于和上司不太契合，“遇在势者横逆，又议法数不合，常恐不免于构陷”的惶恐中，得此明珠，情怀上得到的安慰可想而知。然而现在自己刚刚从太平州履新京城，且处在冉冉上升的舒畅境况时，妻子病倒，女儿又随即夭折，冰火交织，令人悲痛。

庆老的死有点突然，当天夜里，她来到母亲的病床前，安慰母亲。当时还看不出庆老有什么异样，夜深时，庆老突然发病，猝死。

幼女夭折，妻子的病仍不见好，反而日益加重，于次年三月病故。临死前，晁文柔与家人一一告别，很平静地接受了命运的安排，时年二十六岁。

但曾巩却无法承受这样的凶灾，在妻子去世后，为她守足二十七个月的丧。晁文柔出身于贵显之家，其家为京畿祥符县名门，祖辈不乏官至尚书者，其父晁宗格官至光禄少卿，为三品衔。晁文柔十四岁嫁给曾巩。当年的曾巩虽摆脱“尝嗟秋蓬转，未有茅屋据”[①]的窘迫，在南源买田耕读，但还是很清寒的。晁文柔嫁进曾家，帮他操持家务，处理好与家人的关系，为他诞下两儿一女延续香火，他将她比作“我扶我翼”[②]，可叹如此年轻就去世。

在《合酱作》这首诗中，曾巩描述妻子去世后自己生活的窘境：“孺人舍我亡，稚子未堪役。家居拙经营，生理见侵迫。”馆职清要但薪俸浇薄，加之家中少了妻子的操持，曾巩一人带二子在开封日子过得不容易。难堪至极时，他甚至发牢骚自己之所以这么个境遇是因为自己是个儒生：“但惭著书非，覆瓿固其职。”[③]馆阁九年，曾巩陆续接到亲友的凶讯：嘉祐六年（1061）

---

① 曾巩撰，陈杏珍、晁继周点校：《曾巩集》，中华书局 1984 年版，第 3 页。
② 曾巩撰，陈杏珍、晁继周点校：《曾巩集》，中华书局 1984 年版，第 529 页。
③ 曾巩撰，陈杏珍、晁继周点校：《曾巩集》，中华书局 1984 年版，第 63 页。

九月，八妹德耀亡故；十一月，幼女庆老夭折；嘉祐七年（1062）三月，妻子晁文柔病故；治平二年（1065），三弟曾牟亡故，好友王回亡故；治平三年（1066），继室李氏所生之女兴老夭折［李氏大概于治平元年（1064）五月曾巩为晁文柔禫月服除后继娶，李氏亦出自名门］；在馆阁的最后一年，熙宁元年（1068），四弟曾宰亡故。这些继踵而来的凶讯，令他“悲苦何可以堪”，更有“视此痛割，何可以言”[①]的无语，诗行里的几句牢骚话算不了什么。

牢骚归牢骚，他还是在这样艰难的情况下履行自己的职责，给后世留下一部部校勘整理好的典籍。

三、抉摘史家缪乱

晚清学者李慈铭有过这样的评论：“自来文章家推欧、曾二公有史才”。所谓史才，除能著史外——如欧阳修编著《新唐书》《新五代史》，还有一个特征，善于校雠。颜之推在《颜氏家训·勉学篇》中说道：“校定书籍，亦何容易。自扬雄、刘向方称职耳。观天下书未遍，不得妄下雌黄。”曾巩之所以能被后世公认有史才，最突出的表现在他的校雠史书的贡献上，他之所以能称职校雠，在于他阅读量的丰富和阅读范围的宽广。

曾巩自幼读书，“十六七时，窥六经之言与古今文章”，其后“六艺百家史氏之籍，笺疏之书，与夫论美刺非、感微托远、山鑱冢刻，浮夸诡异之文章，下至兵权、历法、星官、乐工、山农、野圃、方言、地记、佛老所传”莫不遍读，以此，进馆阁前，他已经是见多识广了。加上进馆阁那些年，馆阁所藏的巨量图书使他更是如鱼得水，增益无穷，使他在校雠方面游刃有余。

校雠，首要“明版本，通目录，并利用他人的校勘成果”[②]。宋初经过唐末、五代的战乱，图书散佚、错讹现象非常严重，就连皇家图书馆“三馆一阁”里的书籍亦如此。从曾巩校雠的第一本史书《陈书》的情况看来，校雠工作非常艰难，曾巩对此有过陈述：“往往脱误。”可见谬误比比皆是。曾巩请旨征书，仿刘向故事，合若干同书异本进行校勘。《陈书》从请旨征书到

① 曾巩撰，陈杏珍、晁继周点校：《曾巩集》，中华书局1984年版，第256页。
② 葛怀东：《曾巩在校雠史上的贡献》，《常熟高专学报》1999年第3期。

校定花了三年时间，其余《梁书》《南齐书》《战国策》《列女传》《说苑》等等，所费时间不一，所耗心神则一样。每一种史书，都有其相关的时代背景、历史渊源和史料来源，曾巩在遇到不易解决的问题时，多方搜寻正史中的艺文志、经籍志和有关目录，推敲、考证，或证明之，或存疑，尽量将史书修补完整，对其他典籍也一样。在整理《李白集》的时候，曾巩便参考了宋敏求的校定本，“考其先后而次第之”。还参考集贤院前辈苏颂的校勘成果校定了《列女传》。①

二十四史中的《南齐书》，在曾巩校勘此书前，有两个书名，为《齐史》和《齐书》，曾巩将之定名为《南齐书》，书名冠一南字，以区别于李百药的《北齐书》。

其次，辨别真伪是史家必须具备的能力。曾巩在《列女传》校勘上，对此书是否全出自刘向之手以及此书究竟有多少篇等世所难定的问题进行一一辨析，下了定论。在整理《李白集》时对史书上关于李白的记载做了大量的辨析，从李白诗文中取证，参考诸家李白传记，考明其始终，指出史书“不合于白之自叙”“盖史误也”。

每校定一本史书，曾巩都循例为此书写一序，仿刘向故事。这些序，既真实地记录了他收集、整理史书的过程，又比较全面地反映了他的史学思想。《宋史》本传称曾巩文章出入经史，喻进芳对此有精彩的解释：“在曾巩眼中，经为教化之本，史为治乱之迹，史在某种程度上通过王朝治乱的总结更能传达治平天下的思想。”② 对曾巩而言，史学的重要目的乃“道适天下之用”。在《南齐书目录序》中，他写道：“史者，所以明夫治天下之道也。”言简而意赅。他强调，史学是由史书、史家、史实三者密切结合形成的，史书的编著方如果“所托不得其人”则会产生“或失其意，或乱其实，或析理之不通，或设辞之不善”。在他看来，良史必须具备“明、道、智、文”四个基本条件，以这四个标准考量前代史家，很多人达不到他认定的良史的标准，

① 葛怀东：《曾巩在校雠史上的贡献》，《常熟高专学报》1999 年第 3 期。
② 喻进芳：《论曾巩的史学思想》，《理论月刊》2006 年第 8 期。

比如，司马迁。他先是肯定了司马迁《史记》掇拾五帝三王以来的历史以及开创本纪、世家、列传等等的体例，然后指出司马迁存在“蔽害天下之圣法，是非颠倒而采摭谬乱者”的错误，因此司马迁“是岂可不谓明不足以周万事之理，道不足以适天下之用，智不足以通难知之意，文不足以发难显之情者乎？”《史记》不能称为良史。这个论断当然有浓厚的卫道倾向，但作为曾巩的史学思想，他是一以贯之地坚持的。

同样，在《战国策目录序》中他明确反对刘向对战国时期谋诈盛行的宽容“度时君之能行，不得不然”，认为“法者所以适变也，不必尽同；道者所以立本也，不可不一，此理之不易者也”。

除对经典史书的校雠外，这段时间，曾巩还撰写了一定数量的墓志铭。他认为墓志铭和史书的作用是一样的，其目的乃是劝诫。“铭志之著于世，义近于史”，从这句话可以读出曾巩是视墓志铭为当代史的。因此，他主张墓志铭的写作也要遵循“不虚美，不隐恶”的原则，但因为墓志铭又有其特殊性，要做到“尽公与是”，就要求撰写者是“蓄道德而能文章”的人，以此取信于世。曾巩为苏轼的祖父苏序作的《赠职方员外郎苏君墓志铭》，就是苏轼遵照父亲的遗愿来请曾巩执笔的，能得到眉山苏氏看重，难道不是因为曾巩自己就是“蓄道德而能文章”的人吗？

九年的馆阁生涯，曾巩对秘阁史书做了整齐篇章、定著目次、补其缺略、去其重复、辨别真伪的多重工作，使宋之初经过唐末、五代的战乱而散佚、错乱的史书得以焕然一新。自古成书难，传书亦难，许多史书因为曾巩而得到良好的传承。

第二节　京华交游

一、与众多友人的交游

嘉祐五年（1060）岁尾，曾巩匆匆从太平州赶到京城，以一个送别开始了他九年馆阁生涯的京华交游。送别的这个人名叫吴孝宗，是一名不第的秀才，京华倦旅，着急回故乡南丰。吴孝宗是曾巩生母吴氏娘家金溪吴氏家族的子弟。曾巩蹇顿于南丰时，与吴孝宗情好莫逆，曾有《东津归催吴秀才寄酒》一诗相赠："君厨山杏旧所识，速致百壶须滟滟。"[①]可见两人忘形不拘的友谊。当年曾巩落榜，遭乡人取笑，吴孝宗仍保持和他如常交往。故而，曾巩颇为珍惜这份友情。此时，吴孝宗落榜，索寞回乡，自己已取得功名，且履新京城，给吴孝宗送行就有点此时之己送别彼时之己的意味。曾巩写下《送吴秀才》一诗，意味深沉，百般劝慰："一年过腊已十日，余日到春能有几。"这两句如果用雪莱的"冬天来了，春天还会远吗"译之无不可。劝解吴孝宗这次落第只不过是你离及第很近的失败，请不要灰心。"草萌出土亦过寸，众芳次第挂清寒。"春的消息就萌动在冬天。对故人的离别又有追之莫及之怅惘："故人远来未一醉，车鞅欲去今谁攀。""未一醉"恐怕是别筵上的酒难以下咽的原因吧。"怜君满腹富文彩，倦尾赤色无波澜。"仿佛从现在的吴孝宗身上看到从前的自己，怜惜吴孝宗还得继续蹇顿地生活。但只能缱绻地与之道别："况逢离别可奈何，忆人日老情日多。"

蔡上翔《王荆公年谱考略》卷十四录有熙宁元年（1068）中吴孝宗的一篇文章，是为王安国布衣得赐进士及第之事《与张江东论事书》[②]。王安国以布衣得赐进士及第得先有朝中大臣为之荐举，有人荐了，而张江东不肯荐，托词"今人多举安国，今更从而举之，则为诡随，且必取笑"，吴孝宗从王安国贤与不贤开始对张江东反复驳难、劝解，一篇文章写得滴水不漏，环环相扣。想他自为布衣，未能进士及第，却为朋友这般尽心竭力，人格可感。蔡上翔评道："孝宗亦文士，文久不传，惟此书录于《文鉴》中。欧阳公尝以曾子固拟之，若此文，真不愧相颉颃也。"

在未登仕途的艰难时期，谤唳随身的时候，还有一位朋友对曾巩不舍不弃，令曾巩非常感激。此人姓刘名震字伯声，抚州人。庆历年间，曾巩在抚州居住了三年，就在这时结识了刘伯声。两人都是交友谨慎的人，一旦订交则倾盖如故。三年时间，他们"得颛意以学问磨砻浸灌为事"。嘉祐二年

① 曾巩撰，陈杏珍、晁继周点校：《曾巩集》，中华书局1984年版，第38页。

② 詹大和等撰，裴汝诚点校：《王安石年谱三种》，中华书局1994年版，第422页。

（1057），曾巩进京赶考，又遇上刘伯声也来赶考。那一年，曾巩中进士，刘伯声落榜。再后来，嘉祐五年（1060）曾巩入馆阁校书，刘伯声又在京师备考，“伯声数过余，饮酒谈笑，道旧故相乐也”。熙宁二年（1069），曾巩自请外任，转徙七州，在亳州的时候，刘伯声的长子之美找过来，请曾巩为其父撰写墓志铭，其时，刘伯声去世已有八年。临死前，刘伯声嘱咐儿子们一定要请曾巩为他写墓志铭，不然“葬而不得余（曾巩）铭，如不葬也”。曾巩感慨于故友情深，为之撰写《刘伯声墓志铭》[①]。

还有一个南丰人在京城和曾巩有交往，姓瞿，名字不详，曾巩称他为瞿秘校，以此看来应是馆阁的同僚。曾巩有首《瞿秘校新授官还南丰》：

> 柳色映驰道，水声通御沟。虽喜芳物盛，未同故人游。
> 叩门忽去我，跃马振轻裘。佩印自兹始，过家当少留。
> 中园何时到，薇蕨亦已柔。山翠入幽屐，渚香浮回舟。
> 阡陌有还往，壶觞时献酬。应笑天禄阁，寂寥谁见求。[②]

诗中描述了瞿秘校新被任命官职，赴任前回乡小住的情景。调侃道像馆阁校书这样官冷的地方，谁会想来呢，来了也都想走。两人的关系，既为同乡，又是同事，应该不错。

谈曾巩在京师的交游，有一人不得不讲，此人就是王回。王回的两个弟弟王向和王冏，也跟曾巩相识。曾巩和王回的感情尤深，他们的交往不是寻常的形影相伴，大多数时间是神交。

王回，字深父（深甫），福建侯官人。庆历六年（1046）居开封时与王安石结交，再由王安石介绍与曾巩成文章友。[③]两人未曾谋面，但曾巩欣赏王回的文章，将之推荐给欧阳修，欧阳修对王回的文章也深深地赞赏。嘉祐二年（1057）二人同在开封赶考，方才见面，从文章友的神交到终于可以比

① 曾巩撰，陈杏珍、晁继周点校：《曾巩集》，中华书局 1984 年版，第 581 页。
② 曾巩撰，陈杏珍、晁继周点校：《曾巩集》，中华书局 1984 年版，第 64 页。
③ 曾巩撰，陈杏珍、晁继周点校：《曾巩集》，中华书局 1984 年版，第 248 页。

肩从游，其间相隔整整十一年。两人乍一见面就默契于心，十一年的文章友从中起到很大的作用。当年，王回和王向兄弟与曾巩同时中进士。可怪的是，中进士后，王回马上就离开京城回定居地颍州，并没有出仕。直到嘉祐五年（1060），方才出仕为亳州卫真县主簿。那年他给曾巩写了一封信，因未见典籍载录，信的内容已无从知晓，但从曾巩的回信《与王深甫书》中能反推出一些信息。“而比得深父书，辄反复累纸示谕，相存之勤，相语之深，无不尽者。”可以看出王回信中对曾巩的家事包括曾巩自己的迫切问题提出了询问和建议，不存在交浅言深的顾忌。王回对曾巩反复示谕何事呢？曾巩在回信中讲到自己初到太平州时的状况，很是艰难：“巩质薄，去朋友远且久，其过失日积，而思虑日昏，其不免于小人之归者，将若之何？在官折节于奔走，悉力于米盐之末务，此固任小者之常，无不自安之意。顾初至时，遇在势者横逆，又议法数不合，常恐不免于构陷。方其险阻艰难之时，常欲求脱去，而卒无由。”此外，在太平州前期写的《东轩小饮呈坐中》诗：“简书皇皇奔走地，管库碌碌尘埃间。功名难合若捕影，日月遽易如循环。不如饮酒不知厌，欲罢更起相牵扳。”可印证当时在太平州司法参军任上的不得意，有“念随薄禄困垂首，似见故人羞满颜”之慨。当时曾巩的文名已盛，“其所为文，落纸辄为人传去，不旬月而周天下”。像这样消沉的诗可能很快就被王回读到。

嘉祐五年（1060）二月朝廷增置史官，十一月欧阳修受封枢密副使，王回可能想到两府大臣可以荐举三两人受馆职试，于是致信欧阳修提及曾巩的现状，欲请欧阳修推荐曾巩应试史馆，让他离开不愉快的任职地。王回中进士前，在定居地颍州有很长一段时间和时任颍州太守的欧阳修同游，如今又是欧阳修的门生，所以，他跟欧阳修提这个建议并不唐突。曾巩回信中有“相存之勤，相语之深，无不尽者”之语，或可证明。欧阳修自然同意，且将王回也一同荐举。王回因此在中进士三年后首次出仕，任卫真县主簿。但不久他就因“议邑事不合，移疾自免”[①]，不做官，且欧阳修推荐的史官他也不去

① 曾巩：《王回传》，《隆平集》卷十五。

应试了。以此推测，欧阳修推荐曾巩应试史馆职，很有可能出自王回的提醒。王回此后和曾巩再没见过面，在曾巩任馆职时，二人就扬雄有过信笺讨论，神交依旧。而神交是最至情至性的交游，曾巩视王回为和王安石一个级别的友人。治平二年（1065）七月二十八日，王回去世，年四十三岁。曾巩在《与王介甫第三书》中说："深父殂背，痛毒同之。"曾巩日后为王回写过《王深父文集序》以及在《隆平集》中作有《王回传》。要知道，《隆平集》本是《五朝国史》稿本，是国史，曾巩是准备让王回入国史的。

王回具有非常强大的人格魅力，从王安石写的《王深父墓志铭》和曾巩写的《王深父文集序》可以看出，两篇文章的开头，几乎一样。《序》开头是："深父，吾友也"，《墓志铭》开头是："吾友深父"。能得两大家这样悼念，他的人格魅力可见。

嘉祐二年（1057）那场科考，和曾巩同榜的除王回、王向兄弟，还有苏轼、苏辙兄弟。苏氏兄弟中进士不久就丁母忧离开京城，嘉祐四年（1059）服除，嘉祐六年（1061）两兄弟参加制科考试，苏轼考得最好为第三等（有制科考试以来唯一的），外放凤翔府签判，治平二年（1065）始调进京城。第二年丁父忧，直到熙宁二年（1069）再次进京任职，但这也快到曾巩自请外任的时候了。苏轼和曾巩同在京城的时间不多，他们的交游鲜有记载，除了曾巩外放时，众友人设宴相送，苏轼在座有诗为证。另有一件轶事可说明苏轼对曾巩的尊崇，来自宋朝陈长方《步里客谈》："陈师锡伯修作《五代史序》，文词平平。初，苏子瞻以让曾子固，曰：'欧阳门生中，子固先进也。'子固答曰：'子瞻不作，吾何人哉！'二公相推未决，陈奋笔为之。"陈师锡的这次奋笔让苏轼很不满，指责为"何不识轻重也"，在他看来，为座师的《五代史》作序的只有他和曾巩有资格。[①]

熙宁元年（1068），两年前丁父忧回了四川的苏轼，请人带信给曾巩，请他为祖父苏序撰写墓志铭，信写得很诚恳，曾巩也欣然答应。同时，苏轼

---

① 这则笔记恐怕不实，《新五代史》欧阳修撰成之后出于各种原因一直未敢公布，所以不存在抢着作序的事情，陈师锡是熙宁九年（1076）进士，也谈不上欧阳门生，而且苏轼一向很看重陈师锡，不可能会指斥其不知轻重。姑录于此，存疑。

还介绍四川秀才黎生和安生来见曾巩，向他请教文章，曾巩因此写下那篇著名的《赠黎安二生序》。熙宁二年（1069），苏轼回到京城，曾巩也在这年自请外任，同侪设宴相送，苏轼作为同门师弟也在座。席间免不了作诗，苏轼《送曾子固倅越得燕字》诗吟道："醉翁门下士，杂遝难为贤。曾子独超轶，孤芳陋群妍"，推曾巩为欧阳门下之首。两人的交往就只有这些，两人再未见面。元丰六年（1083），曾巩去世，苏轼当时正贬在黄州，有谣言传说两人同日去世，甚至惊动了宋神宗，特意询问蜀人蒲宗孟，还有叹息语云云。苏轼在《东坡志林》中对这个谣言有记载，可见这个谣言当时有多逼真，也反映了时人对两人是一体视之的，目他们同为欧阳修之后的文宗。

苏辙在嘉祐六年（1061）制科考试后留在京师任校书郎，和曾巩成为同事，不久调大名府留守推官，马上就丁父忧。他们之间的交往很短，没有文字记录，不过从苏辙后来和曾肇成为儿女亲家看来，他和曾巩的关系也不差。曾巩去世后，苏辙写《挽词》悼念："儒术远追齐稷下，文词近比汉西京。"

秘阁校理兼充检讨官韩维和曾巩也有交往，两人同在馆阁为官，遂相识

汴京大相国寺

订交。曾巩有《七月十四日韩持国直庐同观〈山海经〉》[①]一诗，“解带就君坐，临床窥素书”，描写了两人在馆阁一起读书的日常场景，有“奇文共欣赏，疑义相与析”的意思。对韩维，曾巩颇为赞赏，有“君材合远用，就此固已疏”的期许。曾巩去世后，韩维为他写下《神道碑》[②]。韩维是宰相韩绛的弟弟，熙宁三年（1070）神宗拜韩绛为参知政事的诏书是韩维拟词，这样“弟草兄诏”的荣耀，整个宋朝只有元符三年（1100）曾肇为曾布草制拜任右相的诏书可与比拟。韩维还有一个身份，神宗继位之前还是颍王时，韩维是颍王府的右庶子，是潜邸的旧人。按说应该备受信任，然而元丰年间，神宗却蹊跷地对他大加贬斥，同受贬斥的还有曾巩。这段馆阁期间的交好恐怕是起因，韩维和曾巩都认为自己是神宗含沙所射的影。这是后话，末章再提。

除上述之人外，曾巩馆阁九年的交游还有馆阁同事，如丁宝臣、孙觉、郑穆、林希。有记载的是治平三年（1066）夏他们同游大相国寺维摩院听琴师洪规弹琴，曾巩为此行写下《相国寺维摩院听琴序》。再及《正月十一日迎驾呈诸同舍》《集贤殿春燕呈诸同舍》《上巳日瑞圣园锡燕呈诸同舍》等诗歌，反映了曾巩和馆阁同僚们饮宴交流。

总之，馆阁九年，曾巩的京城交游大率为文章师友。

二、与王安石的交游

嘉祐三年（1058），王安石自知常州移提点江南东路刑狱，成了建康府、饶州、信州、太平州等八个州府的最高司法长官。太平州司法参军曾巩向昔日好友、现在的直系上司上了一道《贺提刑状》:“右，伏审祗奉诏恩，总持使务，伏惟庆慰。伏以提刑屯田躬高明之德，席熙盛之期，起收科荣，光映朝序。发明吾道，则有文章之深淳；推行当时，是为治行之尤异。果膺迅用，以允佥言。”对王安石进行一番赞美和祝贺，接下来“自江之东，握节而使，固将粹美于风俗，岂特是正于刑书。不次之升，为端于此。巩获分郡寄，得

① 曾巩撰，陈杏珍、晁继周点校：《曾巩集》，中华书局 1984 年版，第 60 页。
② 李震：《曾巩年谱》，苏州大学出版社 1997 年版，第 450 页。

与公庥。幸喜之深，叙陈罔既”，对之进行了一番恭维，并表示能在老友麾下受庇护很是幸喜。

提点江东刑狱的衙门原先设在饶州，为照顾王安石，朝廷特批将衙门迁至王家定居地江宁府，曾巩和常秩曾结伴前去探访。嘉祐五年（1060）五月，王安石调任三司度支判官，进了京。六个月后，曾巩也赴京履新史官。两人在京城重续旧游，其后发生的事情，多少已不由二人自主。

王安石像

嘉祐六年（1061），王安石知制诰。嘉祐八年（1063），王安石丁母忧离京，这段时间，两人情好依旧。治平二年（1065），王安石在江宁居丧，曾巩的四弟曾宰和好友王回同一年亡故，王安石致信曾巩痛悼，曾巩回《与王介甫第三书》互舐伤口，并致以“未知何日得相从讲学，以勖其所未及，尽其所可乐于衰莫之岁乎”的良好意愿。终宋英宗一朝，王安石未曾出任过任何官职，治平四年（1067）英宗驾崩神宗继位，王安石方以知制诰出知江宁军州事。熙宁元年（1068），王安石被召入京，上《本朝百年无事札子》。此时，他还有一个职务为翰林学士。翰林学士分侍读、侍讲以及承旨，承旨是最高等翰林，侍读、侍讲是辅导皇帝读书的翰林，王安石就是侍读或侍讲翰林。熙宁元年（1068），王安石提出，侍读、侍讲要给座位让他们坐着跟皇帝讲课，这一下掀起轩然大波。曾巩就表示不赞成，并写下《讲官议》驳斥王安石提出的坐讲，文辞相当激烈，甚至刻薄。熙宁二年（1069），御史中丞吕诲弹劾王安石[①]，列出十大罪，第三条罪状的言辞和逻辑跟《讲官议》几乎没有差别。可想见，王安石对《讲官议》有何看法，两人的感情从此出现罅隙。

熙宁二年（1069），王安石任参知政事，曾巩罢《英宗实录》检讨官，

① 詹大和等撰，裴汭诚点校：《王安石年谱三种》，中华书局 1994 年版，第 430 页。

然后自请外任。曾巩在自请外任前有两首诗写给王安石，曲尽两人友谊破裂前的心路历程，依次为《过介甫》:“日暮驱马去，停镳叩君门。颇谙肺腑尽，不闻可否言。淡尔非外乐，恬然忘世喧。况值秋节应，清风荡歊烦。徘徊望星汉，更复坐前轩。”他去拜访王安石，跟王安石倾述肺腑之言，包括对政见的合与不同之处，王安石不置可否，并无反响，令曾巩很失望。回家后，意犹未尽，再写《过介甫归偶成》:“结交谓无嫌，忠告期有补。直道讵非难，尽言竟多迕。知者尚复然，悠悠谁可语。”至此，曾巩心情很沉痛，认为如果连知己王安石都不理解自己，那他还能指望谁来理解呢？王安石对此也非常的痛苦，他本珍惜和曾巩的友谊，毕竟，自庆历元年（1041）两人订交起，到现在二十八年的交情，一路的峥嵘风雨，两人相互帮扶过来，现在就要破裂了。他伤怀地写下《寄曾子固二首》，其一最后四句：“伤怀西风起，心与河汉注。哀鸿相随飞，去我终不顾。”伤心得很。其二最后四句：“吾能好谅直，世或非诡诈。安得有一廛，相随问耕者。”我当然珍惜益友，可惜世人却非议我为诡诈之人。政事波谲云诡，不是光有正直的行为就能解决。如果不是都在从政，又是关系到家国大事，我真愿意跟你一起退隐林下，耕读终老。

两人都没找到妥协之处，只能就此揖别。离开京城前，曾巩给王安石写下第三首诗《秋日感事示介甫》:“秋日气已盛，阴虫朝暮声。烟云断溪树，风雨入山城。沙碛有遗虏，旌旗多远行。生民苦未息，吾党耻论兵。”做最后的叮咛。

元丰三年（1080），曾巩再次进京任职，神宗和他谈起王安石，问道：安石何如人？曾巩说:安石文学行义，不减扬雄。以吝故不及。神宗很奇怪：安石轻富贵，何吝也？曾巩解释说：臣所谓吝者，为其勇于有为，吝于改过耳。

三、与欧阳修的交游

嘉祐二年（1057）五月，进士及第的曾巩将回乡小住，再赴太平州任职。欧阳修折简招梅尧臣一起为他践行，同席的还有即将赴常州任知州的王安石。梅尧臣席上赋诗相送：“楚泽多年一卧龙，新春雷雨起鳞踪。”不久前，梅尧

欧阳修像

臣还写过《夜直广文有感寄曾子固》[1]，其中有“友生将东归，泛若赴海鲸。已从龙门出，不慕朱鳖轻”之语，对曾巩总算出人头地表示欣慰，也是对当年曾巩落第时老友欧阳修“嗟我虽得之，气力独何弱”叹息的一个终极回应。

嘉祐五年（1060）七月，欧阳修编定《新唐书》上献，十一月，拜枢密副使，加食邑五百户，共前一千八百户，食实封二百户。当年，他举荐弟子曾巩进史馆，以此开启曾巩长达九年的馆阁生涯。

从庆历元年（1041）曾巩拜入欧阳门下起至嘉祐五年（1060），十九年的时间，师生之间，相契甚深，曾巩的文章在欧阳修的指点下日益精进，进了史馆，又激发了曾巩的史学才能，使之百世之后能与欧阳在史学上并肩相称。

在史馆前几年，曾巩与欧阳修师生之间的交际很淡然，君子之交淡如水。

治平二年（1065），濮议之争开始了。朝中大臣迅速分成中书派和台谏派，欧阳修是中书派的代表人物，台谏派将攻击的矛头一致地指向他。英宗下诏讨论濮议之始，曾巩就悄悄写下《为人后议》，但没拿出来参加讨论。

治平三年（1066），由于曹太后从最初支持台谏派转而支持中书派，濮议之争，以中书派获胜结束，台谏派纷纷遭到贬黜。然而，获胜的中书派的名声却狼藉不堪，被称为迎合英宗“顾私亲”，欧阳修被称为“佞臣”中的“首恶”。欧阳修连上五道奏折请求离开中书，未被允准。

朱熹在《三朝名臣言行录》中为欧阳修叫屈，认为主持濮议之争的中书派的人其实是韩琦和曾公亮，欧阳修是被强行扣上“首恶”的帽子。

曾公亮是中书派的主持人之一，曾巩在濮议中的立场应该不难理解，他

① 李震：《曾巩年谱》，苏州大学出版社 1997 年版，第 176 页。

写好了《为人后议》而不拿出来支持座师欧阳修，其中可能是顾虑到他的立场不会被简单地理解是他个人的立场，而是必然会牵扯到其他人。还有，这场政争斗得那么凶，卷进去会引出什么后果，也让曾巩不得不三思。毕竟，玉山县和太平州两地的教训不可谓不深。

十余年后，欧阳修致仕，曾巩将藏了十余年的《为人后议》寄给他，欧阳修读后感叹“此吾昔日愿见而不可得者”[①]，这句话的意味值得琢磨一番。

四、自请外任

熙宁二年（1069），王安石拜相，开始施行新法。自熙宁元年（1068）始，曾巩和王安石就日渐疏远，其原因有二。一是学术旨趣上的差异。曾巩认为王安石有佞佛的倾向，过多的将精力放在阅读佛经上。王安石有点气恼，写下《答曾子固书》，里面有“亦某所以疑子固于读经有所不暇也”的语句，痛心于曾巩听说他热衷“读经”就认为他读的是佛经，并对曾巩认为他读佛经是“乱俗”非常气愤，说曾巩“非知我也！”辩解到他于诸子百家之书无所不读，因此就能“于经为能知其大体而无疑”，并搬出两人都很信奉的汉代大儒扬雄，说扬雄也是墨、晏、申、韩“何所不读”，因为信念坚定，并不会为诸家学说所乱，所学还是宗儒。王安石给曾巩的这封信，是两人的通信中绝无仅有的疾言厉色。相比而言，对曾巩的《讲官议》，王安石不置一词；曾巩说他佞佛“乱俗”，他就不答应、严辞批驳。对儒者来说，佞佛是莫大的污名。后世百口一词说王安石佞佛，其根源极有可能就是曾巩的评论。毕竟，朋友的评论，在世人的预期中往往是最恰当、最准确的。像王安石这样有精神洁癖的人很难对此评价等闲视之，更无法一笑了之。而曾巩和王安石可能就此有了渐行渐远渐无声的感觉。其二，政见的不同是最主要的原因。事实上，曾巩和王安石早年就在政见上存在较为明显的分歧：曾巩主张以教化治民，王安石则主张以吏治法度治民；王安石主张托古改制，施行改革，曾巩的政治倾向则略为保守些。在写于嘉祐三年（1058）的《与王介甫第二书》中，针对王安石在知常州及提点江东刑狱任

---

① 曾巩撰，陈杏珍、晁继周点校：《曾巩集》，中华书局 1984 年版，第 801 页。

上反对官吏因循守旧，主张严明礼制法度而“时时小有案举，而谤议已纷然矣”的现状，提出行政之初应“先之以教化”，“待之以久”，如“遽然欲责善于人”，“不待之以久，而遽欲人之功罪善恶必见”，则是“按致操切之法用”“偏听摘抉之势行”。当时，二人的分歧只是限于朋友间的讨论争执，王安石尚未执政，二人之间的矛盾还不明显。王安石执政后，曾巩虽然支持王安石的变法，但主张稳妥推进，与急于求成的王安石不同。在变法的具体措施上，两人意见分歧更大。曾巩主张以“节用为理财之要”，反对王安石的“析财利”，认为这样的做法接近于“与民争利”。由于政见的分歧，两人话不投机半句多，友谊出现嫌隙。

王安石拜相的同一年曾巩被任命为英宗实录院检讨官。《英宗实录》由曾公亮提举，吕公著，韩维修撰，孙觉、曾巩检讨。任命下达后，还御赐了一席酒宴给英宗实录院，荣耀无比。曾巩感激无比，进上《英宗实录院谢赐御宴表》。接着他又上《英宗实录院申请札子》，向皇帝请旨让各部院将前朝符合进国史的官员陈列出来，并将各有关文牍、案卷也移交英宗实录院，[①]他准备好好地干了。

然而，一个月后，宋神宗就将所有的皇恩全部收回，罢免了曾巩英宗实录院检讨官的职务。

按《宋史·杨绘传》[②]记载，这件事情的原委和曾公亮有关，是成也曾公亮，败也曾公亮。当时曾公亮为相，推荐自己的儿子判登闻鼓院，另推荐曾巩为史官。曾巩早在嘉祐五年（1060）就被欧阳修推荐进史馆，所以这次曾公亮推荐的史官应该具体为英宗实录院检讨官。当时知《起居注》的杨绘就出来检举曾公亮，说道：“公亮持国，名器视如己物。”然后翻出很多年前曾公亮在越州为官时强占民田，被郡守绳治的往事，那件事后来被曾巩的父亲曾易占摆平，所以杨绘认为曾公亮这么扶持曾巩是在报私恩。曾公亮在越州旧事将在下一章详细介绍，此不赘叙。

---

① 李震：《曾巩年谱》，苏州大学出版社 1997 年版，第 236 页。

② 脱脱等：《宋史》卷三二二，中华书局 1999 年版，简体字本，第 8399 页。

荣宠和冷落在短短的时间内交织而来，犹如一天之内经历酷夏和寒冬，曾巩的自尊肯定受到严重的打击，加上和一生的好友王安石产生嫌隙，心凉了。他上奏章自请外任，京师待不住了，史馆也待不住了。自己九年时间在馆阁勤勤恳恳，校勘整理了那么多部史书，能力难道还会受到质疑？杨绘轻飘飘扯出一段旧事，就否定了他。就如相知几十年的王安石，突然之间对他的诤言漠然冷对。

朝廷同意了他的请求，外派他通判越州。

依然是越州，这个任命很有意思，也显得有些微妙。他父亲曾易占当年在越州的那段往事给他带来的压力实在是太多了，他清楚记得父殁时有人造谣说曾易占死于曾公亮家，并说他没去奔父丧。这个谣言曾经让他不寒而栗，现在杨绘又将这段往事重提，以后还会不会呢？

当时，曾巩的继母朱氏夫人在京师由他赡养，性孝的曾巩本会因此而忍辱，不让朱氏夫人跟他外任受舟车劳顿。好在朱氏夫人知晓曾巩的苦衷，毅然随其赴外任。

馆阁同僚依例摆酒相送，同门师弟苏轼也来了，众人分韵赋诗。苏轼作《送曾子固倅越得燕字》，有句云“醉翁门下士，杂遝难为贤。曾子独超轶，孤芳陋群妍”，肯定了曾巩的才能；又有“但苦世论隘，聒耳如蜩蝉”，对杨绘等人议论曾巩的话表示鄙夷；最后用“安得万顷池，养此横海鳣”来推崇曾巩。

有趣的是，《曾巩集》中找不到这次宴会上曾巩写的诗，要么曾巩没写，要么曾巩没留。无论如何，这次倅越，曾巩是情绪不高的。

不过，不管怎么说，曾巩这次自请外任，是他人生的一大步，他得到可以具体施行治政理念的机会。此前，他踏入仕途还未曾任过一方或一地的主官，这次通判越州，虽然不是知州，但其所应负的责任可就重了许多，是越州知州的主要同僚。在此任上，曾巩的治政能力得到锻炼。

第三章

莫问会稽山外事

——曾巩在越州

宋神宗熙宁二年（1069），曾巩上书自求外任，朝廷任命他担任越州（今浙江省绍兴市）通判。曾巩于当年六月到任，熙宁四年（1071）四、五月份改知齐州，前后在越州任上两年。时间虽然不长，但其在任内推行新法、组织救荒、重视水利，治绩十分显著，一直为后人怀念。

越州是曾巩自求外任、转徙七州的第一站，也是曾巩入仕以来在地方州郡展现杰出政治才华的大胆尝试之地。这对于曾巩仕途生涯极为重要，从此曾巩的政治生涯逐渐走向政绩辉煌的时期。

第一节　曾巩家族与越州的情缘

一、自古繁华地

越州即今天的绍兴。这是一座有着二千五百多年建城史的历史文化名城，文化积淀非常深厚。传说大禹治水告成，在绍兴境内的茅山会集诸侯，计功行赏，茅山因此更名为会稽山。春秋时期，於越民族以今绍兴一带为中心建立越国。春秋末战国初，越王勾践大败吴国，越国疆域拓展至江淮地区。至周显王三十六年（前333），楚威王兴兵败越，尽取故吴地并至浙江，越始“服朝于楚”，而诸越邦国尚存。秦王政二十五年（前222），秦军定江南，降越君，以吴越地置会稽郡，治吴县（今苏州）。东汉永建四年（129），分会稽郡置吴郡，今钱塘江以北为吴郡，以南仍称会稽郡，治山阴（今绍兴市区）。此后会稽郡的辖境虽有所变化，但山阴、会稽二县（会稽县始建于陈永定年间，二县同城而治）一直是会稽郡的政治中心。隋开皇九年（589），会稽郡改称吴州。隋炀帝大业元年（605），吴州改称越州，是为越州名称之始。南宋建炎四年（1130），宋高宗驻跸越州，取“绍奕世之宏休、兴百年之丕绪”之意，下诏从建炎五年（1131）正月起改元绍兴，并升越州为绍兴府。

越州是中国古代历史上著名的繁华都市，被称为“会稽天下本无俦”“越中蔼蔼繁华地”。唐初设越州总管府，管越、嵊、姚、鄞、松、绸、衢、溆、丽、严、婺十一州。中唐以后越州为浙江东道节度使（辖越、睦、衢、婺、台、明、处、温八州）驻地。及至宋代，随着中国经济文化重心进一步向东南移

《嘉泰会稽志》会稽县境图

今日绍兴一角

动，越州的发展加快，其政治、经济、文化、交通的有利条件更加突显。

越州乃人文之邦。大禹治水，至今尚存禹陵胜迹；越王卧薪尝胆，兴国雪耻，传为千古佳话；美女西施，家喻户晓；王充苦学，著述《论衡》；一代书圣王羲之，撰写《兰亭序》，留下世之瑰宝；著名诗人谢灵运，开创山水诗派；千百年来，司马迁、李白、孟浩然、柳永、范仲淹、秦观等一大批名人也在这里留下了深深的迹痕，与越州结下了殊缘，为历史留下了无比丰富、令人可歌可泣的史料和华章。通判越州的曾巩亦是其中一个杰出代表。

二、家族的情缘

对于越州，曾巩是有着特殊情感的。曾巩家族与越州有不解之缘，曾巩的祖父曾致尧、曾巩的父亲曾易占、曾巩本人，甚至连曾巩的孙子曾忞都曾在越州为官。南丰曾氏五世四代结缘越州，且曾忞之子曾密“为会稽曾氏祖”。

曾致尧（947—1012），字正臣，后追封密国公，年少时就以文学才华闻名于江南一带。在南唐时，曾致尧曾举进士第一，不就；宋太平兴国八年（983）复举进士，是宋代南丰县第一个进士。曾致尧担任的第一个官职是符离主簿，过了一年多，改授兴元府司录，赴任途中先后升为大理评事、光禄寺丞，职务则改为监越州酒税。监越州酒税这官职虽不高，但也是个肥缺。

康熙《南丰县志》记载了这样一则故事："曾密公（即曾致尧）……监越州酒税，得告归宁。母周氏置酒园中，族戚咸集，或诮密公衣冠敝垢、仆马羸瘦者，母曰：'贫而见我，是我荣也。若黩货而归，贻吾忧矣。'因命其园为荣亲云。"[①] 在越州期间，曾致尧"数上书言事，献文章"，"太宗奇之"。[②] 曾致尧后来还担任过两浙转运使。

曾易占（989—1047），字不疑，宋天圣二年（1024）进士。曾易占少时勤奋好学，早有文名，在当时的士大夫中间声望很高。但他仕途不顺，中进士后虽任官多地，均只有七品官衔。天圣四年（1026）前后，曾易占任越州节度推官，一年后监真州装卸米仓。王安石在《太常博士曾公墓志铭》中说曾易占"在越州，其守之合者倚公以治，其不合者有所不可，公辄正之"。[③] 当时越州郡守非常器重曾易占，"倚公以治"，可见曾易占有着出色的吏治才干。在越州期间，曾易占曾因惜才而陷入曾公亮（担任过仁宗、英宗、神宗三朝宰相）早年在会稽任内买田事件的纠葛之中。事情的起因是天圣二年（1024）曾公亮在知会稽县任上时卷入了一桩购买民田的事件。是否真系曾公亮购买民田，史料有不同记载，有的说是曾公亮的父亲，有的说是曾公亮的亲戚，但均与曾公亮密切相关。《宋史·杨绘传》载："公亮官越，占民田，为郡守绳治，时巩父易占亦官越，深庇之。用巩，私也。"[④] 从这条史料可以看到，曾公亮在会稽县因"占民田"而遭到郡守"绳治"，是曾易占认为曾公亮为进士高科，前途无量，"它日将显贵，用兹事败之可惜"，故从中大力斡旋，"深庇"曾公亮，才将此事平息。后来曾公亮为了报答当年曾易占的救助之恩，极力推荐提拔曾巩而遭人反对。

曾忎（1076—1130），字仲常，是曾巩长子曾绾的次子。曾忎曾任萧山知县（当时萧山属于越州），后改任温州通判，未到任又改任监越州三江寨（大约在今绍兴三江村一带）。当时金兵已经深入到南宋境内，两浙宣抚副使

---

① 清康熙《南丰县志》卷二之"名迹宫室"。

② 欧阳修著，洪本健校笺：《欧阳修诗文集校笺》卷六，上海古籍出版社 2009 年版，第 598 页。

③ 王水照主编：《王安石全集》，复旦大学出版社 2016 年版，第 1607 页。

④ 脱脱等：《宋史》卷三二二，中华书局 1999 年版，第 8399 页。

郭仲荀本来是驻扎在越州的，他一听说临安已经陷落，就立即乘船逃走了。越州知州、两浙东路安抚使李邺寡不敌众，无奈之下向金军投降。只有曾忞不肯屈服，最后被人告发而被捕。面对金军将领，曾忞依然没有屈服，而是怒斥道："国家何负汝，汝乃欺天叛盟，恣不为道。我宋世臣也，恨无尺寸兵以杀汝，安能贪生事尔狗奴也？"[①]最终，曾忞一家四十余人都遇害于越州城南门外，只有曾忞四岁的幼子曾崈及其乳母张氏幸免于难。曾忞一家被害后，当地百姓怀着沉重的心情掩埋了他们的尸体。数年之后，曾忞之弟曾意任余杭知县时，制大棺将其遗骨葬于天柱山，并作《哭仲兄死节》挽诗："同寅惊胆落，骂贼风飕飕。君父纲维重，华彝道不侔。魂随金剑远，血溅越江流。原隰裒屍处，余杭弟泣求。"[②]

曾崈，字伯山，曾任知南安军事。据明人刘宗周所撰《曾氏家乘序》可知，曾崈居越州，为越州曾氏祖："曾氏自宗圣十六传而据徙豫章，又二十五传而延铎始分居南丰，又四传而文定公巩，以文章学行鸣天下，为宋名儒。文定公再传忞，通判温州次越州，合门死金人之难，少子崈独免，遂家于越。是为会稽曾氏祖。"[③]

如今，在古越民族的发祥地上，曾氏后裔开枝散叶，代代相承，生生不息，遍居绍兴各地。绍兴已成为全国曾姓的主要聚居地之一。

南丰曾氏一脉五世四代为官一地，实属罕见。对于曾巩家族来说，稽山镜水，情缘深深。"我欲因之梦吴越，一夜飞度镜湖月"，当年大诗人李白的心声，也正是与越州有着不解殊缘的曾氏族人的内心独白。

第二节　越州的治绩

曾巩在越州任上两年担任的通判这个职务，地位略次于州府最高长官。

---

① 张元忭、孙矿纂、李能成点校：《绍兴府志（万历本）》，宁波出版社 2012 年版，第 843 页。

② 南丰《二源曾氏族谱》卷首之"列祖外传"。

③ 清文渊阁《四库全书》本明刘宗周《刘蕺山集》之《曾氏家乘序》。

“通判”一职为宋代初期开始在各州府设置，职责是与知州共同处理政务，具有连署州府公事和监察官吏的实权，有“监州”之称。唐末五代，藩镇割据，天下动乱不已，中央集权始终巩固不下来。宋初，统治集团全力解决这个大问题。著名的“杯酒释兵权”，就是解除武将兵权的明智之举。武将解除兵权之后，朝廷往往任命文臣出守州郡，简称知州。同时为了防止州郡长官尾大不掉，又在州郡设通判，与知州共同处理政事，其职责为：“凡兵民、钱谷、户口、赋役、狱讼听断之事，可否裁决，与守臣通签书施行……所部官有善否及职事修废，得刺举以闻。”[①] 这样看来，通判一职，既是州郡的主官，又具有监察官吏之职权。有此一职，中央对州、县的指挥就更加自如了，正好像心之使臂、臂之使手那般顺畅了。曾巩在越州任上两年就是担任这个职务，公事还是比较繁忙的。

一、积极推行新法

曾巩与王安石虽然在变法上有不同意见，但曾巩并不是完全反对王安石新法的。对于以朝廷名义颁行的新法，曾巩在自己的职权范围内认真施行。

王安石变法真正付诸实施是在熙宁二年（1069），是年制置三司条例司陆续颁行农田水利法、青苗法、均输法等新法条例。远离朝廷纷争后的曾巩，在越州两年通判任内，心无旁骛，根据王安石新法的宗旨，结合越州实际情况忠实地执行了新法，并以实际行动推行完善了新法。

1. 推行农田水利法

“农田水利法”于熙宁二年（1069）正式颁布，是王安石变法中最能体现其“欲富天下则资之天地”思想的一项重要经济改革措施，也是中国古代第一部较为完整的、专门规定农田水利的全国性行政法规。

此法令规定各地兴修水利工程，用工的材料由当地居民照户等高下分派。只要是靠民力不能兴修的，其不足部分可向政府贷款，取息一分。如一州一县不能胜任的，可联合若干州县共同完成。农田水利法颁布的目的，主要是鼓励农民开垦荒地、修整田土、消除水患、发展生产。农田水利法的实施，

① 脱脱等：《宋史》卷一六七，中华书局 1999 年版，第 2663 页。

促使各地兴修了众多的水利工程，取得了一定的经济效益和社会效益。

水利历来是农业的命脉，在长达二千余年的封建农业经济中，农田水利一直是封建王朝自中央到地方官员治政的中心工作。曾巩和所有重视治水的封建官吏一样，主张兴修水利，对合理的水利整治持赞赏肯定态度。早在熙宁元年（1068），曾巩在《英宗实录院申请札子》中即已提出："都水监河渠水利，凡有议论改更……令子细检寻，供报本院，不得漏略。"[①] 从中便知曾巩对于农田水利的重视。

越州地势自南向北倾斜，南为丘陵，山溪河流源短流急，易发洪灾；北为湖泊平原，地势低洼，河道平缓，易患涝灾。故在越州为官者均深知善治越者以浚河为急的道理。历代凡是在越州担任地方官的，都十分注重治水。他们实地考察，不畏艰辛，率领百姓整治水利，为发展越州的农业生产和保障百姓生命财产安全做出了重要贡献，因而彪炳史册，一直为后人纪念和传颂。曾巩也是越州历史上治水功臣之一。

曾巩赴任越州之初，即"问湖之废兴于人，未有言利害之实者"。之后，他亲自勘察鉴湖，"问图于两县，问书于州与河渠司"，在实地调查访问的基础上，撰写了《越州鉴湖图序》。这篇图序先写鉴湖兴修的历史及其成效，次写鉴湖湮废过程，然后叙写历代越州官员"争为计说"的种种主张。曾巩对"湖不必复""湖不必浚"两种错误论调进行了驳斥，深入分析了历代官署禁止"盗湖为田"诸种办法收效甚

古鉴湖门楼

① 曾巩撰，陈杏珍、晁继周点校：《曾巩集》，中华书局 1984 年版，第 476 页。

绍兴鉴湖

微的原因。在此基础上，曾巩大胆提出了治湖的有效主张："言必行，法必举。"倘若不是亲临其境，曾巩是无法对鉴湖的利害关系有如此之详、如此之深的见解。曾巩水利思想的可贵之处就在于，他提出不因暂时的农田收益而放弃生态环境的长远保护，这一见解至今仍有深刻的启迪意义。在《永乐大典》卷二二六七中存有曾巩一篇佚文《越州论开浚鉴湖状》，详细记载了越州开湖顷亩丁夫的情况，从中可见曾巩对水利建设的重视。①

同年，曾巩还应邻县鄞县县令张峋之请，为其作《广德湖记》，提出"政之废举"的关键在于人，希望越州官员治理鉴湖时从中得到借鉴。我们从中亦可看到曾巩对于水利建设的深切关注。

曾巩在越州时还曾修筑海塘以造福越州百姓，做了大量具体细微兴修水利的公务。海塘是抵御海潮侵袭的堤防工程。越州海塘范围广阔，始建于春秋，历史上曾投入了大量的人力物力进行修治，屡经修治，为越州历史上重要的水利设施。在新发现的《永乐大典》残卷中，保存了曾巩任越州通判期间所写的两封书信，就涉及了曾巩在越州任上修筑海塘之举。在《越州论修海塘别纸启》《与两浙转运许醇按视海塘别纸启》中，曾巩致书两浙转运使贾昌

① 转引自金程宇：《新发现〈永乐大典〉残卷中的曾巩佚文》，《学术月刊》2004 年第 9 期。

绍兴海塘

衡，详述修筑海塘相关事宜。此前修海塘通常皆由百姓自己筹资，但越州遭遇灾荒后，曾巩建议应当“今岁官助之”，并强调修筑海塘应当“费不虚出，役不轻举”，主张限定金额，以避免“虚费官钱”。这些十分具体的解决方案，表现了曾巩体贴民情及“节用为理财之要”的思想。[①]

2. 推行募役法

“募役法”又称“免役法”，是王安石变法中财政改革的一项重要制度。熙宁三年（1070）十二月，“募役法”由司农寺拟定，试行后颁布全国实施。

从北宋初至宋神宗熙宁变法前的百余年间，北宋实行的是差役制度。北宋的纳税户在王安石变法之前，除缴纳赋税之外，还要依照其户等的高低，轮流到各级政府去服差役。当时，北宋政府将民户分为九等，并规定下五等户一律免役，上四等户则按照其家产而分别给轻重之役。由于官员、地主皆有免役的特权，因此各种差役自然就落在了中下层地主和比较富裕的自耕农身上。

新法废除原来按户等轮流充当州县差役的办法，改由州县官府自行出钱雇人应役。雇员所需经费，由民户按户分摊。原来不用负担差役的女户、

① 转引自金程宇：《新发现〈永乐大典〉残卷中的曾巩佚文》，《学术月刊》2004年第9期。

寺观，也要缴纳半数的役钱，称为“助役钱”。“募役法”使得农民从劳役中解脱出来，保证了劳动时间，促进了生产发展，同时也增加了政府财政收入。

曾巩在越州任上，积极推行“募役法”。他到任后，随即察民情、访贫苦、搞调研。越州这个地方有个惯例，那就是从酒坊征收赋税，供衙门使用。曾经有一段时间，酒坊税有限，不够财政开支，州上便想了个法子，不足部分分摊到老百姓身上征收，而且定下了七年的期限。然而七年后，州上仍然征收如初，老百姓因此怨声载道。曾巩了解这一情况后，马上停止了这笔赋税的征收。曾肇的《亡兄行状》是这样记叙曾巩废除“以钱助役”做法的:“初，嘉祐中，州取酒场钱给牙前之应募者，钱不足，乃俾乡户输钱助役，期七年止。后酒场钱有余，应募者利于多入钱，期尽而责乡户输钱如故。公阅文书，得其奸，立罢输钱者二百余户，且请下诏约束，毋擅增募人钱。”[①] 曾巩这一做法，正好有助于“募役法”的实施，不仅打击了那些乘机贪污的官吏，而且大大地减轻了百姓的负担，深得越州百姓好评。

3. 推行青苗法

“青苗法”又称“常平新法”，是王安石新法的一项重要内容，熙宁二年（1069）颁布施行。“青苗法”有着低息、请贷自愿、贷有限额、能抑制豪强盘剥等种种优点，应当说是一项利国利民的有效举措。

宋朝建立后，曾仿效前代做法，在地方上设立常平仓，丰收之年由地方政府酌情提高谷价、大量收籴，遇到荒灾则由地方政府以比市价稍低的价格将仓中储粮大量粜卖。然而，这一政策在实际操作中遇到了很多问题，有的随意加码，有的转借挪用，效果不佳。

新法保留了常平仓制度的拯济与调节市价的合理内容，充分考虑了施行过程中的具体情况，调整了相关的管理制度，堵塞了一些管理漏洞，改善了常平仓钱粮被转运司借支和移用这一弊端。它的顶层设计是诸路以现存常平、广惠仓的一千五百万石钱各为本，如是粮谷，即与转运司兑换成现钱，以现钱贷给广大乡村民户，有剩余也可以贷给城市坊郭户。民户贷请时，须

① 曾巩撰，陈杏珍、晁继周点校：《曾巩集》，中华书局1984年版，第792页。

五户或十户结为一保，由上三等户作保，每年正月三十日以前贷请夏料，五月三十日以前贷请秋料，夏料和秋料分别于五月和十月随二税偿还，各收息二分。

曾巩任越州通判期间大力推行朝廷新颁布的“青苗法”，取得了较好的效果。林希的《曾巩墓志铭》中是这样记载的：“出钱粟五万，贷民为种粮，使随岁赋以入，民赖以全活。”[①] 这一举措使一部分贫困的百姓得以发展生产。

二、赈灾救济

据史料载，熙宁三年（1070），越州水旱并发，灾情严重，民生凋敝。

为解决灾荒问题，身为越州通判的曾巩，根据灾害具体情况，率领僚属全力投入赈灾救荒，果断采取了一系列切实可行的赈灾救济措施。林希的《曾巩墓志铭》和曾肇的《亡兄行状》详细记载了曾巩在救灾时所实施的措施：其一，解决粮食问题。曾巩下令打开粮库，将粮食赊卖给灾民，欠款规定偿还期限。但因考虑到常平仓的粮食不足以帮助灾民度过灾荒，加之为确保偏远地区的灾民也能购买到粮食，于是曾巩便事先以高于常平仓的价格向各属县富户征得粮食十五万担，有效地控制了粮食的价格，较好地解决了粮食的问题。其二，实施便民措施。曾巩考虑到遍布乡野的灾民不方便到城里购粮，加之各地的灾民聚集起来容易发生瘟疫，于是在各地设置了许多赈所，就近派发粮食。这对于灾民来说无异于雪中送炭。其三，积极组织生产自救。曾巩着手于“救其患”、缓和饥荒的同时，又立足于“复其业”，积极组织灾民生产自救。州府出钱粟五万，贷给灾民作为种粮，使各灾民户有能力购买粮种、自行耕种。曾巩主张救灾侧重于扶助生产，稳定灾民，这是有积极意义的。对于这次救灾赈饥，曾肇《亡兄行状》是这样记述的：“岁饥，度常平不足仰以赈给，而田居野处之人，不能皆至城郭，至者群聚，有疾疠之虞。前期喻属县召富人，使自实粟数，总得十五万石，视常平价稍增以予民，民得从便受粟，不出田里而食有余，粟价为平。又出钱粟五万贷民为种粮，使随岁

① 曾巩撰，陈杏珍、晁继周点校：《曾巩集》，中华书局 1984 年版，第 798 页。

赋入官，农事赖以不乏。”[①]

越州官府采取了多项措施，使越州百姓平稳地度过了这场灾荒，且很快恢复了生产，没有出现百姓背井离乡、乞讨度日的状况，更没有发生饿死人的情况，可以说是赈饥有方。这不能不说是曾巩的功劳。

三、为政不扰民

安民而不扰民，富民而不食民，这是历代杰出政治家的为政之道。作为一个地方的父母官，顺民心、为政不扰民、让百姓安身立命，那就将青史留名。

曾巩家世为儒，受儒家仁政思想的影响较深。他十分赞赏恩师欧阳修的简政至论。他在越州的为政实践中深深地感到，只有简政，才能顺民、利民，而繁政往往扰民。

曾巩施政仁惠爱民，勤于政事，关心民生疾苦。曾肇在《亡兄行状》中说“公（曾巩）所领州多号难治，及公为之，令行禁止，莫敢不自尽”[②]，“为通判，虽政不专出，而州赖以治”[③]。在越州任上，正欲施展政治抱负的曾巩针对“州县困于文移烦数，民病于追呼之扰”的通病，大胆探索事责分工的新路子：“事应下县，责其属，度缓急与之期，期未尽，不复移书督趣；期尽不报，按其罪。期与事不相当，听县自言，别与之期。而案与期者，即有所追逮，州不遣人至县，县毋遣人至田里。县初未甚听，公小则罚典史，大则并劾县官。于是莫敢慢，事皆先期而集，民不知扰，所省文移数十倍。”属于州管的事情，“督察勾稽，皆有程式，分任僚属，因能而使，公总览纲条，责成而已”。由于明确事责分工，因此“政巨细毕举，庭无留事，囹圄屡空”[④]，取得了非常明显的效果。由于曾巩致力于削减公文、整顿吏治，百姓念其爱民仁政，对之交口称赞。曾巩为政以民为本、宽简而事不废弛，与当时繁文缛节、形式主义、滋事扰民、好大喜功的官场积习形成了鲜明的对比。

---

① 曾巩撰，陈杏珍、晁继周点校：《曾巩集》，中华书局 1984 年版，第 792 页。
② 曾巩撰，陈杏珍、晁继周点校：《曾巩集》，中华书局 1984 年版，第 794 页。
③ 曾巩撰，陈杏珍、晁继周点校：《曾巩集》，中华书局 1984 年版，第 792 页。
④ 曾巩撰，陈杏珍、晁继周点校：《曾巩集》，中华书局 1984 年版，第 794 页。

第三节　越州的交游

曾巩素喜交游，任越州通判前原为京官，因此与京官、地方官均有较为广泛的联系。到越州后，曾巩深入民间，广泛了解民情风俗，与许多布衣平民往来密切，结下了深厚的友谊。

一、曾巩与同僚邵亢、钱藻的交往

邵亢（1014—1074），字兴宗，丹阳（今江苏省丹阳市）人，于熙宁元年（1068）十二月任越州知州，至熙宁二年（1069）十二月满一年移知郑州，再后知郓、亳州，是曾巩在越州的同僚。

按北宋的政治体制，知州与通判之间不存在隶属关系，知州乃一州之行政、司法长官，而通判是协同知州共同处理州府公务，并行使监察官吏之职权。通判既非知州副手，也非知州属官，两者既相互协作，又相互监督。因此，知州邵亢与通判曾巩相互关系的处理就显得十分微妙。邵亢资深望重，但他在知越州的一年时间里，却非常器重曾巩，让曾巩放手大胆实施治理越州的各项工作；曾巩也十分尊崇邵亢，与邵亢亦师亦友，私交甚契，关系甚是融洽。

邵亢调离越州移知郑州时，曾巩作《送郑州邵资政》五言诗为其送行，评价了邵亢在越州任上的政绩，并对邵亢给予较高的赞誉：

江夏无双誉，菑川第一才。笑谈成黼藻，咳唾落琼瑰。
紫气锋铓露，青冥羽翼开。隽游追幕府，高步集蓬莱。
探讨篇章洽，研磨术业该。九霄新汉邸，万目注梁台。
选择真儒用，招延急诏催。衣冠惊角绮，宾友重邹枚。
每右横经席，宁虚置醴杯。八荒披日月，万里散云雷。
始去东山榜，俄参北斗魁。庙堂奇计得，羌虏鸷心摧。
帝念人求旧，朝须汝作梅。避荣言屡切，请外自难回。

际海归封略，连吴入剸裁。夕冰承命出，昼锦过乡来。
许国风猷壮，容民宇量恢。节旄恩换镇，京室地称陪。
赐觐亲中扆，通班接上台。壶浆空度洧，公位在三槐。[①]

邵亢调离越州后，曾巩一直与其保持唱酬往来。邵亢知郓州时，曾巩作有《寄郓州邵资政》《和邵资政》诗两首，并作有一封《贺郓州邵资政改侍郎状》。两人始终保持着十分融洽的关系。

钱藻（1022—1082），字纯老（一作醇老），杭州钱塘（今浙江省杭州市）人，翰林学士钱明逸之从子，皇祐五年（1053）进士，后为秘阁校理。曾巩一度与其为同僚。

熙宁二年（1069）曾巩到任越州通判。熙宁三年（1070），钱藻也主动向朝廷请求到穷乡僻壤的婺州（与越州接壤，今浙江省金华市）担任知州。可以说，正是这同样的经历、同样的境遇，把曾巩和钱藻两位旧同僚的感情距离瞬间拉近了。曾巩在《馆阁送钱纯老知婺州诗序》中，既称颂钱藻主动请求到“川穷山阻僻绝之地”任职的高尚志节，又为他“文章学问有过人者，宜在天子左右，与访问，任献纳”却未能在天子左右发挥更大才干而惋惜不平。现在看来，曾巩这种不平之鸣，既是感叹钱藻有才华得不到施展，也是他自己内心情愫的自然流露，可谓是借他人之酒浇自己胸中之积郁。

二、曾巩与师友赵抃、傅向老的交情

赵抃（1008—1084），字阅道（一作悦道），号知非子，衢州西安（今浙江省衢州市）人，是曾巩最为敬佩的前辈之一。赵抃从小失去父母，但一直努力学习，景祐元年（1034）进士及第后历任多职，卓有政声。赵抃是一位历练的政治家，曾四次入川治蜀，名垂青史。他忠厚淳朴，刚毅正直，为人仗义，敢于直言，为世所称道。他为殿中侍御史时，弹劾权贵佞幸，声震京师，人称“铁面御史”。宋神宗即位后赵抃升任参知政事，因与王安石政见不合，于熙宁三年（1070）四月“罢参知政事，自右谏议大夫罢为资政殿学士，知

① 曾巩撰，陈杏珍、晁继周点校：《曾巩集》，中华书局 1984 年版，第 93 页。

杭州”，而当时曾巩正在与杭州接壤的越州担任通判。

曾巩和赵抃在政治与文学上志趣相同，且曾巩一向以赵抃为“吏师”。时杭州久旱，而赵抃入境杭州当晚天降透雨。这纯粹是一种巧合。曾巩本来就十分敬佩赵抃的为人，当闻悉赵抃入杭州时得雨，便兴奋地写就《余杭久旱赵悦道入境之夕四郊雨足二首》：

连章天上乞身闲，笑入吴船拥节还。一夜风雷驱旱魃，始知霖雨出人间。

旌旗东下路尘开，六月风云席上回。正恐一方人暍死，直将霖雨过江来。[①]

曾巩称扬赵抃如久旱之甘霖，给杭州百姓带来恩泽。恭敬之情，溢于言表。

熙宁七年（1074）十月，赵抃改知越州。恰逢越州灾荒，他采取了一系列有效的救灾措施，“早夜惫心力不少懈，事巨细必躬亲。给病者药食，多出私钱”，对于救灾的准备、救灾的措施、对灾民的安抚、各方的协调，皆制定了细致详尽的条例，从而使百姓得到了实惠。元丰二年（1079）曾巩在明州知州任上时，他认为赵抃救灾的成功经验“其施虽在越，其仁足以示天下”，为此特撰《越州赵公救灾记》一文，对赵抃在灾前的准备、救灾措施、救灾的成绩详细地做了记述，“后之为政者可仿而行之”。[②]

傅向老（生卒年不详），越州山阴（今浙江省绍兴市）人。他虽家境穷困，却好学上进，后有人举荐他为温州瑞安县令。

曾巩与傅向老交情深厚，关系十分密切。曾巩对傅向老弟兄虽然家贫，却贫而能守，“不苟取而妄交”，读书明理，自重而不断上进的高洁品格表示赞同，对其善作文章亦十分赞赏。曾巩曾作《送傅向老令瑞安序》，提醒他必须注意“古之道盖无所用于今，则向老之使所守亦难合矣”的情况，其诚心之恳切，日月可鉴。

① 曾巩撰，陈杏珍、晁继周点校：《曾巩集》，中华书局 1984 年版，第 95 页。

② 李震：《曾巩资料汇编》，中华书局 2009 年版，第 477 页。

三、曾巩与姻亲关景晖、晁补之、强至的交游

关景晖（1028—？），字彦远，越州山阴（今浙江省绍兴市）人，曾巩长妹夫，嘉祐八年（1063）进士，“四十而仕”。关景晖与“苏门四学士”之一的晁补之乃忘年之交，来往很多，关系甚好，留下了许多唱和诗作。从曾巩为其长妹所作的墓表中可知关景晖曾任郓州平阴县主簿，后为官河北，曾巩有《送关彦远赴河北》《送关彦远》《送关彦远赴江西》，晁补之有《送会稽关彦远罢官河北》诗相送。从晁补之的《汴都赋序》中可以看到，关景晖在河北任上颇有政绩。

曾巩通判越州期间，其长妹已亡故十多年。由于曾巩在这位妹夫的故里为官，因此，曾巩与这位妹夫往来最多，二人亲厚如故。关家在会稽算是仕宦显达之家。关景晖父亲关鲁为尚书职方员外郎，致仕后赠为尚书都官郎中，曾巩有《题关都官宅》诗云：

麻衣少壮干时去，朱绂康强得老归。身世自如天下少，利名难退古来稀。
更无俗事侵方寸，只与闲人话翠微。科第诸郎同日显，高门当代有光辉。[①]

诗人称颂关鲁致仕后悠闲自在的生活和几个儿子皆出仕的荣耀（关景晖兄长关景仁为嘉祐四年进士）。

《送关彦远》诗云：

莫辞为我百分饮，从此送君千里行。物情簪屦尚须念，人道交亲那可轻？
渚梅江柳弄佳色，林鸟野蜂吟好声。对之但醉余可置，明日此杯谁共倾？[②]

曾巩对这位妹夫可谓关怀备至，字里行间饱含了浓浓的关爱之情。

晁补之（1053—1110），字无咎，号归来子，济州钜野（今山东省巨野县）

---

① 曾巩撰，陈杏珍、晁继周点校：《曾巩集》，中华书局 1984 年版，第 728 页。
② 曾巩撰，陈杏珍、晁继周点校：《曾巩集》，中华书局 1984 年版，第 92 页。

人，北宋著名文学家，北宋显宦杜纯之婿，与黄庭坚、秦观、张耒并称为“苏门四学士”。晁补之生长在仕宦之家、书香门第，生性聪敏，早负盛名，为元丰二年（1079）进士，历官多职，工书画、能诗词、善属文。

曾巩为晁家女婿，是晁氏姻亲。晁补之乃曾巩夫人晁文柔的堂侄。从相关记载来看，他与曾巩一家人尤其是与曾巩及曾巩弟曾肇、曾巩妹夫关景晖关系很好，有频繁的往来，留下了许多酬唱诗文。曾巩在越州任上时，晁补之时年十六，其父晁君成时任上虞令。由于与曾巩有一层姻亲关系，他便从上虞来到越州，慕名拜访曾巩。曾巩带着他畅游了越州的山山水水，两人交游甚欢。此后，曾巩对他的学问予以悉心指点，有师生之谊。[①]

强至（1022—1076），字几圣，钱塘（今浙江省杭州市）人。宋朝著名大臣，官至尚书祠部郎中，尤工于诗。南丰曾氏与钱塘强氏几代联姻，在家学上交流互动：曾巩弟曾肇娶强至之女，曾肇第八子曾繻娶其母之侄女（强渊明之女），而强至的曾孙女（强浚明孙女）又嫁与曾繻的幼子曾协。

曾巩与强至有着深厚的交情，且十分欣赏强至的文采，曾作《强几圣文集序》，对强至赞誉有加。曾巩任越州通判时，强至被韩琦聘为主管机宜文字，在韩府任幕僚。由于既是文友，又有姻亲之谊，曾巩通判越州两年间与强至书信酬赠频繁，感情不断加深。只可惜曾巩致强至书均已散佚，唯在《祠部集》卷二十七、卷三十一中可见强至三篇《回越州通判曾学士书》。其中一书有言：

适怀情范，遽获盛笺。粲然辞意之形，宛尔声颜之接。会稽请去，暂虚严助之直庐；宣室归来，行对汉文之前席。炎威寝剧，时祉载蕃。[②]

表达了对曾巩离京任职越州的安慰。

① 佘德余：《宦游集》，浙江人民出版社 2013 年版，第 110—117 页。
② 李震：《曾巩资料汇编》，中华书局 2009 年版，第 34 页。

第四节　越州的诗文创作

一、成就颇高的记叙性散文

曾巩在越州通判任上写下了《越州鉴湖图序》《广德湖记》《宝月大师塔铭》《寿昌县太君许氏墓志铭》《永安县君李氏墓志铭》《越州贺提刑夏倚状》《贺转运状》《贺杭州赵资政冬状》等二十余篇散文。

从曾巩的这二十余篇散文可以看出，他的文章长于叙事说理，夹叙夹议，以叙出论，说理周密严谨，不迫不躁，兴味浓郁，曲尽事理。曾巩文风正如《宋史》本传评论其文所言："纡徐而不烦，简奥而不晦，卓然自成一家。"[①] 如《广德湖记》，内容充实，见解深刻，论证严谨。在这篇记中，曾巩除了记述张峋治理广德湖的事迹外，也在此文中发表了自己的见解，反映了曾巩"以民为本"的思想。曾巩吸取早期儒家"民惟邦本""民为贵"的思想，把人民的祸福利害作为衡量治道得失的主要标准。正因为曾巩秉持这种思想，不难发现他在越州任上所作文章中，都含有关心国计民生的思想情感。曾巩在此记中盛赞鄞县官吏为民造福的功德以及鄞县人民对治理广德湖的拥护和支持，并借广德湖的成功治理经验启发越州官吏和人民效法鄞县，不要废弃造福越州百姓九百多年的鉴湖。对于此记，明代茅坤有个评价："本末纤悉，得记事法，才是有用文字。不如《鉴湖图序》更妙。"[②]

从曾巩越州任上所作的散文来看，叙事剪裁详略适宜、层次分明、繁简合度。他十分善于运用简洁的文字清楚地叙述事情始末梗概，如《馆阁送钱纯老知婺州诗序》记叙馆阁同僚钱藻来书求序始末，繁而不乱，细而不碎，条理清晰。

曾巩这期间所作的祭文和墓志铭，感情真挚，饱含伤悼之情，加之叙事生动曲折，引人入胜，使人物跃然于纸上，尤其善于在叙事中表现出人物的

① 曾巩撰，陈杏珍、晁继周点校：《曾巩集》，中华书局 1984 年版，第 809 页。
② 李震：《曾巩资料汇编》，中华书局 2009 年版，第 257 页。

行动、神情、心态、性格。如应宝月大师门人之请所作的《宝月大师塔铭》，重点写宝月大师“读五经，略知大义，颇喜为诗”，又学医，“既成而又疾者多归之，无贵贱贫富，皆为之尽其术，未尝有所厚薄”，具有“为人乐易慈祥，有智识度量，人不见其喜怒”亦儒亦医亦僧的品格，尤其是有处于生死之际而不改容变色的气度，从而使人物形象鲜明突出。

曾巩散文语言的突出特点，正如佘德余总结的那样 ：“平易晓畅，往往根据内容表达需要选择和使用不同句式，或排偶或单行，或两者结合，文句大体整齐，有时错落有致，无不音节谐美。”[①]

二、走向成熟的诗歌

曾巩是写诗的行家里手，他的诗有一定的成就，只不过是“文掩诗名”罢了。钱钟书评论曾巩诗时说道 ：“就‘八家’而论，他的诗远比苏洵、苏辙父子的诗好，七言绝句更有王安石的风致。”[②] 这确为中肯之论。

从目前的研究情况来看，大多数学者都认为曾巩的诗歌创作从越州开始日渐走向成熟。喻进芳以曾巩出任越州通判为限，将曾巩的诗歌分为前、后期 ：“出任地方官之后，曾巩脱离了长期的书斋生活从而走入了大自然，与此相应，其思想心态、情感基调、创作目的和审美趣味也有了一些变化，从而使曾巩诗歌在风格上有前后期的转变，还可以看到曾巩诗歌在体裁上有明显不同，前期以古体诗为主，后期以律诗为主。”[③]

曾巩在越州通判任上写下《游金山寺作》《南湖行二首》《种牡丹》《答葛蕴》《游天章寺》《送关彦远》《送关彦远赴江西》《看花》《会稽绝句三首》、《过高士坊》《余杭久旱赵悦道入境之夕四郊雨足二首》《钱塘上元夜祥符寺陪咨臣郎中文燕席》《送沈谏议》《送赵资政》《题宝月大师法喜堂》《题关都官宅》等二十多首诗歌。人们常说“诗言志”。曾巩在越州通判任期内所作诗歌，主要有如下特点 ：

---

① 佘德余 ：《宦游集》，浙江人民出版社 2013 年版，第 110–117 页。

② 钱钟书 ：《宋诗选注》，生活 · 读书 · 新知三联书店 2002 年版。

③ 喻进芳 ：《温厚平和　含蓄深沉——曾巩诗歌论》，中国社会科学出版社 2016 年版，第 151 页。

一是有感而发，直抒离京后的豁达。曾巩赴任越州途中的诗作，就眼前见闻或自身处境直抒感受，表达前往越州的心态。曾巩离开京师南行越州时，应蒋之奇之求，挥笔写下表达自己心声的《庭桧呈蒋颖叔》一诗：

> 樛枝高下秀森森，曾寄名卿异俗心。草舍一时成往事，松身千尺见新阴。
> 声清不受笙竽杂，气劲能遗霰雪侵。汉节从来纵真赏，谢庭兰玉载芳音。①

从诗中我们看到，在这之前曾巩对于仕途与朝政怀着远大志向和抱负，但在朝中受到排斥，处境尴尬，如今他似乎欲放下在朝中的往事，到越州一展身手，对未来充满希望，“声清不受笙竽杂”。在曾巩看来，只要自身拥有才能，无论身处何处都能有一番大的作为。

在赴任越州途中，曾巩路过镇江金山寺，便写下了《游金山寺作》②：

> 候潮动鸣舻，出浦纵方舟。举篙见兹山，岿然峙中流。
> 朱堂出烟雾，缥缈若瀛洲。十年入梦想，一日恣寻游。
> 屐履上层阁，披襟当九秋。地势已潇洒，风飙更飕飗。
> 远挹蜀浪来，旁临沧海浮。壶觞对京口，笑语落扬州。
> 久闻神龙伏，况睹鸷鸟投。行缘石径尽，却倚岩房幽。
> 颇谐云林思，顿豁尘土忧。昏钟满江路，归榜尚夷犹。

曾巩年轻时就满怀为国为民的崇高理想，而进士及第后任职太平州和馆阁的那段岁月里，无法为实现自己的理想而努力。“十年入梦想”，他的馆阁生涯只是一场梦；“一日恣寻游”，今日得此一游非常开心。当时赴任越州途中的曾巩，金山寺的山水风景让他顿然看破了世俗烦琐之事：“颇谐云林思，顿豁尘土忧。”他放下了之前的思想包袱，以致“昏钟满江路，归

① 曾巩撰，陈杏珍、晁继周点校：《曾巩集》，中华书局1984年版，第117页。
② 曾巩撰，陈杏珍、晁继周点校：《曾巩集》，中华书局1984年版，第66页。

榜尚夷犹”。

二是以物自况，表达通判越州的沉郁。曾巩通判越州两年时间里的许多诗作，有不少乃借物喻人，隐埋着曾巩的哀愁以及沉郁的情绪。曾巩以物自况，感叹自己在政治道路上的不如意。《种牡丹》一诗中，曾巩借对牡丹的描写暗喻自己的政治抱负被忽视的情况：

经冬种牡丹，明年待看花。
春条始秀出，蠹已病其芽。
柯枯叶亦落，重寻但空槎。
朱栏犹照耀，所待已泥沙。
本不固其根，今朝谩咨嗟。①

曾巩假借牡丹在诗中回忆起以前的日子，寒窗苦读终入仕，期盼有一番作为，然而在王安石主持变法后，他处境比较尴尬，在朝中无法立足，在朝政上的状况不曾改变，“朱栏犹照耀，所待已泥沙”。多年来在政治上的浮沉，他的抱负已被消磨。“柯枯叶亦落，重寻但空槎”，曾巩只好自叹无能为力。

《看花》一诗，曾巩虽写花，但其目的并非表达对花的赞赏或对自己恬静生活的满足，而是借赏花来表达自己嫉世愤俗的感情。正所谓借山水以纪其郁结。曾巩把对山水自然的客观描绘，在诗中进一步扩大为自己内心情感的抒发，以表明自己不与世俗社会同流合污、洁身自好的高尚情操：

春来日日探花开，紫陌看花始此回。欲赋妍华无健笔，拟酬芳景怕深杯。
但知抖擞红尘去，莫问鬅鬙白发催。更老风情转应少，且邀佳客试徘徊。②

三是寓情于景，抒发越州任上的情感。在越州任上，曾巩寄情于事、寄

① 曾巩撰，陈杏珍、晁继周点校：《曾巩集》，中华书局1984年版，第67页。
② 曾巩撰，陈杏珍、晁继周点校：《曾巩集》，中华书局1984年版，第93页。

情于景，借着对景物的描写，在诗中进一步扩大为自己内心情感的抒发。《南湖行二首》[①] 主要是描述春季南湖赛船的壮观场面：

二月南湖春雨多，春风荡漾吹湖波。着红少年里中出，百金市上裁轻罗。插花步步行看影，手中掉旅唱吴歌。放船纵櫂鼓声促，蛟龙擘水争驰逐。倏亲忽远谁可追？朝在西城暮南溪。夺标得隽唯恐迟，雷轰电激使人迷。红帘彩舫观者多，美人坐上扬双蛾。断瓶取酒饮如水，盘中白笋兼青螺。生长江湖乐卑湿，不信中州天气和。

东南溪水来何长，若耶清明宜靓妆。南湖一吸三百里，故人已疑行镜里。春风来吹不生波，秀壁如奁四边起。蒲芽荇蔓自相依，踯躅夭桃开满枝。求群白鸟映沙去，接翼黄鹂穿树飞。我坐荒城苦卑湿，春至花开曾未知。荡桨如从武陵入，千花百草使人迷。山回水转不知远，手中红螺岂须劝。轻舟短楫此溪人，相要水上亦湔裙。家住横塘散时晚，分明笑语隔溪闻。

虽然此诗的内容都是在描绘南湖迷人春色，但“我坐荒城苦卑湿，春至花开曾未知”这一句，却清楚地透露出曾巩对仕途的无奈与彷徨，把曾巩对远涉越州的牢骚、对自己仕途的不如意表露无遗。

天章寺为越州历史上的名刹，许多大诗人到此游赏。曾巩写了《游天章寺》[②]：

篮舆朝出踏轻尘，拂面毵毵柳色新。
曲水岂能留往事，南湖空解照行人。
最宜灵运登山屐，不负渊明漉酒巾。
老去飘零心未折，暂须同醉海边春。

---

① 曾巩撰，陈杏珍、晁继周点校：《曾巩集》，中华书局 1984 年版，第 67 页。
② 曾巩撰，陈杏珍、晁继周点校：《曾巩集》，中华书局 1984 年版，第 91 页。

天章寺遗址

这首七言律诗乃借天章寺以寄意。老来远离京师而漂泊他州的曾巩，官越州通判时已五十开外，又远离故乡，故有“飘零”之感。面对如此风光明媚的景色，曾巩无法得到心灵上的愉悦，唯有用酒醉来暂时地逃避，从而把他压抑与无奈的情感表露无遗。

《钱塘上元夜祥符寺陪咨臣郎中文燕席》[①]一诗曰：

月明如画露叶浓，锦帐名郎笑语同。
金地夜寒消美酒，玉人春困倚东风。
红云灯火浮沧海，碧水楼台浸远空。
白发蹉跎欢意少，强颜犹入少年丛。

此诗虽然主要是描写席上的欢乐情景，但最后两句却流露出曾巩感叹年

① 曾巩撰，陈杏珍、晁继周点校：《曾巩集》，中华书局1984年版，第96页。

华已逝、事业蹉跎的情感。“欢意少”与当时的热闹喜庆场景形成了强烈的对比，而这正是曾巩内心情感的抒发。

《会稽绝句三首》[①]：

花开日日去看花，迟日犹嫌影易斜。
莫问会稽山外事，但将歌管醉流霞。

花开日日插花归，酒盏歌喉处处随。
不是心闲无此乐，莫教门外俗人知。

年年谷雨愁春晚，况是江湖两鬓华。
欲载一樽乘兴去，不知何处有残花。

会稽山大禹陵禹庙

① 曾巩撰，陈杏珍、晁继周点校：《曾巩集》，中华书局 1984 年版，第 94 页。

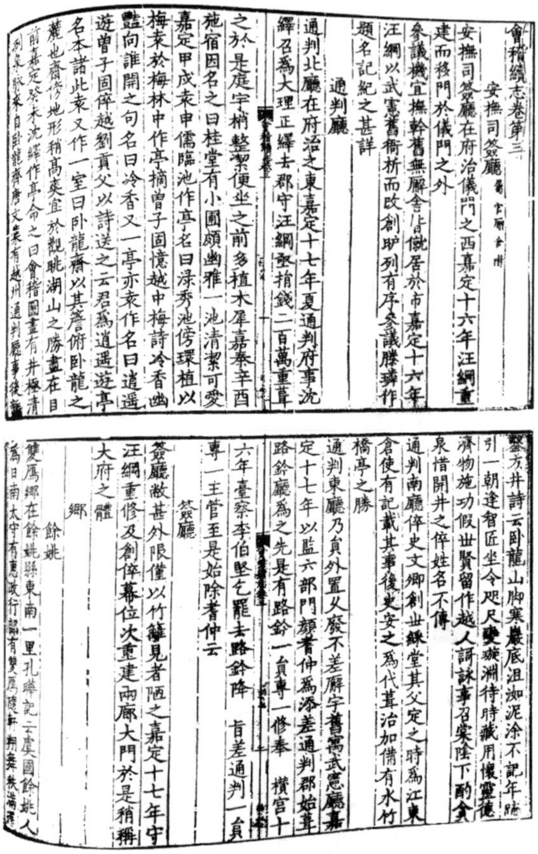

會稽續志卷第三

安撫司簽廳

安撫司簽廳在府治儀門之西嘉定十六年汪綱重建而移門於儀門之外

參議機宜撫幹舊無廨舍皆僦居於市嘉定十六年汪綱以武憲舊衙析而改創之列有序參議滕璘作題名記紀之甚詳

通判廳

通判北廳在府治之東嘉定十七年夏通判府事沈繹召爲大理正繹去郡守汪綱捐錢二百萬重葺之於是庭宇稍整潔便坐之前多植木犀嘉泰辛酉施宿因名之曰桂堂有小圃頗幽雅一池清潔可愛嘉定甲戌袁申儒臨池作亭名曰淥秀池傍環植以梅袁於梅林中作亭摘曾子固憶越中梅詩冷香幽豔向誰開之句名曰冷香又一亭亦袁作名曰逍遥遊曾子固倅越劉貢父以詩送之云君爲逍遥遊亭名本諸此袁又作一室曰卧龍齋以其詹俯卧龍之麓也齋傍地形稍高爽宜於觀眺湖山之勝盡在目前嘉定癸未沈繹作亭命之曰會稽圖畫有井極清冽……卧龍齋……越州通判廳事後甃方井詩云卧龍山脚寒巖底沮洳泥涂不記年……引一朝逢智匠坐令咫尺變璇淵待時藏用懷靈德濟物施功假世賢留作越人謌詠事召棠陰下酌貪泉惜開井之倅姓名不傳

通判南廳倅史文卿創世綵堂其父定之時爲江東倉使有記載其事後史安之爲代葺治加備有水竹橋亭之勝

通判東廳乃貟外置久廢不差廨宇舊寓武憲廳嘉定十七年以監六部門顏耆仲爲添差通判郡始葺路鈐廳爲之先是有路鈐一貟專一修奉 攢宮十六年臺察李伯堅乞罷去路鈐降 旨差通判一貟專一主管至是始除耆仲云

簽廳

簽廳敞甚外限僅以竹籬見者陋之嘉定十七年守汪綱重修及創倅幕位次重建兩廊大門於是稍稱大府之體

鄉

餘姚

雙鴈鄉在餘姚縣東南一里孔曄記云虞國餘姚人爲日南太守有惠政行部有雙鴈隨軒判舞秩滿還

《嘉泰会稽志》关于冷香亭的记载

此诗为曾巩“寄兴之作”，笔墨不多，表面上是写曾巩在会稽山上赏花而流连忘返，但“莫问会稽山外事，但将歌管醉流霞”“莫教门外俗人知”以及“欲载一樽乘兴去，不知何处有残花”等诗句实际上是在述说着曾巩当时的心情。五十开外的曾巩，竟有兴致和越中少年一样天天去插花而归，这已足见此时的曾巩不愿再过问朝政上的纷争，而乐于过着随兴安逸、闲适恬静的生活，专心致志勤政事，不为末节枝叶的事所困扰了。①

曾巩离开越州在齐州任上，曾写有一首《忆越中梅》：

浣沙亭北小山梅，兰渚移来手自栽。
今日旧林冰雪地，冷香幽艳向谁开？②

万历《绍兴府志》卷三“通判北厅”条下载 :“嘉定中袁申儒临池作亭，名曰‘渌秀’，池傍环植以梅，于梅林中作亭，摘曾巩《忆越中梅》诗‘冷香幽艳向谁开’之句，名曰‘冷香’。”③ 由此可见曾巩绝句诗的影响之大。

① 李俐苇 :《曾巩在越州》，拉曼大学中华研究院中文系文学学士学位论文。
② 曾巩撰，陈杏珍、晁继周点校 :《曾巩集》，中华书局 1984 年版，第 99 页。
③ 张元忭、孙矿纂、李能成点校 :《绍兴府志（万历本）》，宁波出版社 2012 年版，第 56 页。

三、千古名篇《越州鉴湖图序》

自宋以来，但凡选注曾巩散文，大都有这篇《越州鉴湖图序》。

曾巩履职越州伊始就心念越州鉴湖的治理。东汉会稽郡守马臻在会稽山北麓营建了巨大的人工湖——鉴湖，其周长三百五十余里，可灌田九千余顷。它是我国古代最大的灌溉工程之一，民间有“鉴湖八百里”的说法，可想当年鉴湖之宽阔。但由于长期“盗湖为田”，鉴湖的灌溉作用难于发挥。曾巩早就听闻鉴湖“盗湖为田”之风甚盛，如不及时全面治理，很有可能会到“几近全废”的境地。于是，他马不停蹄地问官访民，四出踏勘，足迹遍及整个鉴湖流域，取得了鉴湖治理的大量第一手资料。在实地调查访问的基础上，曾巩绘制了越州鉴湖图，并撰写了《越州鉴湖图序》，力主治湖，提出了“言必行、法必举”的依法治湖最佳办法。

《嘉泰会稽志》鉴湖图

此序二千五百余字。曾巩先对鉴湖地理形势做了交代，随后详述自汉以来九百七十五年间湖之兴衰衍变，由古及今，记载了鉴湖近千年之兴衰沿革，历代官吏治湖之种种“高论”，篇制宏伟，条理明晰，繁而不乱，虽名之曰“序”，实则为鉴湖史传。文中鸟瞰鉴湖，雄视万代、高屋建瓴，记事记言、简约严谨，纵论得失、扼要肯切，行文叙事、从容有度，足见作者史才超凡、笔法娴熟。当然，其兴废为利之想，又可见曾巩任官之才干。文中众多数字的运用，精确而有史家特色。清代散文家方苞认为：“此文在子固记事文为第一，欧公以下无能颉颃者。”[①] 评价之高，实属少见。

曾巩在越州通判任上未能亲自实施鉴湖治理，这篇图序中的建言也出于种种原因在后来治理鉴湖时未被采纳。但对于鉴湖而言，曾巩的这篇图序仍具有划时代的意义。这是鉴湖史上最光辉和最值得尊敬的一篇文字。

① 方苞：《古文约选·曾文约选》。

第四章

莲歌渔唱念曾公

——曾巩在齐州

曾巩于熙宁四年（1071）的春夏之交改知齐州（今山东省济南市）军州事。曾巩知齐的两年里除强平盗、省河疏费、修桥设店、体恤百姓，使齐州达到了“外户不闭”“人皆以为利”[①]的大好局面，且乐而吟诗，多有题咏，是政治和文学上的辉煌期，在齐州的政治文化史上留下了浓墨重彩的一笔，受到了百姓的衷心拥护和爱戴，齐州人民对曾巩的歌颂和怀念永盛不衰。

第一节　治绩冠世，泽普黎元

曾巩这次知齐，是第一次出任地方最高行政长官。对朝廷的这次调动，他开始有些抱怨，说：“平生拙人事，出走临东藩。”[②]但是皇命难违，他仍然是以积极的姿态上任的。他在《齐州谢到任表》中说：“历事圣君于三世，与游儒馆者十年。不知苟曲以取容，但信朴愚而自守。比缘私计，请贰外藩。嗟疾病之余生，困米盐之细务。方指期于满岁，将垂翼于故栖。”[③]指出自己

---

① 曾巩撰，陈杏珍、晁继周点校：《曾巩集》，中华书局1984年版，第792—793页。

② 曾巩撰，陈杏珍、晁继周点校：《曾巩集》，中华书局1984年版，第67页。

③ 曾巩撰，陈杏珍、晁继周点校：《曾巩集》，中华书局1984年版，第412页。

补外的原因是人事及贫病。曾巩作为一个责任心极强的官吏，他深知自己肩负的责任，清醒地认识到了齐州为“剧郡”，被时人称为难治之地，可他决心不论夙夜，勉尽疲驽投身于任上。齐州两年，应是曾巩政治生涯的高峰期。

一、知齐时间及齐州概况

对曾巩知齐的时间,学界说法不一。荣斌有《曾巩知齐年月小考》[①] 一文，其中提到王焕镳的《曾南丰先生年谱》断为熙宁五年(1072)正月。王氏《年谱》是人们所看到的最为详备的曾巩年谱，因而熙宁五年（1072）曾巩知齐之说似乎成了定论。对于曾巩知齐时间，目前主要有以下几种说法：王焕镳《曾南丰先生年谱》、孙葆田《曾南丰年谱》、杨希闵《曾文定公年谱》、骆啸声《元丰类稿考释》中的熙宁五年（1072）；周明泰《曾子固年谱稿》的熙宁三年（1070）；荣斌的熙宁四年（1071）等。这几种说法中，我认为荣斌的考辨更为可信。因为《元丰类稿》卷七有曾巩七言小诗一首：“去年六月焦原雨,入得东州第一朝。今日看云旧时节,又来农畔听潇潇。”且诗前有题:“去年久旱，六月十三日入境得雨。今年复旱，得雨亦得六月十三日也。”这是熙宁五年（1072）写的诗。且熙宁五年（1072）年初，曾巩在齐州亲自主持修建了北水门，这项工程是于二月开始，三月竣工的。此事曾巩的《齐州北水门记》有载，王焕镳《曾南丰先生年谱》、姚范《南丰年谱》及众多史料也已确认，既然该年二月曾巩已在齐州兴修水利，又怎么说六月到齐州呢?曾巩到齐州后的《齐州谢到任表》称“今月十六日到任上”(未说明年月)。王琦珍也同意荣斌的意见，认为“王谱云在熙宁五年正月。杨谱亦同五年之说，然月日不详，均误”。李震的《曾巩年谱》综前人之说，考证详尽，也同四年知齐。因此，曾巩知齐的时间应该是宋神宗熙宁四年（1071）六月十三日，即大宋熙宁四年（1071）六月十三日入境，十六日正式莅任。时年五十三岁，正式官阶是太常博士充集贤校理知齐州军州事。

齐州位于黄河下游，治所在济南。北宋建国后把天下各州分为十八路，齐州隶属京东路。京东东路原只有青州为节度州，齐州为防御州。齐州，历

① 荣斌：《曾巩知齐年月小考》，《东岳论丛》1987 年第 4 期。

来为“龙潜”之地，在全国三百多个州中占有重要地位。随着宋王朝重心东移，齐州更是成为京东重镇名郡，迎来历史上发展的大好时机。政治上处于宋政权统治的腹心地区，军事上位于宋政权北部防守的前沿地带，经济上又是宋政权的重要财政支撑地，同时自古还是文化昌盛区。“众泉竞出而汇流于南北，五郡分列而道通于东西，古齐之名区，东齐之首郡。”①齐州南有泰山之固，东有济水、海洋之利，“东接临淄之饶，西阻济河之险”②。同时济南的历史文化气息十分浓厚，历史文化源远流长，早在春秋时期，齐国曾在此筑城，名曰泺邑，时常是齐鲁两国交流、会盟之地。西晋永嘉末年，济南国的首府又由东平陵城迁至历城，从此，济南便成为历代郡国、州府的行政中心。济南因北濒清河、南依历山，城区一带泉源竞发、湖陂汇波，很早就是文人墨客进行诗文创作的好地方。

二、兴修水利，根除水患

在当时的地方官员中，曾巩是属于富有进取精神而又比较稳健的一类。韩维称曾巩为人“刚毅直方，外谨严而内和裕”，其为政“严而不扰，必去民疾苦而与所欲者”③。

济南是有名的泉城，同时由于南部山区和城内泉群的水流汇聚，致使北门内外常成水患，百姓深受其害。曾巩认真考察了当地的地理形势，决定“以库钱买石僦民为工”④，在北城开展了大规模的水利建设，主要工程包括城北修筑堤堰，疏浚水道，开挖新渠，修建水闸等。其中北水门（即水闸）是建设的核心工程。每逢涨水，以往做法常常是在“北城之下疏为门以泄之”⑤，而往往又会出现外水暴涨、城外水位更高的现象，而且每年都要“取荆苇为蔽，纳土于门”⑥，不但不坚固，且投劳花钱又多，还不能从根本上解决水患问题。曾巩认真吸取了以往的经验教训，仔细调查，敢于创新，开展了一

① 郑樵：《通志》，《四库全书》。
② 郑樵：《通志》，《四库全书》。
③ 李震：《曾巩资料汇编》，中华书局2009年版，第18页。
④ 曾巩撰，陈杏珍、晁继周点校：《曾巩集》，中华书局1984年版，第309页。
⑤ 曾巩撰，陈杏珍、晁继周点校：《曾巩集》，中华书局1984年版，第309页。
⑥ 曾巩撰，陈杏珍、晁继周点校：《曾巩集》，中华书局1984年版，第309页。

系列工程改造建设。尤其在工程前的调查研究上下功夫，将济南众泉的来龙去脉搞清楚了。在济南泉水源头的问题上，曾巩是第一个给出了正确答案的人。他为弄清济南泉水的补给源，多次前往南部山区做实地勘察，然后根据自己的勘察结果，并参考济南人弃糠于黑水湾而见之于趵突泉的传说，得出了玉符河水自渴马崖潜伏地中五十里、复出而为趵突泉的结论，又根据济南诸泉色味皆同一的现象，做出了诸泉“皆泺水之旁出者也”[①] 的科学判断。事实上，济南泉区及以南山地，由于地下岩溶地貌发育，形成了许多溶洞、溶孔、溶沟，它们之间纵横交错，自南向北，宛如地下输水网道，趵突泉、舜泉、华泉等百十个泉眼地下相连。曾巩将济南众泉视为一个互相联系的整体，是符合客观事实，极具学术价值和远见卓识，众泉连涌，水源一脉，也是极有见地的生态意识。

熙宁五年（1072）二月，曾巩亲自组织当地官员张如纶、伸怀德开始了北水门的修建工作。由于策划安排到位，仅用一个多月的时间就完成了这一工程。北水门的两崖用石头垒成，深八丈，长三丈，两崖置石楗，再以木

① 曾巩撰，陈杏珍、晁继周点校：《曾巩集》，中华书局 1984 年版，第 308 页。

北水门

头制闸门，“视水之高下而纵闭之”[①]，因时调节泄水流量，使城内西湖（即大明湖）成了一个天然水库，城北平原不仅可以免受水患，而且可以适时灌溉，“于是内外之水，禁障宣通，皆得其节，人无后虞”[②]。同时，他还主持了与之相配套的一些工程，如在城北开挖了一条新渠，为西湖修建了坚固的湖堤等。这些工程都是由曾巩主持修建的。曾巩在齐州的水利建设，不仅解决了齐州的当务之急，而且从根本上解决了齐州多年来饱受水患困扰的问题。至今大明湖北边的北水门仍然在发挥它调节水位的作用，可谓造福久远。清道光六年（1826）山东布政使司刘斯嵋撰曾巩祠碑便称：“至今民赖以安，永除水患”[③]。不仅如此，曾巩还在阅武堂前开辟了一条新渠，引水灌溉农田，使危害齐州的水患变成了水利。

三、为民减负，予民生息

曾巩在齐州成功地实施了青苗法、免役法等。在青苗法的推行过程中，他不是盲目推行，而是善于借鉴其他地方的经验，采取有效措施防止实行中可能出现的硬性摊派、强迫认贷、收息、提高利息等从中渔利的做法，使农民从变法中获得了实惠。当时有个提举官（朝廷在各路设置了提举官）叫王广渊，神宗时，任京东转运使。他俨如钦差，官吏皆畏惮。为了讨好上司，向上邀功，他以“方春农事兴而民苦乏，兼并之家得以乘急要利”为由，“乞留本道钱帛五十万，贷之贫民，岁可获息二十五万”[④]，采取了硬性摊派认贷的方式，“一等户给十五千，等而下之，至五等，犹给一千，民间喧然，以为不便”[⑤]。尽管如此，他却入奏朝廷“谓民皆欢呼感德”。在这样一个善于取宠附会的上司面前，曾巩不屈从于他的这些做法，而是坚持利民的原则，结合齐州的实际而行之，很好地维护了立法的本意。曾肇在《亡兄行状》中说：“公推行有方，民用不扰。使者或希望私欲有所为，

① 曾巩撰，陈杏珍、晁继周点校：《曾巩集》，中华书局 1984 年版，第 309 页。
② 曾巩撰，陈杏珍、晁继周点校：《曾巩集》，中华书局 1984 年版，第 309 页。
③ 《续修历城县志》卷十四。
④ 《中国名人志》第六卷。
⑤ 《宋史纪事本末》卷三十七。

公亦不听也。”

曾巩初到齐州，当地由于无接待使客的馆舍，所以一旦有使客至，就要调集民役，砍林伐木，为临时馆舍，使客一走，又将其拆除，非常浪费。为此，曾巩于熙宁六年（1073）初，利用已调走官员留下的废屋，在泺水（今趵突泉）之畔修建了两处馆舍，名叫历山堂、泺源堂，并“考其山川而名之”。

当时河北发民疏浚黄河，调及他路民工。按规定当时齐州当出夫二万，户籍计算二、三丁要出一民工。曾巩发现了其中的隐漏，决定九丁抽一，省民费数倍。他还用取无名渡钱、架桥济往来、减轻徭役等为群众省费，蓄养民力，深得民心。

四、强力治郡，惩治豪强

无所畏惧地惩治豪强，安抚州民，这是曾巩知齐的一大贡献。正如他在《秋怀》中说：“为州讵非忝，即事亮何成？幸兹桑麻熟，复尔仓箱盈。闾里凶党戢，阶除嚣讼清。”

齐州历史上被认为是“习诈而夸”“多盗与讼”的地方。野有群行之盗，里多武断之家，俗悍，喜攻劫，豪宗大姓多扰法。当时影响治安的主要是两类人：一是地主豪强。这些结党称霸，横行乡里，有的甚至凌驾于地方政府之上，是纯粹的地方黑恶势力，他们为所欲为，无恶不作，致使治安混乱，法制颠倒。二是受地主阶级残酷压迫的游民。他们在无路可走时结社聚伙，在与地主及官府的不断抗争中求生存。以往官府对这两类人的态度往往是对前者不敢触动，忽视纵容；而对后者，则是害怕影响政权的稳定而全力镇压。这种标准不一的处置方式使齐州的治安状况日益恶化。作为封建官吏的一员，曾巩为维护本阶级的利益，对游民的反抗也采取了镇压措施。在章丘地界，当时有土匪结伙，规模庞大，人们称之为“霸王社”。这些匪徒气焰嚣张，杀人越货，盗墓劫囚，无恶不作。歹徒的罪恶行径引起了当地百姓的公愤，强烈要求官府给予严惩。曾巩首先派兵丁抓住了为首的三十多名案犯，并进行了缜密的审讯，取得了他们的口供以后，按程序将他们发配到边远地区服役。这一举措，斩断了“霸王社”的许多爪牙，沉重打击了匪徒的嚣张气焰。于是他们这才知道这位知州不仅文章写得好，而且还有超人的胆识及铲除黑恶势力的决心与手段。因而被曾巩的威势所吓到，纷纷躲的躲、逃的逃。后又迫于官府威慑和家庭生活的压力，纷纷自首，不可一世的“霸王社”终于做鸟兽散。齐州属地历城县曲堤有一个周姓恶霸，依仗财势横行乡里，他儿子周高更是欺压百姓、奸淫妇女，经常锦衣豪车耀武扬威，一旦犯事，豪门权贵又纷纷偏袒他，官府也拿他没辙，往往是睁一眼闭一眼，大家都不敢去捅这一马蜂窝。曾巩意识到因为会有官府的人撑腰，地方恶霸才敢无法无天。但他仍决心惩治这班恶霸，将作恶多端的周高绳之以法，把他发配到一偏远荒凉的海岛上。有个叫葛友的盗贼，主动向官府投案，并检举了他的同伙。曾巩不但没定他的罪，反而奖赏他，令他骑着高头大马，载着官府奖励的锦帛游街串巷，曾巩对葛友的大义之举给了赞赏，将他一家做了妥善安顿，致使匪盗多出而自首。这些惩恶扬善之举使曾巩在齐州的威望骤然提升。

同时，曾巩还积极推行维护治安的相关制度。将百姓编为保伍，实行明赏、夜巡等措施，稽察居民及游客，出入经宿都要登记，盗发则百姓鸣鼓相告，相互援救，使盗贼无法藏匿。“又设方略，明赏购，急追捕，且开人自言，故盗发辄得。”由于推行有方，使齐州出现奸寇敛迹，百姓居不闭户、路不拾遗，监狱屡空的良好局面。

五、重教兴学，文明风气

改革科举和教育，改诗赋取士为策论取士，是王安石变法中的一项重要内容。曾巩对此十分重视，大力推行《三经新义》，使“新学”（儒学）占领了教育阵地。同时，在齐州大兴教化之风，依据教育的长效性特征，花大力气改革教育，让学校传授《尚书》，恢复齐州历史上传授《尚书》之学的传统，以此改变不良的社会风俗。齐州在历史上曾一度《尚书》之学比较盛行，秦始皇焚书坑儒，将书几乎烧光，但齐州的伏生还是把《尚书》保存下来了。后伏氏在齐州世世代代都从事传授《尚书》这一事业，直至唐，齐州的《尚书》之学才开始衰微。曾巩进行的这一变革，收到了理想的效果，他在《郡斋即事》写道：“瞯氏宿奸投海外，伏生新学始山东。”把大奸周高这类的坏人投放到海岛，而学校开始兴起讲授《尚书》之风，推动了当地文化教育事业的发展。

从曾巩治齐的一系列政绩中，我们不难看出，他不但是著名的文学家，同时也是一个具有自己系统政治思想和独到见解的思想家。由于他从小受儒家正统思想的熏陶，一生孜孜不倦遵经明道，他所崇拜的孔孟、韩欧皆为儒道大家，曾巩思想的形成与这些具有正统儒家思想的重要人物关系密切。思想上始终以儒家的中庸之道、格物致知、诚意正心来修养身心，齐家治国平天下；以儒家的性本善为初心，以顺天理为主线来施政为文乃至为人，使齐州州治平和。

六、支持变法，推行有方

按说，曾巩对王安石变法理应是支持的。曾巩本就对当朝的政治弊端早有变革的愿望，他在《战国策目录序》中说："盖法者，所以适变也，不可尽同；道者，所以立本也，不可不一，此理之不易者也。"从治齐的几年中我们也看到这一点，他在齐州治政中积极推行了新法如农田水利法、保甲法、募役法等。许多年谱、史料中也有相关记载。想通过推行新法达到改革宋王朝积贫积弱的现状及国家富强的目的，这是当时变法者达成的共识。

曾巩知齐，正是新法推行之初，他在齐推行的新法，考虑周全，坚持了利民的原则，收到了很好的效果。一是积极而稳妥地推行新法。王安石变法在准备尚不充分时就在全国迅速推广，对情况的复杂性未做充分考虑，有的新法甚至根本还不完备，未取得推广经验和条件，反而给百姓带来危害，脱离了实际，难以推行。其中有些推行新法的人，自己给自己抹黑，玷污了新法的声誉。如王广渊对新法三呼万岁，表示很拥护，但实际效果并不很理想，实际上却给那些反对新法的人提供了反对王安石的口实。而曾巩在齐州是妥善推行新法，民用不扰，在施法的力度和节奏的把握上恰到好处，真正维护了新法的声誉，可说是实际意义上的爱护新法和推行新法。二是政治倚靠上突出"民本"与"明道"。曾巩主张变法不是靠政治权力的威压，而是主张倚靠广大百姓，深入实际进行调查研究，反对搞大规模地整肃，除对极少数黑恶势力的妄为欺民之行给予强力打击外，其他均主张以"明道"来求治，即以提高个人的政治文化素质和道德修养为主，如在齐州范围内恢复《尚书》之学，涤荡社会风气。这也符合他的“内成德化，外成法度，以发育万物而和同天人之际”的变法路线[①]，充分体现出曾巩身上所包涵的儒家传统文化以遵道、仁爱为核心的主流意识和其内敛稳重的个性，为当时的政治改革树立了治郡典范。

第二节　整治州城，造福久远

曾巩治齐强调州城治理与造景美化相结合，不仅取得了实施新法的实际效果，而且使齐州变得更加泉清景美，加之政治清闲，百姓安乐，自然引燃了其心中的诗情，曾巩“以其暇日，时游后园。或长轩绕榭，登览之观，属思千里；或芙蕖芰荷，湖波渺然，纵舟上下，虽病不饮酒，而间为小诗，以娱情写物，亦拙者之适也”[②]。这些景点使用价值与美学价值并存，既不失自然之美，又极富艺术情趣，使大明湖风光得到修饰点缀，留给后人无穷的安泰与欢乐。

一、十顷西湖照眼明

宋时开始对济南被称为历水陂的一片水域进行整治。曾巩知齐后，为防止水患，对历水陂进行了大规模的筑堤、疏水、挖渠等一系列水利工程。经过开挖新渠、修建北水门等系列城市治理，使“内外之水禁障宣通，皆处其节。人无后虞，劳费以熄”[③]。西湖（今大明湖）经过曾巩的大力治理，逐渐构成了今日大明湖的雏形和基本格局。同时，文人的浪漫情趣又使曾巩对大明湖一带进行了美化塑造，修筑了许多湖桥亭台，使之成为文人雅集、宴饮宾客、休闲游乐的好去处。元好问《济南行记》写道：“（历下亭）旁近有亭曰环波、鹊山、北渚、岚漪、水香、水西、凝波、狎鸥，台与桥

① 曾巩撰，陈杏珍、晁继周点校：《曾巩集》，中华书局 1984 年版，第 436 页。
② 曾巩：《元丰类稿》// 永瑢：《四库全书》，上海古籍出版社 1979 年版，第 1098 页。
③ 曾巩撰，陈杏珍、晁继周点校：《曾巩集》，中华书局 1984 年版，第 309 页。

大明湖南门

同曰百花、芙蓉，堂曰静花，轩曰名士，水西亭之下湖曰大明，其源出于舜泉，其大占城府三之一。秋荷方盛，红绿如绣，令人渺然有吴儿洲渚之想。”[①] 元人于钦《齐乘》也说 :“百花桥今曰鹊华，大明湖南岸，桥南百花洲，洲上百花台，环湖有七桥，曰芙蓉，曰水西，曰湖西，曰北池之类是也。”当时的西湖成为济南的一大风景名胜。

治理后的西湖是曾巩的钟情之地，春花秋月，垂杨飞雪，黄昏朝霞，每处景观无不留下了诗人的足迹。如炎夏酷暑在西湖纳凉 :“问吾何处避炎蒸，十顷西湖照眼明。鱼戏一篙新浪满，鸟啼千步绿荫成。虹腰隐隐松桥出，鹢首峨峨画舫行。最喜晚凉风月好，紫荷香里听泉声。”(《西湖纳凉》) 夏日炎炎，西湖上碧波粼粼，看绿荫满地，鱼戏水间，听飞鸟啁鸣，看虹桥卧波，画舫穿行，在这荷香里感觉十分惬意。“文犀剡剡穿林筍，翠靥田田出水荷。正是西亭消暑日，却将离恨寄烟波。”“将家须向习池游，难忘西湖十顷秋。从此七桥风与月，梦魂长到木兰舟。”(《离齐州后》)“西湖一曲舞霓裳，劝客花前白玉觞。谁对七桥今夜月？有情千里莫相忘。”(《寄齐州同官》) 即便曾巩人离开了齐州，仍是怀念西湖的山水风月七桥木舟及同僚。

二、长堤数里亘双湖

从百花桥向北，有一条长长的湖中堤坝，一直延伸到北岸的汇波桥下，

---

① 《元好问全集》卷三十四。

此即当年曾巩所建的百花堤旧址。据载，百花堤位于大明湖东部，堤贯穿湖之南北，长约 500 米，将大明湖分成了东、西两半，大堤成了南岸登临北岸的路径。百花堤是曾巩建设的众多景观之一，他沿堤植柳种花，堤间修建石桥，以沟通东西两湖的湖水，还派人在湖边和小岛修建了几处亭、阁、水榭点缀其间。堤修好后，也是他和同僚诗友经常光顾的地方。《百花堤》：

如玉水中沙，谁为北湖路？久翳荒草根，未承青霞步。
我为发其枉，修营极幽趣。发直而砥平，骅骝可驰骛。
周以百花林，繁香泫清露。间以绿杨荫，芳风转朝暮。
飞梁凭太虚，峣榭蹑烟雾。直通高城颠，海岱归指顾。
为州乏长材，幸岁足秫稌。与众饱而嬉，陶然无外慕。

诗人写出了百花堤一带的前后变化，原先是“荒草”淹没，无人驻足，经过一番整治，变为笔直平坦可驰骏马之地。上面种满了花树，恍若人间仙境。诗人为此十分高兴，陶醉其中，嬉戏其中。这条贯穿大明湖南北的大堤，堪称大明湖兴建史上的佳话。它纵贯湖面，直抵城巅，形成湖区游览的轴线。曾巩常穿过南岸登临到北岸，考察城外的春耕农时，了解民俗风情：“土膏

曾堤萦水

初动麦苗青，饱食城头信意行。便起高亭临北渚，欲乘长日劝春耕。”（《二月八日北城闲步》）宋熙宁十年（1077）和元丰八年（1085），苏轼曾两次来齐，饱览了齐州的名胜。元祐四年（1089），苏轼任杭州知州。当时西湖淤塞严重，想到齐州的曾堤，苏轼决定疏浚西湖，修筑长堤。西湖长堤于是成为杭州西湖的一大景观，人们亲切地称之为“苏堤”。“苏堤春晓”被列为西湖十景之首。令人称奇的是，齐州大明湖的“曾堤”与杭州西湖的“苏堤”均是清淤湖泥和湖萍筑造。大明湖的“七桥风月”与西湖的“六桥烟柳”，是南丰先生与东坡居士两个同时代的大文人，联袂为中国南北两西湖打造的绝佳风景。

三、推波委涛到北渚

《北渚亭赋》大鼎

北渚亭位于大明湖的北岸，为曾巩于1072年始建。北渚亭修建得十分壮观。由西湖南岸穿越百花堤就可登上北岸高处的北渚亭，查看桑耕，督促春种；闲时登岸赏景，把酒临风。北渚亭的命名源自杜甫《陪李北海宴历下亭》“东藩驻皂盖，北渚凌清河”的诗句，有“海右此亭古，济南名士多”之说，可以说，在美化大明湖、增修湖桥亭台的景点中，最能体现曾巩审美眼光的当属于此。晁补之在《北渚亭赋》中写道：“北渚亭，熙宁五年集贤校理南丰曾侯巩守齐之所作也，盖取杜甫宴历下亭诗以名之，所谓东藩驻皂盖，北渚凌清河者也。”“北渚亭，曾子固建，取杜诗中，‘北渚临清河之意’。”[①]此亭孤拔高耸，凌空而起，气接青、徐，风连碣石，视野开阔，景象壮观。

① 董芸：《广齐音》，济南出版社1998年版，第21页。

亭中东望可观沧海日出，南可赏泰山烟云，城南湖光山色之妙一览无遗，正如曾巩《北渚亭》写的“四楹虚徹地无邻，断送孤高与使君。午夜坐临沧海日，半天吟看泰山云。青徐气接川原秀，常碣风连草木薰。莫笑一樽留恋久，下阶尘土便纷纷”。到此，曾巩便觉心境开阔，流连忘返，喜爱之情溢于言表。

四、紫荷香里听泉声

曾巩知齐时济南已经有“七十二名泉”，如趵突泉、金线泉、卧牛泉、漱玉泉等。曾巩还重点对趵突泉一带进行了开发和美化。

趵突泉宋时地处齐州西郊，当地人根据泉水冒出的“噗噗”声，摹其声称此泉为“瀑流”，《诗经》中有“觱沸槛泉，维其深矣”的诗句，故又称之为“槛泉”。有次曾巩发现趵突泉泉水甘甜，泡出的茶味道纯真，四周空气清新，冬温夏凉，环境幽雅，很适合招待宾客。对此泉进行了一段时间详细考察之后，曾巩决定在这里修建两个驿馆，即前面提到的历山堂和泺源堂，在《齐州二堂记》中有载。为此，曾巩还写了《趵突泉》一诗：

趵突泉

一派遥从玉水分，暗来都洒历山城。滋荣冬茹温常早，润泽春茶味更真。

已觉路傍行似鉴，最怜沙际涌如轮。曾成齐鲁封疆会，况托娥英诧世人。

金线泉

曾巩来济南任官，为趵突泉正式定名。也正是因为曾巩对趵突泉之名的称谓，“趵突”这一古雅形象的名字逐渐取代了以往的“瀑流”“槛泉”等。后传说乾隆皇帝下江南时，品尝趵突泉茶水后，将趵突泉封为“天下第一泉”。

金线泉与趵突泉一样也是济南的名泉。“金线泉，有纹若金线……凡济南名泉七十有二，瀑流为上，金线次之。”① 该泉在当时为奇泉，水盛时，泉水从池底两边对涌，且流势相当，在水面相交，聚成一条水线，漂浮移动，时隐时现，阳光下闪闪发光，看去如金线飘荡。曾巩有吟咏《金线泉》诗：“玉甃常浮灏气鲜，金丝不定路南泉。云依美藻争成缕，月照灵漪巧上弦。已绕渚花红灼灼，更萦沙竹翠娟娟。无风到底尘埃尽，界破冰绡一片天。”在曾巩的笔下，金线泉美不胜收，令人神往。泉水清澈见底，泉面上“金丝不定”，宛如金线。云彩倒映在清泉里因美藻而“争成缕”，月亮照在水中凭漪而“巧上弦”，衬托了金线泉的美感与灵动。

此外还有西湖南岸的百花台，以及环湖东岸、南岸，湖中洲渚的静化堂、名士轩、芙蓉堂、芍药厅、凝青斋、环波亭、水香亭等。曾巩以政治家的视野和文学家的审美眼光及优美文辞，对济南的湖泉山水的改造美化及题咏，为济南州城建设和山水文化留下了一笔宝贵的财富。

---

① 元好问 :《元好问全集》卷三十四。

第三节　交游唱和，传递友情

古文人士大夫的交游不外乎两种形式，最为常见的是人情往来，用诗歌唱和、书信赠酬等。北宋中后期，由于“熙宁变法”所产生的影响，新旧党争的力量也势必渗透到政治生活的各个领域。因而，我们应把这一时期的文人交游与党争联系起来考察。而了解这一时期的曾巩交游，也可看出其对曾巩的政治取向、情感表达产生了不同程度的影响。曾巩在《齐州杂诗序》中说“通儒大人，或与余有旧，欲取而视之，亦不能隐。而青、郓二学士又从而和之，士之喜文辞者，亦继为此作”。

一、曾巩与“临江三孔”

与曾巩唱和的是本州州学教授孔武仲及其弟时任密州州学教授的孔平仲。两人是曾巩友人孔延之的儿子。孔延之，临江新淦（今江西省新干县）人。孔延之与曾巩有知遇之恩和师生之情，曾巩乡试中举由孔延之考择，尔后两人关系密切。孔延之卒，三孔兄弟“以余与君为最旧，来乞铭”。于是曾巩为孔延之作墓志铭，曾巩又将这种师生之谊延续到和他几个儿子的交往中。孔武仲与其弟平仲、其兄文仲，俱以文章名世，号“临江三孔”。他们是孔子四十七代裔孙，家学渊深。元祐间二苏分掌内外制，三孔俱进用，黄庭坚有“二苏上连璧，三孔立分鼎”之语，将“三孔”与“二苏”媲美，可见“三孔”在当时文坛的影响力。曾巩与孔家的关系“弥久弥亲，情隆意获”。

孔武仲于熙宁四年（1071）为密州教授，从其“仲冬十一月，我行赴高密”的诗句看，他的上任时间大约在熙宁四年（1071）秋冬之时。曾巩对孔武仲兄弟关爱有加，时常像师长一样，关心其成长，对之循循善诱，启发引导。孔武仲在《祭曾子固文》中说：“我少方蒙，公发其源。长仕岱阴，从以周旋。决疑辩惑，一语不捐。或钩其细，毫积丝联。或究其大，苞方括圆，面奖所是，夺其不然。粗若有之，公赐多焉。”从这可以看出曾巩对他的启蒙与教诲。作为曾巩的同事，又是儒学同道，孔武仲在治世观点上同曾巩颇为相同，在曾巩推行的变革中也是积极配合，他在州学主动传授儒学经典，社会风气发生了很大变化，出现了“闾里恂恂有古风”的平和景象。对于孔武仲的鼎力相助，曾巩心存感激，有诗写道：“治烦方喜众材同，坐啸南阳郡阁中。几案有尘书檄简，里闾无事稻粮丰。衣冠济济归儒学，俎豆诜诜得古风。幸屈异能来助我，敢将颜色在蜚鸿。”（《和孔教授》）。孔武仲与曾巩一样有志于儒道，政治观点也相近，他所表现出的文才与儒学修养令曾巩大为赏识，因此向朝廷大力举荐，孔武仲有《谢曾学士举升擢启》。曾巩曾写诗赞孔武仲“出伦清誉”：“绿发朱颜两少年，出伦清誉每相先。壁中字为时人考，圯上书从老父传。泮永笑谈邀法饮，高斋闲燕属佳篇。衰翁厚幸怀双壁，更起狂心慕荐贤。”（《孔教授张法曹以曾论荐特示长笺》）“最惭佳客忘形契，肯伴衰翁着屐行。”（《雪后同徐秘丞皇甫节推孔教授北园晚步》）

孔武仲的弟弟孔平仲时任密州教授，他赴齐拜见曾巩，曾巩不仅以知州的身份款待他，而且还以“长者”之心与其秉烛夜谈，“双烛纵谈樽酒绿，一枰销日纸窗深”。曾巩欣赏孔平仲过人的才学，对其诗作鼓励有加，“波涛万字惊人笔，尘土千钟异俗心。佳句徒来知寡和，愧将沙砾报黄金”（《和孔平仲》）。而对这位道义兼师友的太守，孔平仲也是敬爱有加：“海邦穷僻想知音，疋马春风入岱阴。千里山川忘道远，一门兄弟辱恩深。发扬底滞先生德，振拔崎岖长者心。更以诗篇壮行色，东归胜挟万黄金。”（《上曾子固》）对曾巩在齐州的所为，他十分感佩，成为无话不谈的师友。在曾巩的感染下，他创作了《阅武堂》《凝香斋》等诗，对曾巩所吟咏的齐州景观进行了一一酬和。这些诗作，内容简洁明快，语言平易质朴。

二、曾巩与赵抃的交游

曾巩还与许多外地友人进行交游唱和，其中有时任青州知州的赵抃。曾巩初入官场时，他曾指点曾巩，故曾巩一直将之尊为吏师。熙宁三年（1070），赵抃由杭州调知青州，与曾巩相距不远。曾巩知齐是首次任地方行政长官，认为有许多地方需向这位官场经验丰富的吏师请教。他在《齐州答青州赵资政别纸启》中写道：“盖治烦不可以不简，不可以不严，而要其所趣，则未尝不归于慈恕。此非某之所自得，向者窃窥浙西之治，殆出于此，故心潜之日久矣。及施于此，果得安静，则所窃者乃左右之绪余也，鄙劣何有焉！”曾巩还在给赵抃的信中与之交流治郡心得，赵抃告诉曾巩，他治青的主要做法是“简静”:“未及，徙青州。因其俗朴厚，临以清静。”曾巩文中提到的“窃其绪余”，收到了很好的效果，也正是因为学习了赵抃的“清静”治郡经验，及赵抃为国忠心和宽严相济的治郡方式与人格取向。这些一直对曾巩为政为人产生着影响。曾巩在齐州政绩卓著，推行新法，兴修水利，百姓安居乐业，故赵抃对曾巩有“政术严简”之誉。在为政交流外，道德与人格的互赏是他们交往的感情基础。曾巩尤为推重的是其“慈恕”思想，认为这是治政的根本。这也是曾巩与一般官吏的有别之处，更容易获得人民的拥戴。这时在青州的赵抃得知曾巩把齐州治理得闾里安闲、一派平和、泉清景美时，赵抃为此十分欣慰，兴致勃勃赋诗：“太守文章耸缙绅，两湖风月助吟神。讼庭无事铃斋乐，聊曲承明侍从人。乐天当日咏东吴，一半勾留是此湖。历下莫将泉石恋，而今天子用真儒。”(《寄酬齐州曾巩学士二首》) 看到曾巩出色的治理才能，赵抃更加确信自己对曾巩的信任是正确的，同时他对曾巩寄予了更高的期望，认为曾巩按德才政能无论哪方面当为天子侍从，为州郡之宦乃是权宜，甚至是高才下屈。其诗以白居易治杭为喻，在称赞曾巩与白居易同样具备风雅品性的同时，重在勉励曾巩不要贪恋泉石之景，努力为政，志存高远，日后必当大用。曾巩在《齐州答青州赵资政别纸启》中有“到郡之初，吏事纷纷，良亦可骇。然孤蒙之质，久仰吏师，窃其绪余，辄自试制以来，颇觉简静。若遂或如此，实鄙劣之幸也。更冀爱怜，时赐教诲”，可见曾巩知齐与赵抃交善，在治齐时受赵抃的影响之大。

三、曾巩与强至的唱和

与曾巩唱和的还有时任北京大名府机宜的强至。曾巩很欣赏强至的文采，赞其文“简古典则，不少贬以徇俗”[①]。当曾巩抒写齐州的湖光山色、州闲民安的诗时，强至阅后当即赋诗相和：“历山名重舜耕余，太守文章世罕如。但见清风变齐鲁，未闻紫诏起严徐。最宜视草归时训，可惜挥毫落簿书。千

① 曾巩撰，陈杏珍、晁继周点校：《曾巩集》，中华书局 1984 年版，第 203 页。

骑行春且乘兴，里无胜母莫回车。”[①] 赞扬曾巩出色的治理才能与文学才能，应于京城方能发挥大用，仅在一州是屈才。曾巩在《酬强几圣》回诗道:“俯仰林泉绕舍清，经年闲卧济南城。山田雨足心无事，水榭华开眼更明。新霁烟云飞观出，晚凉歌吹画桥横。寄声裴令樽前客，只欠高谈一座倾”，体现了其轻松欣慰、思念友人之情。

第四节　南丰翰墨，绝妙诗章

州事治理好了，加之连年丰收，齐州百姓安居乐业，州务清闲。“四境带牛无事日，两衙封印自舔身。白羊酒熟初看雪，黄杏花开欲探春。总是济南为郡乐，更将诗兴属何人？”[②]

作为文学家的曾巩，他诗文并健，尤以文见长。曾巩在齐州留下的文章并不多，而诗歌的创作却取得了十分可喜的成就，步入了一个崭新的创作境界。据统计，曾巩《元丰类稿》中，写于齐州任上的文有十余篇，诗达七十余首，占《元丰类稿》所收诗作四百篇的六分之一多。前人曾有评论曰 :“公诗多齐州所作，有欣焉安之之意。徙为他州，诗不多作。虽作，不乐之矣。”[③]

一、齐州二记，散文典范

在齐州，曾巩创作的《齐州二堂记》《齐州北水门记》，是其散文的代表性作品。《齐州二堂记》就是曾巩熙宁六年（1073）二月为新建的泺源、历山二堂所作，主要是对历山、泺水的源流进行周详考证，是篇极有文采的探讨齐州历史、地理的学术论文。文章从《史记・五帝本纪》“舜耕历山，渔雷泽，陶河滨，作什器于寿丘，就时于负夏”入手，分别以郑康成、皇甫谧、《孟子》、图记、《禹贡》、《虞书》、《五帝本纪》为证，考其真伪，引

---

① 强至 :《寄齐州曾子固学士》,《祠部集》卷十,《四库全书》。
② 曾巩撰，陈杏珍、晁继周点校 :《曾巩集》，中华书局 1984 年版，第 99 页。
③ 李震 :《曾巩资料汇编》中华书局 2009 年版，第 142 页。

经据典，实地比对，最后得出“由是言之，则图记皆谓之南山为历山，舜所耕处，故其城名历城，为信然也。今泺上之北堂，其南则历山也，故名之曰历山之堂”的结论。据《元丰类稿》附录《亡兄行状》载，神宗元丰四年（1081）诏：曾巩史学见称士类，宜典五朝史事。遂以为修撰。又云：进士修国史，必众文学之士，以大臣监总，未有以五朝大典独付一人如公者也。可见曾巩不仅是饱学之士，也是具有良好史学修养的人，其作文谈问题总是摆事实讲道理，要言不烦，三言两语就抓住问题要害。以《齐州二堂记》为例，在他看来，驳倒河东历山之说，则济南历山之说不辩自明。因而，他立论的主要依据是孟子“舜，东夷之人也”一语，认为舜发迹前从事各项生业皆在鲁卫之间，也即古时的东夷地区，那么，耕稼的历山自然不会远在河东。至于好事者何以将历山附会为河东雷首山（在今山西省境内），曾巩做了合理的解释，舜娶尧之二女，乃居妫汭，妫水出于雷首，雷首遂有别号历山。然而舜娶二女，居妫汭，实属其发迹以后的事，那么雷首自然与发迹前所耕之历山毫不相干。排除了河东说，在古东夷族的活动范围内寻找舜首耕历山就只有济南历山。曾巩的论述十分简略，却言而有证，经后人深入研究，以大量的事实证明舜耕之历山就是济南之历山了，这一问题已成定论。可见曾巩的考证多么准确而深入！对泺源堂的考证也是如此，论证环环相扣，对黑水湾、柏崖湾、渴马崖、趵突泉、济水、泺水等等像层层剥笋般，充分体现其散文思维缜密，行文语言平易、自然流畅的特点，既无刻意做作，又无一般考证的枯涩乏味。李

《齐州二堂记》石碑

震评价其："历山堂以舜所耕之地，泺源堂以春秋桓（公）十八年，所书之泺在焉。考地理甚精。"[①]

《齐州北水门记》作于熙宁五年（1072）三月，是一篇十分精巧的短文，全文仅二百五十六字，一气呵成，充分体现曾巩散文简严峻洁的特点。文章虽然记叙的是一次很小的水利工程，却能做到宏微俱至，纵横驰骋，条理整严。文章先以极精炼的四十余字，交代了济南泉流的概貌，城门渠水之来源，又接着用三十余字叙述疏水的历史，每年仅用芦柴沙土堵门以防水入城，结果是劳民伤财，纵横叙述，交代清楚了实施此项工程的缘由。之后骤转细笔，写新开两渠的深宽和木闸门的妙用，也仅用四五十字，最后一句的淡然感慨也是十分得体："于是内外之水禁障宣通，皆得其节，人无后虞，劳费以熄。"短文虽不见波澜却委曲有致，不分段落却有条有理。茅坤在《八大家文钞论例》中说："宋诸贤叙事当以欧公为最。何者？以其调自史迁出，一切结构裁剪有法，而中多感慨俊逸处，予故往往心醉。曾之大旨近刘向，然逸调少矣。……曾南丰之文，大较本经术，祖刘向，其湛深之思，严密之法，自

《齐州北水门记》碑文

① 李震：《曾巩资料汇编》，中华书局 2009 年版，第 146 页。

足以与古作者相雄长。”

值得一提的是，熙宁五年（1072）八月，欧阳修病卒的噩耗传来，曾巩为失去这位良师而“纵泪横溢”，痛苦万分。于是写下了《祭欧阳少师文》，赞扬了欧公的为政、为文和为人，称赞欧公“学为儒宗，材不世出。体备韩马，思兼庄屈。当代一人，顾无俦匹”，表示自己要学习他“仁民爱物”的精神。曾巩治齐，我们看到了他也正是这样做的，他体恤民瘼，齐州大旱，心急如焚，撰写了几篇求雨文，如其中有“粟将槁死，蝗虫滋生。虽政或不良，足以致死，而百姓何罪？宜蒙哀矜。彼撮土之山，勺水之川，尚能与民为福，锡之有年”“夫民之生，盖亦艰矣，无储与藏，重敛烦使，岁一不登，多滨于死。奸强无知，或起乘时，聚为盗攘，以取诛夷。循理安业，田间之民，亦与俱亡，奚不可伤”。字里行间，如欧公责己恤民、诚意爱民之情可触可见。

二、齐州诗歌清新隽永

曾巩在齐州创作的七十余首诗，与前期的古朴凝重不同，他在“尚古”的同时，娱情写物，具有清新婉约、明快隽永的风格，主要有以下几类：

一是写景状物的。曾巩的齐州诗，无异于打开了一幅幅美丽的风景长卷，让人惊叹流连。如《西湖二首》，其一：“左符千里走东方，喜有西湖六月凉。塞上马归终反复，泰山鸱饱正飞扬。懒宜鱼鸟心常静，老觉诗书味更长。行到平桥初见日，满川风露紫荷香。”其二：“湖面平随苇岸长，碧天垂影入清光。一川风露荷花晓，六月蓬瀛燕坐凉。沧海桴浮成旷荡，明河槎上更微茫。何须辛苦求天外，自有仙乡在水乡。”诗人刚到齐州就被这座泉城的湖光山色所吸引，在大明湖上徜徉，便觉入了仙乡，清凉的风，荡漾的湖水，诗人此刻心中异常宁静，驾着小船迎着朝阳，感受着朝露的清凉和荷花的香味。《鹊山亭》：“大亭孤起压城颠，屋角峨峨插紫烟。泺水飞绡来野岸，鹊山浮黛入晴天。……太守自吟还自笑，归来乘月尚留连。”诗人写鹊山亭气势高拔、蕴度风流，游鹊山亭，自然让他流连忘返。赏金线泉使他分不清白天和晚上。这类诗作，其幽情雅韵产生于回塘曲堰、荷香柳舞的自然景观中，既有景物之助，更有愉悦之心境。

二是关心民瘼的。如《喜雨》："偶徇一官偷禄计，便怀千里长人忧。桑间举箔蚕初繭，陇上挥镰麦已秋。更喜风雷生北极，顿驱云雨出灵湫。从今菽粟非虚祷，会见瓯窭果满篝。"他急百姓之急，乐百姓之乐，表达了喜悦和关切之情。《二月八日北城闲步》："土膏初动麦苗青，饱食城头信意行。便起高亭临北渚，欲乘长日劝春耕。"动员农民趁晴春耕，这与他一向主张的"不误农时，不夺民力"思想相吻合。

三是反映政绩的。如《到郡一年》："薄材何幸拥朱轩，窃食东州已一年。陇上雨余看麦秀，桑间日永问蚕眠。官名虽冗身无累，心事长闲地自偏。只恐再期官满去，每来湖岸合留连。"诗中的陇上"看麦秀"、桑间"问蚕眠"，表明诗人勤问农事。可是到任一年是"冗身无累""心事长闲"，过着十分悠闲的日子，作者此时最担心的是任期满时离开济南了，自己的心却还是在大明湖泉城的美景中徜徉。诗人有几首诗中重复出现了"留连"一词："每来湖岸合留连""归时乘月尚留连"。因为政事清闲，百姓安定，才有这难舍之情。甚至还常带着全家一起出游："烟波与客同樽酒，风月全家上彩舟。莫问台前花更红，试看何似武陵游。"(《百花台》)

四是应酬唱和的。在齐州，曾巩的应酬唱和诗不算多，仅十几首，除提到的赵抃、孔武仲、孔平仲、强至等友人外，还有孙觉、王安石等。如《寄孙莘老湖州墨妙亭》是首慰问失意的诗。孙莘老即孙觉，号莘老，宋代文人，曾巩好友，墨妙亭始建于北宋熙宁五年（1072），据同治《湖州府志》载："墨妙亭在府治内。"即位于府治北隅的逍遥堂东、清樾亭北，以富藏碑刻驰名海内。《寄孙莘老湖州墨妙亭》："隆名盛位知难久，壮亭丰碑亦易亡。枣木已非真篆刻，色丝空喜好文章。岘山汉水成虚掷，大厦深簷且秘藏。好事今推霅溪守，故开新馆集琳琅。"对孙莘老的治政和建亭给予了鼓励肯定及由衷赞扬，同时强调了文化保护的重要性。还有《雨后环波亭次韵四首》："候月已知星好雨，卜年方喜梦维鱼。从今拔置庭中事，最喜西轩睡枕书。"庭中无事，枕书而眠，看似闲适，却也是别有心思的。

五是表达咏叹兴味的。如《北湖》："念时方有为，众智各驰骋。独得此逍遥，固知拙者幸。"表达了远离京师独此逍遥的庆幸感。《戏书》："一心了了无人语，两鬓萧萧耐老何。还有不随流俗处，秋毫无累损天和。”表达不入世俗、自得其乐的心境。《人情》:“早晚抽簪江海去，笑将风月上扁舟。”表达了追求自由、脱离世俗樊篱之意。

六是直抒胸臆的。如《次道子中书问归期》:“两印每闲军市静，双旌多偃送迎稀。一枝数粒身安稳，不羡云鹏九万飞。”何焯考《元丰类稿》诗认为“窃食东州岁末期”内容太直白，其实这正是说明曾巩虽治郡有功，却总是低调为人、清心寡欲的一贯思想表达。《和陈郎中》:“明月几人非按剑，高山从古少知音。”有人评他“明月几人非按剑”过于直率无味。其实诗句暗用了汉邹阳《狱中上梁王书》之典，意在劝梁王要重视人才和忠臣，远离小人。

《咏柳》是曾巩知齐的特殊诗作，也是继唐贺知章咏柳之后的力作。但与之不同的是曾巩诗借柳讽刺势力小人，而贺诗是写春柳的活态。相对传统的咏柳写法，曾巩的咏柳诗独具个性。“乱条犹未变初黄，倚得东风势便狂。解把飞花蒙日月，不知天地有清霜。”诗中杂乱的柳条尚未变黄，在东风的吹动下狂扭乱舞，飘荡的飞絮想蒙住日月之光，殊不知天地四季更替还有秋霜的肃杀和严厉。诗人采用将柳树人格化的写法，对柳进行了直白的贬抑与嘲讽，使诗不再是纯粹的咏物，而是借柳讽世，针对那些势力小人。王琦珍认为之所以将《咏柳》归为知齐之作，是因为这时期曾巩遇到了政治上的牴牾者。前面已经提到吕升卿作为朝廷巡察设法想找曾巩的过失，后来曾巩离开齐州，吕升卿又巡察齐州，设法寻求曾巩的过失，也最终没有找到。这首诗批评的就是他们这些人。后来曾巩差权知洪州军州事遇到吕升卿授江西转运副使，曾巩当即向朝廷写了《奏乞回避吕升卿状》就谈到了“(吕升卿)于齐州多端非理，求臣过失，赖臣不可捃拾。兼臣弟布与吕惠卿又有嫌隙，二事皆中外共知”。验证了曾巩与吕氏兄弟的矛盾。

七是思乡怀亲的。主要有《喜二弟侍亲将至》:“我于两处抱饥渴，恨寄一官如束缚。周南留滞勿复论，平陆可来无厌数。慈亲况不倦行役，官长幸复宽期约。似闻笑语已仿佛，想见追随先踊跃。共眠布被取温暖，同举菜羹甘淡薄。……春风为子送帆樯，速放船头来此泊。”作者虽非常喜欢齐州的山水风物，但仍然流露出厌倦漂泊、思念亲人之情，当他听到亲人将至，顿感欣喜万分，恨不得立刻与亲人团聚。

曾巩将在齐州的诗收集刻石，并作《齐州杂诗序》，名之曰“齐州杂诗”。这一时期的诗与曾巩早期诗有明显不同。前期的诗以五古、七古为多，内容主要是追求古朴与凝重，这与宋初诗坛追求“复古”、尚革新之风有关。选材上注重对世事的关注和历史兴废的感叹、对现实的抨击及对险恶人情的诅咒。如前后期同一诗名的《劝书》，诗风就明显不同，虽然均追求气势的贯通，但后期的诗作表现为“清新婉约，得诗人之风旨”，与前期相比，审美情趣发生了较大转变。尤其是齐州任上，这一转变更为明显。曾巩这一时期的诗作具有很高的艺术价值，很值得我们学习和研究。纵观曾巩这一时期的诗作，和江西其他诗人具有共同之处，更多的是由古朴凝重的经世致用转向寻找安身立命追求纯粹的技艺，诗作多格调清高，表现自我，重于写景抒情，着意创设意境，以唱和为乐事，重视诗的游戏交际功能，政治功能相对淡化，故诗风更显清新隽永，更具美学价值。

曾巩这一时期之所以写出如此之多具较高质量的诗，主要有以下几方面的原因：其一，齐州自古为文学之国。文化繁盛，文学创作气息浓厚，涌现出石介、范仲淹、孙复、田告、祖无择等诗人学者。“济南名士多”一点不假。加之济南为山东郡府，山东又为曾氏祖居地，曾氏为曾参之后，认祖归宗、一脉相传，渗透到中国古人血液中。曾氏为官崇尚清正廉洁，为文渊雅典则，家风绵亘，作为文学家与思想家的曾巩不能不受这种文风、家风的影响。其二，齐州的秀山佳水。如此优美的环境，是历代文人乐于驻足吟咏的地方，因而也引发了曾巩的空前创作欲。清人王士禛在《带经堂诗话》卷十四中曾言：“曾子固曾判吾州，爱其山水，赋咏最多，鲍山、鹊山、华不注山皆有诗，而于西湖尤焉。”其三，齐州当时的安定繁荣之局。“四境带牛无事日，两衙封印自由身。”由于治理有方，故不为政事所羁绊，身心超脱，精力充沛，在精神上为他的创作提供了一片自由的天地。

第五节　心香一瓣，北宋一灯

齐州人民永远不会忘记曾巩为他们所做的一切。熙宁六年（1073）秋夏之交，曾巩奉命徙知襄州（今湖北省襄阳市），离开齐州时，当地官员好友纷纷为之送行。当曾巩一家老小走出府衙时，看到广场上聚集了很多自发前来送行的百姓，百姓“绝桥闭户”，再三挽留。但皇命不可违，曾巩不得不半夜悄悄出城赴襄。

一、齐州的主要纪念性景点

曾巩爱齐州，齐州人民也不忘曾巩。至今，济南城还存有许多纪念曾巩的人文景点：大明湖、趵突泉、泺源堂、南丰祠、曾堤、南丰戏楼、南丰桥、水香亭、百花洲等。且还有许多遗迹正在被一一恢复再现。曾巩当年主持修建的北水门成为济南古八景之一的“汇波晚照”的最佳观赏地。原来的“齐州二堂”已成为趵突泉公园的“三大殿景区”，其中的泺源堂被辟为济南泉水博物馆。

南丰祠是大明湖内最吸引游人眼球的景点。早在明正统年间，济南就有祭祀曾巩的祠堂，当时位于千佛山的半崖。据崇祯六年（1633）《历乘》记载：“曾公庙，千佛山半崖。知齐州事，到处有题咏，多善政，民怀其德，故作庙。”清康熙至乾隆初大明湖畔有明代残碑，上刻曾巩《齐州北水门记》。

南丰桥

南丰祠

此后，湖畔又建起了座曾公祠，重刻《齐州北水门记》碑，立于祠下。道光六年（1826）南丰人汤世培任历城知县，捐金集资，于湖北岸会波楼邻晏公台的东侧，建祠宇。后南丰籍人士刘斯嵋，时任山东布政使，支持建专祠祀曾巩。《济南府志·宦迹》载："刘斯嵋感念曾巩守齐多惠政，与升任历城令汤太守，共捐资建立专祠，咨部定春秋典祭。"1956 年，曾公祠再次修整。立山东籍书法家武中奇所书"南丰祠"匾额。经徐北文先生建议，1994 年建曾巩纪念堂，由济南雕塑家薄自洋设计曾巩像，南丰县工艺美术大师张宜祥选材雕刻，用千年古樟雕成了一座曾巩塑像。如今有人将曾巩木雕像、明昌铁钟和铁铉铜像誉为"明湖三宝"。南丰祠门前抱柱上有联："作湖山一日主人看万脉奔流诸峰罗列，历唐宋百年过客有少陵诗笔曾巩文章。""北宋一灯传作者，南丰两字属先生"的楹联，是南丰祠唯一的古代书法遗存。可惜这副楹联的作者、书者及创作时间均不见载。据周长风先生考证，楹联制于清道光九年（1829）南丰祠重修时，可能出自汤世培或刘斯嵋之手。书法像是清乾隆江西大书法家曹秀先的手迹。"向来一瓣香，敬为曾南丰"，是陈师道《观究文忠公家六一堂图书》中的诗句。祠中还有许多名家的题咏，周长风有联："作齐州二堂记，涌泉自此称趵突；列唐宋八大家，北渚于今祀南丰。"李宗健先生有诗叹曰："文章几载舞春风，更有南丰正气通。何共声碑千古上，但留敬仰万方中。花明堤外窗含月，云泛湖波渚绕虹。汉业秦功余片瓦，至今犹念是曾公。"

二、济南与南丰的文化情缘

南丰与济南因曾巩而结缘。双方往来不断，情意深远。20 世纪 80 年代初，由济南天下第一泉大明湖景区原工会主席任正牵头，济南与南丰交往频繁，几十年来结下了深厚友谊。南丰为借鉴大明湖在恢复传统文化的成功经验，特聘任正为曾巩文化园文化顾问。两地为纪念曾巩这位古代先贤，还开展了多种形式的活动，进行了广泛的文化交流。国家级非物质文化遗产南丰傩舞多次应邀到大明湖南丰戏楼演出。2014 年为纪念曾巩齐州离任 940 周年，济南天下第一泉景区领导魏强、任正、张卫正以及雕塑家薄自洋、书法家诗人孙春亭等特地来到南丰，并带来济南各大名泉的泉水与南丰的盱江水融合，开展主题为"曾巩齐州任职 940 周年南丰故里行"活动。书法家诗人孙春亭特写《南丰先生赋》书法长联一卷赠送南丰曾巩纪念馆。另外还有热心曾巩

南丰戏楼

大明湖曾南丰政绩画壁

文化宣传研究的荣斌、周长风、赵晓平、于文玲、苏健等，他们都为曾巩文化的传承和弘扬起到了桥梁和纽带作用。

大明湖有一副对联最能道出曾巩在齐州百姓心目中的地位："北渚云飞泺水历山迎帝子；明湖波静莲歌渔唱念曾公。"这是山东舜文化学会会长、济南市人民政府文化顾问徐北文在济南大明湖"曾南丰政绩画壁"上的题联。画壁长 25.8 米，高 6.2 米，以浮雕的形式再现了曾巩当年知齐的政绩，颂扬曾巩知州兴修水利、整顿治安、改革教育、奖励农耕等，以及曾巩离任时齐州百姓绝桥闭门挽留他的感人场面。

徐北文在建议恢复南丰祠时说："自济南建城至解放，知州、巡抚、市长千余，论才智和政绩最佳者非曾子固莫属。他是济南历史上最好的市长和父母官。"

第五章

善政文采至今传

——曾巩在襄州

曾巩于熙宁六年（1073）秋至熙宁九年（1076）九月，知襄州（今湖北省襄阳市）军州事。在三年的任职期间，平冤狱、重水利、察民情，深得民心。公务闲暇之余，曾巩游历了襄州名胜古迹，写下了二十余篇诗、文，话意诗情至今犹在。尤为可贵的是在金石学研究方面，曾巩给后世研究有关历史留下了极为宝贵的资料。

第一节　赴襄州

一、离情别绪洒一路

曾巩离别齐州，并没有直接一路向南赴襄州而去。而是先到京城开封，辞别兄弟、好友。曾巩的《襄州宜城县长渠记》有“熙宁六年，余为襄州，过京师”[①]句可为佐证。从他的《离齐州后五首》的诗中，我们可以知道他行旅的主要交通工具是舟楫。再参考欧阳修撰写的《于役志》，景祐三年（1036）欧阳修被贬为夷陵（今湖北省宜昌市，路经襄州）令的赴任行程，

① 乾隆《襄阳府志·艺文篇》。

曾巩本该取最近的道路——开封陆路经颍昌府至唐州，再顺汉水直接至襄州。但是曾巩舍近求远，选择的是水路。先从黄河进长江，行至南阳，在白河、唐河交汇处入汉江，再顺流而下，直达襄州。

官员们在旅途中的活动一般不外乎探亲访友、唱和应酬、游山玩水、祈祷祭祀。但是从曾巩在离别齐州赴襄州途中所作《离齐州后五首》来看，这些都不在他的行程之内。他只在船行中承受着那不尽离愁和寂寞，随着对齐州的一路思念，逐程吟咏五首七绝。

云帆十幅顺风行，卧听随船白浪声。好在西湖波上月，酒醒还到纸窗明。
画船终日扒沙行，已去齐州一月程。千里相随是明月，水西亭上一般明。
文犀剡剡穿林笋，翠靥田田出水荷。正是西亭销暑日，却将离恨寄烟波。
将家须向习池游，难放西湖十顷秋。从此七桥风与月，梦魂长到木兰舟。
荷气夜凉生枕席，水声秋醉入帘帏。一帆千里空回首，寂寞船窗只自知。[①]

人已去，心却留。曾巩在从齐州被调知襄州任的途中写下了这一组告别诗，表达了他对齐州难以割舍的情愫。在齐州两年的时间，开始虽有豪强、匪盗令他觉得“最为烦剧”，但是在他的治理下，终得“驯至肃清”。他对齐州是情有独钟的，故在齐州期间的诗文也最为丰富多彩。从曾巩在齐州的吟咏中，可以看出他在知齐州任上的闲暇时光是轻松惬意、悠然自得的。更令他久久不能忘怀的是齐州百姓的情谊。齐州成为曾巩心头那一缕抹不去的思念。

曾巩有“曾夫子”“醇儒”之称谓，“民为贵，社稷次之，君为轻”，孟子的亲民、仁政思想植根于他的心中。受君之禄，治境安民，是为官之正道。为官一任，除霸安民，兴修水利，减赋救灾，使百姓得以安居乐业，是自己分内之事。然而百姓却如此感恩戴德，曾巩便觉得自己肩上所承担的这份责任愈加沉甸甸的了。

---

① 曾巩撰，陈杏珍、晁继周点校：《曾巩集》，中华书局 1984 年版，第 117 页。

二、洗却纤尘到襄州

楚地襄阳，位于湖北省西北部，据汉江中游平原腹地，为国家历史文化名城，已有二千八百多年建制历史。《汉书·地理志》谓："襄阳位于襄水之阳，故名。"梁朝（502—557）时，萧詧以襄阳降西魏，西魏改称襄阳为襄州，置总管府。确切地说，襄州是襄阳府治辖下的一个县（区）。但是因为襄州长期以来是郡府所在之地，故有以"襄州"为"襄阳"之称谓。

襄州自古为经济、军事要地，有"华夏第一城池""铁打的襄阳""兵家必争之地"之称，素为王者所倚重。清代史学家顾祖禹《读史方舆纪要》有曰："以天下言之，则重在襄阳……夫襄阳者，天下之腰膂也。中原有之，可以并东南。东南得之，亦可以图西北者也，故曰'重在襄阳也'。"①

襄州，代有英才，文采风流，名人雅士数不胜数。荆楚文化和三国文化均发祥于此。屈原之后，有宋玉领楚赋之先；"下里巴人""阳春白雪"等典故皆源于此；孔明躬耕于隆中，足不出户，天下大势了然于胸；东晋著名史学家、文学家习凿齿一部《汉晋春秋》，演尽三国史事；杜审言、孟浩然的诗，米芾的书画各领风骚，为人称道；李白、杜甫、唐宋八大家等名人大家

襄州古城

① 顾祖禹：《读史方续纪要》，中华书局 2005 年版。

在此均留有履痕与题咏。

熙宁六年（1073），船行三个多月的时间，五十四岁的曾巩奉诏来到了襄州这个人文历史积淀深厚的地方任知州，一直到熙宁九年（1076）九月离任。

第二节　襄州善政

一、平反冤狱

“其材虽不大施，而所治常出人上”[①]，曾肇对兄长的评价是客观公正、恰如其分的。曾巩虽然没能在更大的平台上施展自己理政的才华，但是在所治各州任上的施政确实是“能常出人上”。

襄州上任伊始，曾巩做的第一件事情就是查阅刑事卷宗。曾巩对讼狱勘鞫可以说是驾轻就熟，因为曾巩在嘉祐二年（1057）进士及第后，初踏宦海的第一步，就是被委任太平州司法参军。司法参军属宋代州级官员中专职司法官之一，主要负责本州的刑事与民事案件的检法议刑工作。宋代对司法参军的选任是比较严格的，规定需要精通律令、娴熟书判、试中刑法，有仕宦经历、有政绩、有才识，科举出身，而且要通过铨试，方可就任。曾巩在太平州及后来的越州、齐州任上，都以议法断刑时明习律令、量刑适当而闻名。

他细心地查阅一宗宗案件，明察秋毫，穷根究底。案卷中的蛛丝马迹绝不会从他的眼光中被遗漏，他还常常亲自到狱中与犯人交谈，了解案情，对每一件命案卷宗，都慎之又慎，依律三堂会审。仅一个多月，曾巩就把所有的案子都审理完结，认为许多囚徒都是“法当勿论”，于是释放被冤而关押者一百多人。乾隆《襄阳府志》有载：“曾巩徙于襄州，有大狱久不决。公阅其卷，曰：‘是当无论，何得留此！’吏不能对。即出之，缘而释者百

① 曾巩撰，陈杏珍、晁继周点校：《曾巩集》，中华书局1984年版，第123页。

余人。州人叩头曰:‘吾州前坐死者众，庸知非冤乎？’”曾肇的《亡兄行状》也有记：“襄州继有大狱，逮系充满，有执以为死罪者。公至，阅囚牍，法当勿论，即日纵去，并释者百余人。州人噪呼曰：‘吾州前坐死者众矣，孰知非冤乎？’”

“新官不理旧事”，这是中国旧时官场素有的痼疾。因为牵涉的人和事太复杂，所谓“牵一发而动全身”，弄不好就是自毁前程。何况曾巩在襄州平反这些冤狱时，吕升卿却正在齐州，多方挑剔，故意找他的茬子。好在公道自在人心，齐州百姓对曾巩是褒奖有加，吕升卿一无所获。可见曾巩是顶着压力在办差的。王安石变法开始是依靠了吕惠卿、曾布等人，而吕惠卿、曾布后来由于政见分歧，矛盾日益加深。而后，王安石与曾布的关系也出现了裂痕。吕惠卿是吕升卿的兄长，而曾巩是曾布的哥哥。人事关系错综复杂。然而，曾巩却置这些于不顾，依然做着自己应该做的事情。曾肇的《亡兄行状》有曰：“其为人惇大直方，取舍必度于礼义，不为矫伪姑息以阿媚俗。弗在于义，虽势官大人不为之屈；非其好，虽举世从之，不辄与之比。以其故，世俗多忌嫉之，然不为之变也。”曾巩看准了的事，只管做去，罔顾其他。

熙宁七年（1074），朝廷派要员到襄阳来了解民情、检查旱情以及兴修水利的情况。乾隆《襄阳府志》记载了这么一则轶事：派到襄阳来的官员心术不正，企图要挟曾巩，要曾巩贿赂他们银两。一日在曾巩为他们举行的宴席上，一位钦差醉眼惺忪地说：“昨夕三鼓，大星坠于西南，有声甚厉。次又有一小星随之。”言下之意是说现在朝廷派来了钦差大臣，你当小心地伺候着。曾巩听出了话外之音，很风趣也很含蓄地说：“小星必天狗，下勾当公事也。”言外之意，天狗是比较厉害的，它连太阳都能吃，何况“大星”呢？然而，朝廷派你们下来是来办好差事的啊。言语犀利，真是一点面子也不给。曾巩说完，席上钦差个个面面相觑，只落得个自讨没趣。

二、关注水利

曾巩在襄州虽然没有搞具体的兴修水利建设项目，但是他从来没有放松对水利建设的关注。曾巩在襄州的文章多是关注民生、重视水利之作，如《襄州宜城县长渠记》。

襄阳的长渠有近二千三百年的历史，被誉为“世界水利文化的鼻祖”，比都江堰还早二十三年。总长 49.25 公里，又称“百里长渠”“白起渠”。

乾隆《襄阳府志》卷十五“水利”篇记载，长渠“初亦弃于无用，自白起资以祸楚，而后世赖其利”。曾巩在《襄州宜城县长渠记》里复叙了这段记载。

白起，这位帮助秦王实现“六国毕，四海一”的大将用血与肉造就了长渠。“白起资以祸楚”[①]，史书记载的是一段血雨腥风的历史。《史记·白起列传》云：“后七年，白起攻楚，拔鄢、邓五城。其明年，攻楚，拔郢，烧夷陵，遂东至竟陵。”同治襄州《宜城县志》载：“捞尸湖，县南二十五里。白起灌鄢，（被）溺死者于此捞尸。”从这些记载可以看出当时白起攻楚战事的惨烈。白起攻打楚国的鄢城（现在的宜城），久攻不下，遂用“水攻法”。在鄢城上游筑坝蓄水、凿渠引水。再用大水灌冲楚鄢城，淹死者无数。鄢城不攻自破。此役毕，白起被封为“武安君”。或许是白起因为自己“资以祸楚”，使得楚地生灵涂炭，自己的魂灵无从安歇，战争结束后，白起又率众兴修水利，把曾经用于战事的水渠改造治理成了蜿蜒数十公里长的农田灌溉渠，人们称之为“长渠”。在长渠的滋润下，所到之处都成了“膏良肥美”之地。百姓感念白起兴修水利的功德，又称长渠为“白起渠”并立庙祭祀之，并赞其有大禹之功。

进入北宋以后，一些地方官吏曾主持过修复长渠的工程，其中有史料记载的有两位：一是一位姓朱的官员。欧阳修在襄州任上，便有《书宜城修水渠记后奉呈朱寺丞》一诗，诗中赞曰：“因民之利无难为，使民以说民忘疲。乐哉朱君鄣灵堤，导鄢及蛮兴众陂。古渠废久人莫知，朱君三月而复之。沃土如膏瘠土肥，百里岁岁无凶菑。鄢蛮之水流不止，襄人思君无时已。”[②] 另一位叫孙永。孙永，字曼叔，曾任襄州宜城县令。在其任上，也

① 曾巩撰，陈杏珍、晁继周点校：《曾巩集》，中华书局 1984 年版，第 790 页。
② 欧阳修：《文忠集》卷五十三。

曾修缮长渠，并立下公约。曾巩从齐州去襄州赴任时，路经汴京。当时孙永已入朝任职，但还记挂着长渠之事，趁曾巩路过汴京，去拜访他，郑重地将此事托附给曾巩。曾巩到襄州后，特地去考察了长渠的现状。这一则是为体恤民情，一则是为践约。他仔细地询问了长渠的使用情况，得知孙永立下的公约也依旧为人们所遵守，非常高兴。熙宁八年（1075）八月，旱魔肆虐,全州农田几乎无一幸免。曾巩冒着炎炎烈日又来到宜城视察旱情，看到州郡其他地方几乎都是田地龟裂，麦苗枯萎，独有长渠所灌之处一片春意盎然。曾巩为之激动，更为之感动。回到府衙后，伏案挥笔写下《襄州宜城县长渠记》，并将孙永制定的公约加以整理，上报朝廷的有关部门，作为法令固定下来。

《襄州宜城县长渠记》先介绍了长渠的历史沿革，然后着重叙述了长渠给当地农业带来的利益。紧接着交代了孙永修复长渠的起因、管理措施以及过程："盖鄢水之出西山，初弃于无用。及白起资以祸楚，而后世顾赖其利。溉田三千余顷，至今千有余年。而曼叔又举众力而复之，使并渠之民，足食而甘饮，其余粟散于四方。盖水出于西山诸谷者，其源广。而流于东南者，其势下。至今千有余年，而山川高下之形势无改。故曼叔得因其故迹，兴于既废。使水之源流，与地之高下，一有易于古，则曼叔虽力，亦莫能复也。""初，曼叔之复此渠，白其事于知襄州事张瑰唐公。公听之不疑，沮止者不用，故曼叔能以有成。则渠之复，自夫二人者也。"文章言简意赅，且笔触细腻，将长渠的历史清晰地展现在人们的眼前。在称赞孙永的同时，还特别强调了兴修水利，应该对山川、地貌做认真细致的勘察，才能取得事半功倍的效果。

三、心系民生

从熙宁六年（1073）秋曾巩到任始，至熙宁八年（1075）冬，襄州境内大旱。全境除了长渠所及之田地外，其他地方的农田无不受害。所到之处田地龟裂、麦苗枯萎。百姓苦不堪言，一筹莫展。曾巩面对如此严重的旱情心急如焚，真是食不甘味，夜不能寐。在强大的自然灾害面前，他是那么的渺小、无力、无助，只有求助于神灵。于是，在旱期他冒着炎炎烈日，跋山涉水，挥汗如雨，访神山，拜诸庙，共写下了二十三篇祈雨（晴）文，见诸于乾隆《襄阳府志》。数量之多,几乎是其后任上所书祈雨（晴）文的总和。可见，襄州在曾巩任职期间干旱时间之长、形势之严峻是空前的。

《襄州诸庙祈雨文》是曾巩熙宁六年（1073）到任后写的第一篇祈雨文："今麦苗方出，而时泽尚愆。冬令久行，而寒气未应。嗟吏治之不善，以奸阴阳；惟神理之无方，能兴云雨。是用兢惭以任咎，蠲祓以乞灵。尚期降休，以答人望。"麦苗刚刚出来，雨水却没有降落。入冬已经很久了，气温却没有降下来。除了责备自己吏治无方外，唯祈求神灵能兴云雨。其后，曾巩又写下《大悲祈雨文》《襄州岳庙祈雨文》两篇祈雨文。

熙宁七年（1074）春,曾巩写《又诸庙祈雨文》。其后,又写《薤山祈雨文》二篇、《邪溪祈雨文》一篇。是年夏，得甘霖布施。曾巩又马不停蹄地到诸寺观朝拜叩谢，写《诸寺观谢雨文》。

熙宁八年（1075）春,久旱之后喜得大雨,曾巩写《薤山谢雨文》。然而,时至四月，旱情又至，曾巩写《五龙堂祈雨文》。这次旱情持续的时间不短,而且旱情严重。他在《又大悲祈雨文》哀号："盛夏在辰，常暘为沴。稻将萎瘁，人用嗟忧。"其后，曾巩又到灵溪洞、大悲寺、武侯庙及诸多庙观祈雨，都写有祈文。盛夏之际，天降大雨，曾巩又马不停蹄地奔走于诸庙观，写谢雨文四篇。

从这些祈文中,我们能理出襄州旱灾大概的时间。从曾巩熙宁六年（1073）秋到任襄州伊始，就有干旱。在《襄州谒诸庙文》有"巩到官之始，敢修礼谒。尚期降惠，以佑吾民"句可佐证。是年，天下亦大旱。从《邪溪祈雨文》"自去秋至今，雨常不足。今麦苗将槁，稻种未布，而春既尽矣"，可知这场大旱旱情之严重、持续时间之久是罕见的。从秋到冬，直至熙宁八年（1075）九月旱情也未见缓解。

曾巩祈雨文不仅仅是祈求，在他最后的一篇祈雨文《薤山祈雨文》有曰："是为能雨，能不为雨，在神而已。今岁数不登，而旱气又作。吏之不良，无所逃罪。民贫可怜，神能为雨而不为，是何情哉！？"曾巩除了检讨自己外，也质问神，我求也求了，拜也拜了。而你有能力布雨却不作为，到底是什么情况！？面对天灾和深受其害的百姓，曾巩是真的上火了，甚至都不怕得罪神灵。

今天我们不必去讥讽古代官员这看似荒唐的举止，在大自然面前，任何人都是无能为力的，何况是在完全靠天吃饭的年代。曾巩不辞劳苦爬山涉水，不厌其烦地祈雨、谢雨。其心之忧、其情之诚、其心之真、其劳之苦，正体现了曾巩急民之所急、忧民之所忧的难能可贵的品质。

《尚书》曰："民惟邦本，本固邦宁。"孟子亦曰："民为贵，社稷次之，君为轻。"百姓才是一个国家和地方的根本，只有根基稳固了，才能有国家和地方的安宁和兴旺。曾巩素有"醇儒"之称，遵循孔孟之道自然是他治政理念和治理邦州的根本。曾巩深知，坐而论道，远不如百姓的温饱与安宁重要。

第三节　襄州的诗文与交游

曾巩在襄州留下《襄州谢到任表》《襄州与交代孙颀启》《襄州谒文宣王庙文》《襄州宜城县长渠记》《襄州回相州韩侍中状》《襄州乞宣洪二郡状》及祈雨（晴）文、碑跋等十六篇，以及诗二十二首。其中以《襄州宜城县长渠记》最负盛名，被多地列为中学语文辅助教材。

一、散文创作

襄州这个自古以来有太多大家名人留下印迹的地方，曾巩心向往之。恩师欧阳修景祐三年（1036）被贬为夷陵令，翌年调任乾德令（均属襄州辖），在这里驻留了一年又三个月的时间，这更让他心里有一种暖暖的感觉。他觉得在这个"善郡"是应该有所作为的。

曾巩写下《襄州谢到任表》：

伏奉敕命，就差权知襄州，已于今月二十七日到任，上讫。缘同气之私恩，陈便亲之微志，就更善郡，得侍安舆中谢。伏念素坚向学之心，幸遇好文之主，备名儒馆十有三年。然而三易外邦，五回星岁。比亦再过于双阙，未尝一对于清光。常存倾藿之诚，虽知向日；居有戴盆之势，何以望天？而臣昨治济南，最为烦剧。野有群行之盗，里多武断之豪。驯至肃清，始息凶残之害，自强柔懦，颇殚竭蹶之劳。今者获就安闲，少休疲钝。出观美俗，犹多《汉广》之高，入奉慈颜，不怜《汝坟》之瘁。兹为窃冒，厥有端原。此盖皇帝陛下奖引仕伦，推崇世教。小艺片言之善，偏长一曲之才，皆欲养成，未尝弃废。故今优佚富裕安逸，抚及孤蒙。敢不抚慰此民，宣明上德。永念沉碑之旧，自顾何功；未忘投博之勤，庶几小补。臣无任云云。[①]

《襄州谢到任表》篇幅短小，信息容量却非常丰富。我们从中得知曾巩到任襄州时，在馆阁的时间就已经有十三年了。文中的“三易外邦”是指越州、齐州、襄州;“五回星岁”指的是熙宁二年（1069）至熙宁六年（1073）从越州、齐州到襄州履职的时间。

《襄州谢到任表》表达了曾巩对皇帝的一片忠贞不渝之心，以及尽心竭力办好公差的决心。他向朝廷陈述了自己在齐州任上的苦楚和烦恼，以及所取得的成就。他认为到了襄州这个善郡可以获得片刻安闲，稍事歇息。他出门欣赏美景，了解民俗，深深地体会到了文王“德广所及也”影响的高远。

与此同时，曾巩感念皇恩，使他得以“入奉慈颜”“抚及孤蒙”。可见，这一时期，曾巩是一直侍奉继母朱氏夫人在侧的。曾易占最初娶的是豫章太君周氏，生子晔。继娶文成郡太君吴氏，生巩、牟、宰。吴氏故，再继娶仁寿太君朱氏，生布、肇。因为父亲早逝，朱夫人于艰难困苦中常常鼓励督促他们勤学上进。在母亲的鼓励下，曾巩、曾牟、曾宰、曾布、曾肇在嘉祐二年（1057）至治平四年（1067）间相继登进士榜。

宋承唐制，制文、奏表、祭文多以有严格规制的骈文形式书写，难免给人以枯燥刻板之感。《襄州谢到任表》却写得如行云流水，引经据典且纡余委备，读来一点也不会让人觉得枯燥无味。难怪曾肇在《亡兄行状》中赞其

① 曾巩撰，陈杏珍、晁继周点校：《曾巩集》，中华书局 1984 年版，第 309 页。

兄的文章："辞约义尽，论者谓有三代之风，上亦称其典雅。"

曾巩在到任之始便去拜谒了文庙，并写了《襄州谒文宣王庙文》："巩获承余教，列职书林，来守此邦，敢遵常礼，躬谒祠下，尚其临之。"孔子在宋代已加封为"至圣文宣王"谥号，他是儒家道统的化身和象征。各地主要官员上任视事前，先到文庙拜谒祭祀，是必行之举。曾巩素有"醇儒"之称，对孔子的例行拜谒更是一片诚心诚意。

孙颀，字影修，号拙翁，长沙人，诗人、画家。熙宁五年（1074）前后任桂阳监使，旋入朝升太常少卿；熙宁九年（1076），以太常少卿出守襄州。《襄州与交代孙颀启》是曾巩熙宁九年（1076）在襄州任满前夕，孙颀即将从山东接任襄州时，给他的一封书信。信中充满了对孙颀治政、文采的赞誉之辞，并对他治理好襄州寄予了厚望。从信中"违离未久，感恋交深"句，还可以看出他们之间的交情不浅。

其间，曾巩还书有《襄州回相州韩侍中状》。"僻守陋邦，远违严屏。永言向慕，但倾茅塞之心；自便退藏，莫驰竿牍之问。敢期赐教，出自过恩。"[①]他在文中倾吐了对韩琦的敬仰之情，对韩琦的丰功伟绩以及浩然正气、忠义之心都赞誉有加，将韩琦与方叔、谢安并提。

《襄州乞宣洪二郡状》是曾巩在离任前夕写的："右，臣今任至今年九月成资，已蒙差太常少卿孙颀替臣成资阙，今臣去替只有数月。窃念臣为有私便，欲乞就移洪州或宣州一任，情愿守待远阙，谨具状奏闻，伏候敕旨。"[②]从文中我们可以知道曾巩任满离任的确切时间是熙宁九年（1076）。当时，曾巩的五弟曾布被贬，从京城出知饶州，曾巩希望出任与饶州相近的宣洪二郡或东南一般州郡。长时间的离家远仕，那一缕乡愁始终萦绕在心头。

二、诗情洋溢

襄州历来是文人雅士吟咏之地。秦时明月、汉时黛瓦，旧时城垣、寻常巷陌，名山大川、典籍史记，不知道有多少故事曾在曾巩的耳边萦绕。这些

---

① 曾巩撰，陈杏珍、晁继周点校：《曾巩集》，中华书局 1984 年版，第 413 页。
② 曾巩撰，陈杏珍、晁继周点校：《曾巩集》，中华书局 1984 年版，第 520 页。

都激发了曾巩的创作激情与欲望。《襄州府志》记载曾巩公务之余，在游历中写下了吟赞先贤和襄阳山水的诗歌二十二首。

曾巩在襄州的诗篇里，有三篇是写岘山的。其中《和张伯常岘山亭晚起元韵》云："挥手红尘意浩然，夙兴招客与扳联。烟云秀发春前池，草木清含雪后天。已卜耕桑临富水，暂抛鱼鸟去伊川。更追羊杜经行乐，况有风骚是谪仙。"[①] 曾巩所写襄阳城南的岘首山岘山亭曾是襄阳一处标志性的名胜。岘山亭原址建在晋羊祜[②]生前喜爱游历的岘山岘石洞的东侧，后来毁于战乱。自古以来，无数名人雅士都在此留下了题咏。羊祜镇守襄阳时，"常觞咏于此"。唐代著名诗人孟浩然的家就在不远处的孟家园，因而也常来此山游玩，他写的诗中曾 22 次提到岘首山。宋熙宁三年（1070）岘山亭重修。欧阳修在他的《岘山亭记》有曰："广而新之，又大其后轩，以为光禄堂。"这样一个人文底蕴深厚、环境优雅的地方，无怪乎曾巩会一游再游，一咏再咏。

曾巩在写《高阳池》的时候，情绪是比较低落的："山公昔在郡，日醉高阳池。归时夸酩酊，更问并州儿。我亦爱池上，眼明见清漪。二年始再往，一杯未尝持。念岂公事众，又非筋力衰。局束避世网，低回绁尘羁。独惭旷达意，窃禄诚已卑。"[③]

高阳池，又名习家池，位于湖北襄阳城南约 5 公里的凤凰山南麓，是东汉初年襄阳侯习郁[④]的私家园林，它是中国现存最早的园林建筑之一，全国现存少有的汉代名园，被誉为"中国郊野园林第一家"。自汉晋以来，就成了襄州的游览胜地，距今已有一千九百多年历史，是全国最早的园林建筑群体。被中国古代造园专著、中国第一本园林艺术理论专著、明末造园家计成著的《园冶》奉为典范，并被称为"私家园林鼻祖"。

---

① 曾巩撰，陈杏珍、晁继周点校：《曾巩集》，中华书局 1984 年版，第 479 页。

② 羊祜（221—278），字叔子，泰山南城（今山东省新泰市）人。魏晋时期大臣，著名战略家、政治家和文学家。

③ 曾巩撰，陈杏珍、晁继周点校：《曾巩集》，中华书局 1984 年版，第 72 页。

④ 习郁（生卒年不详），字文通。襄阳人。汉光武帝刘秀时人，曾官侍中。建武五年（29），他随汉光武帝刘秀嘉幸黎丘（今襄阳宜城辖地），两人共同梦见苏岭山神，刘秀因他有功，封为襄阳侯。

习家池

曾巩游诸葛孔明遗迹，作《隆中》："志士固有待，显默非苟然。孔明方微时，息驾隆中田。出身感三顾，鱼水相后先。开迹在庸蜀，欲正九鼎迁。垂成中兴业，复汉临秦川。平生许与际，独比管乐贤。人材品目异，自得岂虚传"？[①] 曾巩在诗中对孔明赞誉有加，誉孔明有管仲、乐毅之才。对孔明生逢其时，际遇明主，能充分发挥自己的才能大展宏图感慨颇深，并心向往之。

在襄州诗歌中曾巩提及最多的人是张伯常，《和张伯常岘山亭晚起元韵》《题张伯常汉上茅堂》《赠张伯常之郢见过因话荆楚故事仍贶佳什》《伯常少留别业寄诗索酒因以奉报》《和张伯常自郢中将及敝境先寄长句》五首诗均言及张伯常。《题张伯常汉上茅堂》[②]：

---

① 曾巩撰，陈杏珍、晁继周点校：《曾巩集》，中华书局 1984 年版，第 73 页。
② 曾巩撰，陈杏珍、晁继周点校：《曾巩集》，中华书局 1984 年版，第 74 页。

古隆中

远出清汉上，隐然一堤长。
槐柳若云布，连阴入虚堂。
架险注鸣溜，分畦殖群芳。
岂惟富桑柘，盖亦余囷仓。
主人事幽屏，不愿尚书郎。
即此徇高志，风骚恣徜徉。
强起迫义重，还归直明光。
清风凛然在，素壁盈文章。
故栖勿回眄，黄鹄本高翔。

张伯常，襄州人，生平不详。曾巩在襄州期间与其常有诗词唱和，交往密切可窥一斑。司马光等人与其也有诗词唱和，《送张伯常同年移居郢州》即是司马光所作。

从曾巩这首诗可以看出，张伯常是个生性淡泊、漠视功名且文采斐然的人。曾巩为他感到惋惜，认为他本应该是如商鞅所说的“黄鹄之飞，一举千里”之人。对他“不愿尚书郎”“清风凛然在”的高远节操赞誉有加。再从《赠张伯常之郢见过因话荆楚故事仍贶佳什》中“一见心亲十载前，相望南北久茫然”句看，他们在十年前就有过交往，而且交情不浅。曾巩不喜也不善与人交往。曾肇赞其兄是个不阿世俗的人，“非其好，虽举世从之，不辄与之比”，但是与张伯常却是“一见心亲”。可见其必是文学造诣颇深，修身养性境界颇高的荆襄贤人名士。

三、文友交游

陈师道（1053—1102），北宋诗人，字履常，一字无己，号后山居士，彭城（今江苏省徐州市）人，为“江西诗派”三宗之一。年少时师从曾巩，受益匪浅，因此与曾巩感情颇深。陈师道一生仕途窘迫，生活贫困潦倒，却不愿为五斗米折腰。

陈师道在其《送邢居实序》中道：“吾年如生时，见子曾子于江汉之间，献其说十余万言，高自誉道。子曾子不以为狂，而报书曰：‘持之以厚。’吾之不失身，子曾子之赐也。”可见陈师道在襄州与恩师是见过面的。由于没有具体的时间，仅仅这句话引得日后学者对陈师道见曾巩到底是什么时间而争论不休，至今没有定论。但陈师道和曾巩的师生关系却是无须质疑的。陈师道在诗歌方面取法黄庭坚，在散文方面学曾巩。在《后山集》卷一《观兖文忠公家六一堂图书》一诗中，他就明确地说自己是“向来一瓣香，敬为曾南丰”。曾巩去世后，他写了《妾薄命》二首吊挽。诗中说：“有声当彻天，有泪当彻泉。死者恐无知，妾身长自怜。”“天地岂不宽，妾身自不容。死者如有知，杀身以相从。”可谓是长歌当哭了。

刘弇，字伟明，吉州安福人（今江西省安福县），生卒年不详。刘弇自幼博闻强识，长成后学识渊博。《宋史》云其“儿时警颖，日诵万余言”。登元丰二年（1079）进士第，继中博学宏词科。历知嘉州峨眉县，改太学博士。元符中，有事于南郊，刘弇上《南郊大礼赋》，哲宗览之动容，以为相如、子云复出，除秘书省正字。徽宗即位，改著作佐郎、实录院检讨官，病死任上。其《四库全书·龙云集》卷十五有《上曾子固先生书》，篇尾有曰“冒不测之汝汉，走千余里之襄阳。于斯时也，去入谒之艰，无门屏之伺，一朝而迹接焉，顾不幸哉！”刘弇在文中对曾巩的文章推崇有加：“先生阁下，厥今推文章选锋擅天下能事者谁乎？征诸学士大夫，必曰曾公其人也。”刘弇认为，曾巩“之所以能文，非徒能文，正在其能变耳”。这封信与其说是一封颂扬曾巩能文的书信，不如说是一篇研究曾巩为什么能文的文章。

《四库全书·龙云集》卷二十一还载有刘弇的另一封信《上知府曾内翰书（子固）》。信中同样表达了自己对曾巩的敬仰，开篇坦言：“始某为儿童时，闻江西文章之盛，近世所未有，初未之信也。其后，齿日益壮乃始敛缩。”说刘弇对曾巩佩服得五体投地是毫不为过的，他在评论了“韩子之文浑锽振越，瑰玮聮猭；……柳子之文如悬崖絶壑，壁立千仞……”之后，笔锋一转：“至于阁下之文则不然，纡徐容与优游平肆，其析理精，其寓意微，其序事详且密，而独驰骋于百家之上。浑浑乎其深也，曁曁乎其壮也。……阁下道隆德骏为世表的，凡天下之所以望阁下，与阁下之所以慰天下之望者，固已非一日之积矣。”正因为如此，所以他极希望得到曾巩的教诲与推挽，云：“惟阁下哀其愚也而教之，悯其毅然欲有立于世者而推挽之，则顶踵之赐正在于今日也。”

章岵，字伯望，浦城（今福建省南平市）人。宝元元年（1038）进士，熙宁八年（1075）十月十六日除授两浙转运使。曾巩的《襄州与转运章岵别纸启》当是在熙宁八年（1075）十月十六日之后，得到章岵受命两浙转运使之后写的。

在《襄州与转运章岵别纸启》文中，曾巩除了简述自己在襄州的政事外，通篇都充满了对章岵的感激之情及溢美之词：“自某孤拙，不善身谋。唯明公察其所存，屡加奖叹。其为私幸，已不可言；而更赐吹嘘，欲令振发。其为重德，何以克堪。……天子之所倚毗，有如柱石；学者之所钻仰，以为蓍龟……”①

① 转引自金程宇：《新发现〈永乐大典〉残卷中的曾巩佚文》，《学术月刊》2004年第9期。

可见，曾巩在襄州任上，与当地及京城内外的贤人达士的交往也是比较密切的。

第四节　金石篇——考古证今，释疑定谬

有关金石学，这方面的专家学者是这样定义的：金石学是一门以古代青铜器的形制、铭文和石刻碑碣为主要研究对象的学科，既是考古学的前身，又是历史文献学、文字学、书法学的拓展。通过考古证今，以释疑定谬。

关于金石学的起源，有的人认为是始肇于西汉。但是学术界普遍认同王国维《宋代之金石学》所云“近世学术多发端于宋人，如金石学，亦宋人所创学术之一”之说。而曾巩作为最早把金石学作为一门专门的学科来研究的代表人物之一，在学术界是公认的。

曾肇《亡兄行状》有云：“平生无所玩好，顾喜藏书，至二万卷，仕四方，常与之俱，手自雠对，至老不倦。又集古今篆刻，为《金石录》五百卷。”《金石录》五百卷，数量之多令人咋舌。惜乎已佚。可见曾巩不仅仅是名藏书家，亦是一名金石学家。仅仅就最早将“金石”作为专门学科来研究这点来说，曾巩理应在金石学界占有一席之地。

自宋以来，人们一直都着重于对曾巩的诗、文的关注和研究，而对曾巩在金石学方面的研究和贡献几乎忽略不计，论者寥寥，这对曾巩而言是有失公允的。曾巩一生用功读书，极嗜藏书，利用四处赴任之便，广览博收。家里藏古籍二万余卷，收集篆刻五百卷，整理编成《金石录》。

凝聚着曾巩心血的《金石录》已佚，但是曾巩对金石学的贡献可以说是功不可没。用心甚苦的《金石录》五百卷已佚，《元丰类稿》仅遗存十四篇，而与襄州有关的就占了近一半。

襄州人文历史深厚，名山古刹众多，这些平时人们罕至的地方恰恰是曾巩在公务之余常常涉足之地。其间有《常乐寺浮图碑》《九成宫醴泉铭》《魏侍中王粲石井栏记》《襄州遍学寺禅院碑》《襄州兴国寺碑跋》《韩公井记》

等6篇金石录跋尾，存于乾隆《襄阳府志》。虽然数量不多，但皆精彩异常，且弥足珍贵。

金石学是一门冷僻且需要付出艰辛汗水的学问，仅关起门来坐在书斋里是做不成金石学的。研究金石学需要跋山涉水，寻觅那些在茅草丛中、荒山破庙里被长期湮没的人物与历史。没有渊博的知识，没有吃苦耐劳的精神是做不成金石学的。曾巩在这方面有坚实的基础。

根据其在襄州有关碑碣、铭文来看，曾巩是在对碑碣、铭文的形制、来历以及内容，碑文的撰写者、书写者、文辞、书体、历史以及保存状况等情况展开了潜心的研究后，考订补正，为后世留下了极其宝贵、客观的原始资料。曾巩的考证不仅限于纯粹的学术方面，而且同时将自己鲜明的政治观点和立场跃然纸上。

《常乐寺浮图碑》题跋："常乐寺浮图碑周保定四年（564）立，州人治记室曹胡逵撰。其辞云：襄州刺史王秉字孝直，建常乐寺砖塔七层。其碑文今仆，在襄州开元寺塔院。其文字书画无过人者，特以后周时碑文少见于世者，故存之。"短短一百余字将常乐寺浮图碑设立的时间，碑记撰写人，碑记内容，寺的结构、材料、保存状况、地点以及文字书画的水平均做了翔实的录述。并且特别指出："周时碑文少见于世者，故存之。"因为珍贵，所以有保存价值，是一篇中规中矩的研究金石学的跋文。

《九成宫醴泉铭》："九成宫醴泉铭，秘书省、检校侍中、钜鹿郡公魏征撰，兼太子率更令欧阳询书。九成宫乃隋之仁寿宫也，魏为此铭，亦欲太宗以隋为戒，可以见魏之志也。"简洁明了地介绍了铭文撰、书者。曾巩在这里并没有单纯的为考证历史而考证，而是直抒自己的政治观点，认为魏征撰写铭文的目的，是提醒唐太宗要以史为鉴，牢记前朝的亡国之痛。同时又在警醒时人，前车之鉴，犹可记也。

《魏侍中王粲石井栏记》："魏侍中王粲石井栏记，贞元十七年（801）山南东道节度使于頔撰，掌书记胡证书。记一，参谋太子舍人甄济撰，判官彭朝议书。云上元二年（675），山南东道节度使来瑱移井栏，置于襄州刺史官舍，故为记。甄济者，韩愈所谓阳喑避职，卒不污禄山父子事者也。其文得之为可喜，而朝议书尤善，皆可爱者也。”此记在述录了史料、铭文撰、书者之后，笔锋一转，评论起撰写者甄济高洁的人品来：“甄济者，韩愈所谓阳喑避职，卒不污禄山父子事者也。其文得之为可喜，而朝议书尤善，皆可爱者也。”曾巩认为，字如其人，书法与人的品质道德是息息相关的。

《襄州遍学寺禅院碑》：“襄州遍学寺禅院碑，黄门侍郎、修国史韦承庆撰，太子少詹事钟绍京书，开元二年（713）立。其文云：襄州人、将仕郎阮弘静与其属人建遍学寺禅院，故立此碑。承庆有辞学，张易之败时，承庆以附托方待罪，众推令草赦书，承庆援笔而成，众壮之。绍京景龙中，以苑总监从讨韦氏，有功。惟嗜书，家藏王羲之、献之、褚遂良书至数十百卷。以善书直凤阁。武后时，榜诸宫殿明堂及铭九鼎，皆绍京书也。其字画妍媚遒劲有法，诚少与为比。然为今所见，特此碑尚完，尤为可爱也。遍学寺于宇文周为常乐寺，于今为开元寺。”碑文记载了襄州遍学寺禅院碑文的撰写者、书写者。对韦承庆的文采极为赞赏，对钟绍京的书画更是赞誉有加，赞扬他的字画妍媚遒劲有法，殊少有人与之比肩。绍京曾书写了众多铭文，但至宋代已寥寥无几，故曾巩认为此碑的史料价值极为珍贵，更特别欣赏钟绍京的书法：“然为今所见，特此碑尚完，尤为可爱也。”

《襄州兴国寺碑跋》：“丁道护书启法寺碑一，兴国寺碑一，皆隋开皇中立。启法寺今为龙兴寺，在襄阳城西；兴国寺今为延庆寺，在望楚山。欧阳永叔云：‘兴国寺碑不知所在，特见其模本于太学官杨褒家。’而此碑阴又有道护书襄州镇副总管府长史柳止戈而下十八官号姓名，其字犹可喜，得之自余始，世盖未有传之者也。”《襄州兴国寺碑跋》中，曾巩为能得到启发寺碑，特别是发现了碑阴（背面）丁道护所书的碑文而十分高兴。需要提出的是，欧阳修在襄州时只是“特见其模本于太学杨褒家”。由于没能见实物，所以不知道该碑确切所在，也没能看见碑阴（背面）的文字。因此，曾巩在看到此碑后，特意为之写跋尾补充：“此碑阴又有道护书襄州镇副总管府长史柳止戈而下十八官号姓名。”对兴国寺碑不仅补充记述了碑阴的文字，还弄清了兴国寺的今名和所在地：“兴国寺今为延庆寺，在望楚山。”从而对欧阳修存疑的问题予以了补正。久埋于烟尘的艺术精品，因被自己发现而再传于世，他欣喜异常，溢于言表："其字犹可喜，得之自余始，世盖未有传之者也。"曾巩通过考证补订，使此碑的历史得以完整地呈现在人们的视野中。其心细之如发，知识之渊博，考证之细微，做事之认真可窥一斑。

《韩公井记》："韩公井记，开元二十二年（735）初置十道采访使，韩朝宗以襄州刺史兼山南东道。襄州南楚故城，有昭王井，传言汲者死，行人虽暍困不敢视。朝宗移书谕神，自是饮者无恙，人更号韩公井。楚故城今谓之故墙，即鄢也。此记今移在郡廨中。故城改为'墙'者，由梁太祖父烈祖名诚，当时避之，故至今犹然。"他对碑文记载的"楚故城"一词进行了考证，认为"楚故城今谓之故墙"的原因是当时为了避皇帝的名讳而为："由梁太祖父烈祖名诚，当时避之，故至今犹然。"《襄阳府志》有载此事："楚故城原在宜城，有'故墙'之称谓。"当时宜城人把故城叫作"故墙"的原因是为避梁太祖父亲之讳。梁太祖朱全忠的父亲叫朱诚，"诚""城"同音，为了避君父之讳，"城"不能叫"城"，而叫"墙"。

从以上有关金石铭文研究来看，曾巩正是以"考古证今，释疑定谬"为准则的。曾巩在襄州遗留下来的六篇有关金石学的铭文，弥足珍贵，彰显了曾巩可贵的治学精神。

晚唐诗人司空图诗云："金石皆销铄，贤愚共网罗。达从诗似偈，狂觉哭胜歌。高燕凌鸿鹄，枯槎压芰荷。此中无别境，此外是闲魔。"[①] 当然，司空图这里所指的"金石"是金钱与美石。但是曾巩痴迷于对金石学的研究远远胜过金钱与美石。做学问如斯，唯曾巩也。

三年的时间转瞬就过去了。熙宁九年（1076）曾巩在即将调任洪州时，给朝廷写了《奏乞回避吕升卿状》。陈述了自己不愿去洪州赴任的理由，虽然请求没获得朝廷的许可，但也算是曾巩回击吕升卿的一掌，吐了心中一口抑郁之气。明诗人袁凯有诗曰："江水三千里，家书十五行。行行无别语，只道早还乡。"家乡的橘花开了又谢，谢了又开，总在翘盼着他的归来。家乡，

① 《全唐诗》卷八百八十五。

是他心头永远都无法抹去的乡愁。曾巩是个孝悌之人，近乡奉亲，是他内心所渴望的。这次调任洪州，家乡呼之能应，却又偏偏要在吕升卿的管辖之下任职，那份憋屈是可想而知的。为奉亲而不愿远仕，是他的初衷。但是，为想离吕升卿远点，他又“情愿守待远阙”。其中的苦衷没有谁比曾巩自己体味更深刻。然而这一请求并没有得到批准，他心怀忐忑地踏上了赴洪州的宦途。

第六章

买船东南寻故里

——曾巩在洪州

宋神宗熙宁九年（1076），时年五十八岁的曾巩任职洪州（今江西省南昌市）。这是他一生所任职务的第六个地方。至熙宁十年（1077）春被任命为知洪州军州事。在洪州期间，他“尽瘁于兹时”[①]，积极作为。他心系百姓，祈晴谢雨，治愈瘟疫，大军过境不惊扰百姓，筹划城池建设。他孝敬母亲，亲爱兄弟，厚葬亲人。公务与家务兼善，颇得百姓好口碑。

第一节　结缘洪州

一、洪州概况

汉高祖五年（前202），刘邦命颍阴侯灌婴驻守南昌。次年，灌婴率部在南昌（今南昌火车站东南约4公里）修建了土城，当时称为灌城，属于南昌最早的城市建设。汉高祖六年（前201）析九江郡置豫章郡，并设南昌县为附郭县，属扬州，南昌之名始此；王莽时改豫章郡为九江郡；东汉时又恢复；晋朝时隶属于江州；南朝梁称豫章王国，陈恢复为豫章郡；隋开皇九年

---

① 曾巩撰，陈杏珍、晁继周点校：《曾巩集》，中华书局1984年版，第414页。

（589）罢郡置洪州，大业三年（607）复为豫章郡；唐武德五年（622）复为洪州，贞观初属江南道，开元二十一年（733）属江南西道，天宝元年（742）改洪州为豫章郡，至德元年（756）豫章郡更名为章郡，乾元元年（758）再称洪州；五代南唐中主交泰二年（959）升洪州为南昌府；宋开宝八年（975）复名洪州，天禧四年（1020）属江南西路，隆兴元年（1163）为隆兴府。

据《南昌府志》记载，当时，洪州下辖八个县。大中祥符年间（1008—1016），有12690户，29824人。崇宁年间（1102—1106），有261150户，532446人。近百年的时间，洪州经济发展较快。人口数与户口数，增加得比较快，户口翻了一番，人口也接近翻番。可见，唐代以后，随着整个经济中心的南移，洪州在经济上获得了迅速发展。

初唐著名诗人王勃在《滕王阁序》中称："南昌故郡，洪都新府。星分翼轸，地接衡庐。襟三江而带五湖，控蛮荆而引瓯越。物华天宝，龙光射牛斗之墟；人杰地灵，徐孺下陈蕃之榻。"洪州地处长江之南，自古航运发达。曾巩与洪州的缘分并非任职时始。他对洪州的选择，还源于对洪州的了解与喜爱。

二、筹划重修东门

洪州城是座古城。这座古城在历代主政者不断修建下，规模不断扩大，功能愈加完善。

曾巩这位醇儒，虽有"政声"，然不被朝廷器重，但他"不以物喜，不以己悲"①，不自暴自弃。任职洪州期间，毫不懈怠，积极作为。筹划重修东门就是其一。

当时洪州城墙的具体形制，今天难以查考。但从一些零星记载可以寻觅出一些痕迹。

大致情形是，洪州府衙位于今天的子固路。当时，那一带为洪州城的中心。整座洪州城的朝向是由东向西。东门是真正的大门。西门紧靠赣江，赣江之西则是西山。当时，西门崭新，东门则破烂不堪。那时的城墙、城门

① 范仲淹：《岳阳楼记》，《范文正公集》卷七，四库全书版。

都是城池非常重要的防护设施。对一座城池而言，城门的意义重大。同时，城门还有着重要的军事意义，拥有重要的防御功能。其实，城门也是一个地方的门面，标志着一个地方的盛衰。

子固路路标

旧东门建于宋太宗淳化五年（994），主持建造的是太宗皇帝的第六子、镇南节度使、洪州管内观察处置使徐国公元偓以及尚书户部郎中、掌管洪州军政的陈象舆。徐国公后来被封为密王，他受命守卫南边一方土地，但他留在京城，并没有到洪州实地主持修建东门之事。真正的主持者是陈象舆。实际上，从开始建造到城门此次改建，时间并不长，只有几十年。

曾巩是位饱读诗书之人，懂得其中的意义。作为一州最高行政长官，他看到城门的破烂状况时，感到很惊讶。此时，重修东门的念头在他的大脑中萌生了。他准备“增其旧制”[①]，进行扩建。紧接着，他召集属下商议此事，并做好整个计划。他甚至还计划好了修建材料的质量及产地，以及经费开支预算。最为重要的是，他特地请来了本地最有名的风水先生，勘察好了扩建的具体地址，以及确定好开工的时间等等。在曾巩的心目中，这是一件大事，准备工作应慎重，且尽量充分。

但还未来得及破土，曾巩就被一纸任命书，移调到了福州。

元丰六年（1083），曾巩曾被召回京师，经过洪州。他特意来到东门，想看看继任者将东门修得如何。没想到，一座崭新的东门展现在这位前任知州眼前。这是继任者元积中的贡献。元积中接任后，当听说了前任的重修计

① 范仲淹：《岳阳楼记》，《范文正公集》卷七，四库全书版。

划后，当即决定开始施工。实际上，元积中的重修，不仅仅是在原先的规模上进行，还进行了扩建。整个城墙，南北拓宽了八丈，向东南推进了四丈，高和宽相等，扩大了洪州城的规模，使其成为当时东南方的大都会。工程三个月就竣工了。

元积中重修东门，木料就地取材，节省了开支，避免了对百姓的搜刮，并聘请了服劳役的军士负责城门工艺，瓦砖、石头以及各种油漆颜料等费用，并非征收于民间，而是从库银支出。

元积中看到曾巩这位大名人的到来，认为他对洪州有着深厚感情，恳请曾巩写文章以作纪念。曾巩则借故推辞。无奈，元积中怎么也舍不得失去这个好机会，按惯例本来就得请名人。而眼前，曾巩就是名人，就是大才子。更何况，这东门本来就是曾巩设计规划好了的。元积中岂可错过这样的好机会。

曾巩此次本来是去京城。但人还没到京城，则又接到了改任明州（今浙江省宁波市）的任命书。没想到，元积中竟然派人在路上等候，且一直追到明州，向曾巩索要文稿。曾巩见其心诚，推辞不过，提笔写了《洪州东门记》一文。对重修东门的来龙去脉进行了交代，并对元积中积极作为的行为进行了礼赞。

修东门，结果把整座城池框架拉大了，这是洪州城建设史上的一大贡献。

一“门”两知州，皆流芳千古，也算是洪州历史上的一段佳话。

三、建徐稚祠

徐稚是距曾巩近千年的人物，曾巩竟然为他新建了祠堂。“物以类聚，人以群分。”什么人敬畏什么人，这并非人的随意行为，而是刻意选择的结果。尤其是为某一个人专门建造祠堂。徐孺子去世几百年后的洪州最高行政长官曾巩为他单独建祠堂，这是有缘由的。

徐稚，字孺子，南昌人。东汉时期的名士，被人们称为“南州高士”。他曾屡次被朝廷及地方征召任职，但每一次，他都拒绝了。汉灵帝初年，徐孺子亡故，时年七十二岁。徐孺子崇奉“恭俭义让，淡泊明志”的处世哲学，被世人所推崇，成为很多古代士人心中的典范和楷模。徐孺子家

孺子亭

境贫寒。他常常“躬耕垄亩”，崇奉“不劳动者不得食”的信条，非自己劳动所得坚决不食。汉桓帝延熹二年（159），尚书令陈蕃等上书荐徐孺子。桓帝也很器重他，就派专车，备好礼物，请他出山做官。他坚决拒绝，毫不动心。徐孺子极有个性，不慕名利。

王勃在他的名篇《滕王阁序》写下了“人杰地灵，徐孺下陈蕃之榻”这不朽的名句，并成为千古流传的佳话。徐孺子辞世后，据传被安葬在南昌市进贤门外东潭巷铁树坡旧城壕沟边。后人为纪念这位著名的高士，曾经在南

孺子亭公园

昌市内的青山湖畔建了徐孺子祠堂。现在南昌市的孺子路、孺子公园、孺子亭、高（士）桥，都是以徐孺子的字号来命名的。

独善其身。徐孺子的为人处世为人所称道，尤其是身处乱世之中。自古以来，徐孺子成为一些中国人为人处世的标杆。对他那保持自身的纯洁，不与世俗同流合污的态度，人们极力赞赏。所以，在曾巩所处的那个时代，人们深切地怀念徐孺子，并以各种方式隆重纪念之。曾巩建祠也是其一。

保持自身的纯洁性一直都是曾巩的修身目标，他也以自身的努力积极践行。他当然也希望自己治理下的洪州百姓，发扬千年前的徐孺子的精神，做好人，走好路。熙宁九年（1076），曾巩在南昌市东湖南面的小洲上，建起了徐孺子祠堂。祠堂虽然简陋，用茅草覆盖，但建成后，曾巩用比较高的规格，率领属下举行了隆重的祭奠仪式。祠堂内，曾巩请人画了孺子像，让徐孺子的音容笑貌长留洪州人心中。曾巩还特意写下《徐孺子祠堂记》这篇千古流传的佳作。

《徐孺子祠堂记》作为一篇散文，较好地体现了曾巩散文的主要特点。先说理，再引出文章所要描述的对象。《徐孺子祠堂记》一文开篇，就谈到汉朝的“在位公卿大夫，多豪杰特起之士”，他们“发愤同心，直道正言，分别是非白黑，不少屈其意”，“志虽不就而忠有余”。然后再写道徐孺子隐而不仕，又不忘天下的胸怀，再由此得出“其操虽殊，其志于仁一也”的结论。徐孺子隐居，公卿大夫积极有为，看起来相异，实则相同：志在仁义道德。由此可知，开篇之处所叙之汉代公卿大夫的所作所为，就是为了第二部分叙写徐孺子蓄势、张本、做铺垫。文章有了这样的铺垫，叙述徐孺子的表现，就不至于突然，不至于突兀。再说，两者形成了表面上的对比：一入世，一出世。表面看来所为相反，骨子里则相同：志在“仁”。表面现象与骨子里的巨大反差，让读者在阅读时心理的陡然落差中深刻体会作者的深意。曾巩虽然积极出世为官，表面上与徐孺子的所为存在巨大差异，但内里则完全一致：为了一个“仁”。表明曾巩自己的心志。

曾巩为官洪州，创作了十多篇诗文，为我们留下了非常宝贵的精神财富。

第二节　心系百姓

一、祈晴谢雨

古代中国是典型的农业国，农业是国家稳定的基础。农业丰收，则百姓和乐，国家稳定；农业歉收，则百姓穷困，民心不稳。而农业在那个时候，主要靠天吃饭，即依靠自然的风调雨顺，旱与涝都是灾难。所以，一般而言，历代凡是关心百姓、心向国家的官员，都特别关注天气状况。

曾巩这位心系百姓、关注民生的官员，对天气状况，自然也比较关注。在中国古代，祈晴求雨是各级官员政务中的一件大事。一些重视农业、关注百姓疾苦的官员，就率领属下与百姓，隆重举行祈晴求雨仪式。

仅在熙宁九年（1076）这一年，曾巩就率领属下，与百姓们一起，举行了两次大规模的祈晴和祈雪活动。

第一次，祈求天公放晴。仪式举行之后，天随人愿，竟然放晴。于是，曾巩挥笔撰写了《洪州诸寺观祈晴文》和《诸寺观庙谢晴文》。《洪州诸寺观祈晴文》："惟穑事之将成，而雨淫之不止，僰然省惧，岂敢皇宁？……今早稼甫毕，晚苗方兴。洼下之田，已伤流潦。亢爽之地，实惧浸淫。……伏望廓山川之曀滞，回日月之光华。"[①] 当时的情况是，早稻将要成熟，晚稻也长势喜人，大雨却下个不停。低洼之处，严重积水，灾情已经相当严重，眼看着即将成熟的庄稼和刚长成的禾苗都将不保，曾巩内心着急，希望赶快见到晴日，心情何等迫切！《诸寺观庙谢晴文》一文中，则说："田里欢呼，粢盛有望。惟神灵所以赐于人者，岂愚足以当之。尚冀余休，终成多稼。民能自保，神则有依。"[②] 百姓收成有望，曾巩的心情异常喜悦。农田里，巷陌中，百姓们一片欢呼，感恩神灵，希望神灵多保佑百姓，使百姓更加和乐。

天气总有它自身的规律，不可能总随人心愿。冬天，久晴不雨也是一件

---

① 曾巩撰，陈杏珍、晁继周点校：《曾巩集》，中华书局 1984 年版，第 549 页。
② 曾巩撰，陈杏珍、晁继周点校：《曾巩集》，中华书局 1984 年版，第 550 页。

让人心烦的事情，让曾巩心生忧愁。于是，他又率领属下与百姓一起求雨。当然，冬天天气寒冷，下雪的可能性本来就比较大。因此，曾巩他们就改求雨为求雪了。精诚所至，感动了神灵。果然，天又随人愿，大雪如期而下，滋润大地。百姓又是一片欢呼。有感于此，曾巩又撰写了《诸寺观祈雪文》和《诸寺观谢雪文》。曾巩在《诸寺观祈雪文》一文中，告诉天神："穷腊未雪，方冬尚温。人有疾疠之忧，地无膏泽之润。职在绥抚，心焉震惭。"故而"敢祈肤寸之云，播为盈尺之瑞"[①]。下点瑞雪，缓解大地之旱情。再说，瑞雪兆丰年，期望来年好收成。在《诸寺观谢雪文》中，他写道："蒙膏泽之应时，致祁寒之协序。人无疵疠之患，物有丰成之祥。实赖洪休，敢忘昭报？更祈密雪，尚及余冬。"[②]不仅对天顺应人心，降下瑞雪感到惊喜，心存感激，甚至还希望下点"密雪"，让雪水长久滋润大地。拳拳之心，溢于言表。

二、控防瘟疫

瘟疫一直都是古代中国人生命的最大威胁之一，具有易感染、传播快的特点。医学的落后，让人们谈疫色变。那个时候，一旦感染了瘟疫，人基本上就等于判了死刑。古代，瘟疫常常发生。鼠疫、天花、流感等疾病不时爆发，对人们的生命造成了巨大的威胁。尤其是在自然灾害发生后，环境卫生状况极差，瘟疫也往往最易在此时爆发。大多数情况下，面对突如其来的疫情，为官者束手无策，只能任其肆虐了。

熙宁九年（1076），一件大事考验着曾巩这位刚上任不久的知州，洪州发生了瘟疫，让洪州人面临生与死的考验。

面对突如其来的疫情，有着丰富地方从政经验的曾巩镇定自若，沉着应对。他冒着感染疾病的危险，走进百姓家询问疫情，安慰病人；迅速召集州县官吏，全面掌握瘟疫扩散情况。当得知疫情严重、形势非常严峻之时，他感觉到洪州百姓的生命就掌握在自己手上，自己肩负着挽救百姓生命与危难

① 曾巩撰，陈杏珍、晁继周点校：《曾巩集》，中华书局1984年版，第551页。
② 曾巩撰，陈杏珍、晁继周点校：《曾巩集》，中华书局1984年版，第551页。

的重大责任。他当时的想法是：迅速控制疫情，防止蔓延。感染者当立即医治，能救一命算一命。他雷厉风行，当即下令：州、县、乡镇乃至亭及客栈，必须准备好药物，以备患者急用，不可有丝毫懈怠。责任到人，不得延误。否则就是渎职，严厉处罚。很显然，这样的布置，不仅十分细致得当，而且十分有效。特别是让客栈都预备好了药物，则更显周到。他还颁布了一项政令：所有大小官员，不得擅自离岗，否则按律令论处。且关闭城门，人员只进不出。及时救治，则是另一有力措施。在预备好药物的同时，州、县、乡镇必须组织好郎中，一旦发现病人及时救治。官舍、客栈则敞开大门，随时收治病人。一时官舍、客栈等处，人们经常可以看到郎中、患者出入。

由于措施及时、得力，病人得到了及时救治，疫情得到了有效控制。洪州百姓的生命得到了保障，避免了一场灾难。

三、大军过境不扰民

熙宁八年（1075），交趾（今越南）对广南西路发动大规模进攻。熙宁九年（1076）一月，其所属邕城陷落。消息传到朝廷，皇帝震怒。神宗决定派兵讨伐。以宣徽南院使郭逵为安南行营经略招讨使，准备讨伐交趾。朝廷为此调集了一万多军士。大军南下，需要经过江西境内。扰民是不可避免的。而对一些贪婪之徒而言，这又是一次搜刮百姓的大好机会。江西境内的一些州县，有的官吏肯定会借此机会横征暴敛，大肆搜刮百姓。他们拿鸡毛当令箭，想方设法加重赋税，百姓苦不堪言。一些奸商也借机哄抬物价，甚至囤积居奇，待价而沽。

对这些，曾巩心里很明白，知道自己该做什么，该怎么做。他深深懂得，只要把相关的工作安排好了，把各级官员管理好了，大军过境所造成的影响就会降到最低。

曾巩要求属下准备好住所、水井、锅灶、粮食、草料等，让将士们生活无所缺。一句话，满足将士们的生活需求。

为做好接待工作，曾巩还主动与军方取得联系。他找到军中主帅郭逵，将官军人数、辎重、马匹等数量明确下来，登记造册。再对任务进行分解，分片落实，责任到人。于是，整个洪州上下官员立即动起来了。

城中百姓尽量减少外出，少与官兵接触。住户要尽量储存好饮用水，最好不要到水井里去打水，把水井腾出来给官兵使用。锅灶，或由政府出资购买，定做新灶，或者由大户直接提供。做到家家落实，人人落实，不留下“死角”。粮食和马料，由官员或购买或硬性摊派的方式解决。

大军一到，则按照名单，由地方官员直接带到事先分配好的片区安营扎寨，井井有条，丝毫也不凌乱。各项工作都依计划行事，有条不紊，没有疏漏。

由于准备工作充分，官兵生活所需充足，杜绝了士兵抢劫之类事件的发生，也杜绝了官兵与百姓、与地方官员们的矛盾与冲突。大军过境秋毫未犯，洪州百姓有的竟全然不知。当时的洪州并不大，人口也不算多，要解决一万多人的食宿问题，并不是一件小事。更为重要的是，竟然没有惊动百姓，没有给百姓带来骚扰，曾巩又创造了一个新的奇迹。

第三节　人际交往

一、回避权臣

曾巩在襄州接到移知洪州的任命文书不久，就遇到了一件难堪之事。朝廷委派当时担任太子中允、直集贤院、崇政殿说书的吕升卿为江南西路转运使，成了曾巩的顶头上司。

宋太宗时，为削夺节度使的权力，在各路设转运使，称“某路诸州水陆转运使”，官衔称“转运使司”，俗称“漕司”。转运使除掌握一路财赋外，还兼领考察地方官吏、维持治安、提点刑狱、举贤荐能等职责。宋真宗景德四年（1007）以前，转运使职掌扩大，实际上已成为一路之最高行政长官。以后，陆续设立了提点刑狱司、安抚司等机构分割转运使的权力。按朝廷的这一安排，曾巩去洪州以后，吕升卿将又成为他的上司。为了避免与其正面交锋，曾巩采取了回避之策，上书朝廷，请求回避。但朝廷没有同意他的请求，他到洪州以后，吕升卿果然做了江西转运副使。

这位顶头上司虽然尚未到任，曾巩却预感到麻烦事可能就要来了。因为他们曾经有过节。故上书请求回避：

今升卿任江西监司，洪州在其统属，须至陈乞回避，伏乞指挥检会。臣先奏乞移洪州，或宣州，或东南一般州郡。臣为母亲见在饶州，迤逦前去饶州，伺候朝旨。①

吕升卿的到来让他沮丧。但朝廷不可能答应曾巩这看来有点荒唐的要求，更不可能真把他调离。好在没过多久，任参知政事的吕惠卿被贬到陈州（今河南省淮阳县）任知州。吕升卿失去靠山，不敢再嚣张。曾巩也就安心地在洪州当父母官了。

二、痛悼才俊

就在曾巩来到洪州任职的同时，好友王安石的儿子王雱（1044—1076）不幸去世。曾巩一向看好王雱，认为他定能有大作为。王雱的突然离世，给曾巩巨大的震撼。

王雱，字元泽，自幼聪明过人，二十二岁便考中进士，从此，仕途一帆风顺，历任旌德（今安徽省旌德县）尉、太子中允、崇政殿说书，天章阁待制兼侍读。他才华横溢，学识广博。王雱积极参与并支持父亲王安石变法，为确立变法的理论依据，特地参与修撰《诗》《书》《周官》三经新义。

王雱的病逝，作为长辈、好友，曾巩强忍着巨大的悲痛，挥笔写下了《祭王元泽文》。此文《元丰类稿》失收，见诸于金代临汾刻本《南丰曾子固先生集》，文中写道：

天生相君，典领斯文。笃生我公，达观博闻。左右元后，遂迪天民。皇帝曰咨！汝实大器。方见相君，汝嗣讲求。辅训厥遗，以悟后觉。三年书成，赐在太学。皇帝曰俞，道废千年，乃昭于今，亦推汝贤。汝登龙图，以对文

① 曾巩撰，陈杏珍、晁继周点校：《曾巩集》，中华书局1984年版，第479页。

功……昔者孔孟，子实克嗣……天与汝能，圣女衡枢。[1]

文中均为溢美之词，从表面看，与普通的祭文无异。但若对当时的情势稍有了解，方可知曾巩对王雱的情深义厚。首先，王雱确实是才华横溢，不论是在文学还是政治，乃至在对道教、佛教的研究，都有着自己独特的见解。如今却英年早逝，对曾巩这位重情重义、爱才惜才的大才子而言，感到惋惜，理所当然。其次，按照中国人的传统观念，死者为大，对一个亡人给予好评，也在情理之中。但这篇祭文所体现的意义，其实已远超过了文章本身。王雱之死，对王安石的打击非常之大，他的政敌们则因此幸灾乐祸，弹冠相庆。他们极尽造谣诬蔑之能事，甚至还认为这是王安石推行变法的恶报。我们不妨来看看当时及其后宋人笔记中的记载，其中最恶毒的如下面几则文字。《邵氏闻见录》卷十一：

元泽性险恶，凡荆公所为不近人情事，皆雱所教。吕惠卿辈奴事之。荆公置条例司，初用程颢伯淳为属。伯淳，贤士。一日盛暑，荆公与伯淳对语。雱者囚首跣足，手穚妇人冠以出，问荆公曰："所言何事？"荆公曰："以新法数为人沮，与程君议。"雱箕踞以坐，大言曰："枭韩琦、富弼之头于市，则新法行矣。"

荆公在钟山，尝恍惚见雱荷铁枷杻，如重囚。荆公遂施所居半山园宅为寺，以荐其福。

又《孙公谈圃》卷中：

荆公在金陵，未病前一岁，白日见一人上堂再拜，乃故群牧吏，其死也已久矣。荆公惊问何故来？吏曰："蒙相公恩，以待制（王雱）故来。"荆公怆然，问雱安在？吏曰："见今未结绝了。如要见，可于某夕幕庑下，切

① 曾巩撰，陈杏珍、晁继周点校：《曾巩集》，中华书局 1984 年版，第 786 页。

勿惊呼，唯可令一亲信者在侧。”荆公如其言，顷之，见一紫袍博带据案而坐，乃故吏也。狱卒数人，枷一囚，自大门而入，身具桎梏，曳病足立廷下，血污地，呻吟之声殆不可闻，乃雱也。雱对吏云：“告早结绝。”良久而灭。荆公几失声而哭，为一指使掩其口。明年，荆公薨。

又《东轩笔录》卷七：

王荆公之次子名雱，为太常寺太祝，素有心疾。娶同郡庞氏女为妻，逾年，生一子。雱以貌不类己，百计欲杀之，竟以悸死。又与其妻日相斗哄。荆公知其子失心，念其妇无罪，欲离异之，则恐其误被恶声，遂与择婿而嫁之。

这种人身攻击其言辞之恶毒和手段之卑劣，令人发指。而其深层原因，其实都和王安石倡导的熙宁变法有关。在这样一种情势下，曾巩尽管和王安石有分歧，却没有和这些人同流合污，去诬诋王安石，而是以非常诚挚的情感，极其沉痛地悼念王雱。祭文中三次称王安石为“相君”，并以非常同情的口吻，叙说王安石老年丧子的悲痛：“相君白首，陨泪悲创。归公朝夕，曰‘予天丧’！”应该说，这种感情是很真诚的。对备受丧子之痛和政敌们无端谩骂的王安石来说，这是一种怎样的安慰啊！两人在经历了近十年的情感磨难之后，这篇祭文的写作，无疑传达出某种和解的讯息了。

第四节 孝爱亲人

曾巩是位大孝子，尽管生母早已去世，但他把继母视为生母。不管是在外地任职还是在家里，对继母都极为孝顺。

曾巩也极为注重亲情。年轻时，他不但承担了为整个家庭谋生计的重任，对弟、妹也非常厚爱，带领他们耕读，引导他们上进。几个弟弟考取了进士，并为官朝廷。

一、聚首洪城

熙宁九年（1076），曾布由饶州（今江西省鄱阳县）迁任潭州（今湖南省长沙市），途经洪州。曾巩任职洪州后，把住在饶州的母亲接了过来，与自己一家在洪州相聚。

这一次，弟弟和母亲的到来，两家人团聚，甚是高兴。巧的是，曾巩的另一个在朝廷馆阁任职的弟弟曾肇，请假回家探母，也来到了洪州。于是，曾巩提早选了个良辰吉日，三兄弟三家大小，齐聚一堂，欢宴洪州。酒宴上，欢声笑语不绝于耳，曾家大小几十口人轮番向老太太敬酒，祝老太太幸福安康。曾布之妻魏玩是个才女，为给聚会助兴，当即口占："金马并游三学士，朱幡相对两诸侯。""三学士"指的是曾家三兄弟，都是学士出身，"两诸侯"喻曾巩和弟弟曾布在地方任职，像地方诸侯一样，各统一方。魏玩的才华由此可见一斑。魏玩，字玉如，又作玉汝，邓城（今湖北省襄阳市）人，人称魏夫人，出身世家。她自幼聪颖，兴趣广泛，尤喜读书，且博览群书；才思敏捷，工诗，尤擅词；诗作甚多，一些佳句为时人所称道。嫁与曾布后，恪守封建伦理道德，多次受朝廷褒奖，被封为鲁国夫人。理学家朱熹对之评价甚高："本朝妇人能文者，惟魏夫人、李易安二人而已。"[①]

中国历史上的家庭聚会不计其数，但像曾巩三兄弟的聚会，历史记载则甚少，可谓喜事、盛事。

二、安葬亲人

熙宁十年（1077）春，朝廷一纸任命书，曾巩移知福州军州事。

朝廷的这一任命，对于久在地方任职的曾巩来说，并没有得到实际的升迁，他提不起兴趣。因此，他以老母年高多病和弟弟曾布已任广州知州为由向朝廷辞职。朝廷并未准奏。

辞任无望，曾巩趁自己尚未上任福州，便回到家乡，办理了几件家事，将亡妻晁文柔、弟弟曾宰、八妹德耀及两个女儿安葬。

曾巩把妻子晁文柔安葬于龙池乡源头，撰写了《亡妻宜兴县君文柔晁氏

① 转引自罗伽禄：《曾巩家族》，江西人民出版社 2014 年版，第 106 页。

墓志铭》。文中写道："余时苦贫，食口众，文柔食菲衣敝自若也。事姑，遇内外属人，无长少远近，各尽其意。仁孝慈恕，人有所不能及。于栉珥衣服，亲属人所无，辄推与之，不待己足。于燕私，未尝见其惰容。于与人居，未尝见其喜愠。折意降色，约己以法度，学士大夫有所不能也。为人聪明，于事迎见立解，无不尽其理，其概可见者如此。"[①] 可见，在曾巩的心目中，晁文柔是一位聪慧、贤淑、宽厚、仁慈、善解人意又吃苦耐劳的好妻子。晁文柔嫁给曾巩之时，正是曾家极为贫困之时。皇祐二年（1050）她嫁给曾巩时，才十四岁，曾巩则三十一岁。

晁文柔，名德仪，字文柔，是光禄少卿晁宗恪的长女。澶州清丰县（今河南省祥符县）人。出身官宦之家，知书识礼，且能吃苦。《亡妻宜兴县君文柔晁氏墓志铭》写道："文柔以嘉祐七年（1062）三月甲子卒于京师，年二十有六，余时校史馆书。熙宁四年（1071）追封宜兴县君，十年（1077）二月庚申葬于建昌军南丰县龙池乡之源头，余时为洪州。"[②]

曾巩又把弟弟曾宰、八妹曾德耀，二女庆老、兴老安葬于龙池乡源头。

曾宰是曾巩的次弟，与曾巩同母所生。曾宰（1022—1068），字子翊，嘉祐六年（1061）进士。历舒州（今安徽省潜山县）司户参军、潭州湘潭县（今湖南省湘潭市）主簿。他博学多才，经史百家、音律等无不通晓。熙宁元年（1068）四月病逝于湘潭任上，年四十七岁。曾巩亲自命笔作《亡弟湘潭县主簿子翊墓志铭》一文。在文中，曾巩盛赞其弟："少力学，六艺百子、史氏记、钟律地理、传注笺疏、史篇文字，目觉口诵手抄，日常数千言，手抄书连榻累笥不能容。于其是非治乱之意既已通，至于法制度数、造物立器、解名释象、声音训诂，纤悉委曲，贯穿旁罗，无不极其说。"[③] 曾宰的博学多才，可见一斑。而且，曾宰的为人处世，也与曾巩极为相近。"为人质直孝弟，抑畏小心，少年饮酒歌呼、饶乐放纵之事，未尝一接焉。"[④] 曾宰

① 曾巩撰，陈杏珍、晁继周点校：《曾巩集》，中华书局 1984 年版，第 633 页。
② 曾巩撰，陈杏珍、晁继周点校：《曾巩集》，中华书局 1984 年版，第 634 页。
③ 曾巩撰，陈杏珍、晁继周点校：《曾巩集》，中华书局 1984 年版，第 634 页。
④ 曾巩撰，陈杏珍、晁继周点校：《曾巩集》，中华书局 1984 年版，第 634 页。

谨言慎行，严格约束自己。曾巩对弟弟的英年早逝表示了深切的哀痛，说他“位不过主簿，寿止于四十七，其非可哀也夫？”[①]手足之情，溢于言表。

八妹德耀，字淑明，对女红十分娴熟，且不学而能，十分孝顺。二十岁时嫁给了王几。嘉祐六年（1061）病逝于京城。曾巩为其撰写了《曾氏女墓志铭》。

大女儿庆老，病逝于嘉祐六年（1061）十一月，时年三岁。二女儿兴老，两岁，治平三年（1066）九月病逝于京城。庆老，晁氏所生。晁氏生病在床，庆老常去床前探视，并安慰母亲，说起话来，竟然像个成人。没想到却突然生病，不治。兴老，李氏所生，她生病、去世时，曾巩忙于公务，竟无暇回家，留下了许多遗憾，诸多悲痛。他手书《二女墓志》以抒悲情。

---

① 曾巩撰，陈杏珍、晁继周点校：《曾巩集》，中华书局1984年版，第635页。

第七章

为郡天涯亦潇洒
——曾巩在福州

北宋熙宁十年（1077）八月，曾巩五十九岁，以度支员外郎、直龙图阁的身份，由洪州移知福州（今福建省福州市），其正式官阶是“福州军州事兼福建路兵马钤辖”，为此皇帝特赐绯章服，在任一年零一月。元丰元年（1078）九月，时年六十岁召判太常寺，未至京师而改知明州。

曾巩在福州年余，廉洁为官、奉公守志、从政有方，任内招抚盗贼余党，增设沿海巡检，整顿佛寺制度，发展农业生产，增加百姓收入，遂使物价降低，市场繁荣，社会治安秩序逐渐安定。处理政事之余，他携妻儿在福州游玩，面对闽中胜景，不时涌起一股和平自适的心境，营造出温润冲和的诗歌意境。曾巩的政绩和诗文广在八闽传诵，至今成为佳话名篇。

第一节 “孤远之臣”移知福州

一、闽中境况

福州自古有“东南都会”“江城福地”之称，地理形胜绝佳，号称“山川灵秀所都”。古人云：“闽海之区，山川雄奇，都邑伟丽，极一时之盛，订千古之计。”优越的地理位置与自然条件，很早就吸引先民来此繁衍生息，创造了灿烂文明，而且代代相继。西汉的闽越国、唐末五代的王闽政权皆以此地为中心。历史上福州曾连续成为地方王国的都邑、郡州府县的驻节地以及省会所在地，因此号称“八郡首邑”“闽中首府”。

六七千年前福州先民创造了平潭壳丘头文化，中经闽侯县石山文化、霞浦黄瓜山文化，再到商周时期的闽侯黄土仑文化，从而形成颇具特色的闽族文化和闽越文化。秦汉以降，随着中原汉族移民络绎入闽，闽越文化开始了与中原文化长期交流和融合的历史过程。

从秦汉时起，闽中被纳入中原王朝版图，接受中央政教。历代入闽主政官员在此开府驻节，流亡的帝子王孙在此驻跸。因而，福州拥有优良的文化教育资源，荟萃众多的精英人才，积淀起丰厚的中华传统文化，成为全闽人文发达的“首善之区”。又因有便捷的海外交通条件和悠久的对外开放传统，从东汉起就奠定了其“海上丝绸之路”的枢纽地位。

自魏晋六朝开始,北方汉人逐步南迁入闽,开发闽中土地,传播中原文化,闽中从此开启了经济、社会迅速发展的进程。由隋唐迄至五代，是福建全面发展的时期。它继承六朝的文教开化，在中唐以后更扩大并加深了政教的影响，遂使“缦胡之缨，化为青衿”，进而形成邹鲁风俗，号称“文儒之乡”。

唐代文学大家韩愈曾指出，闽越“有长才秀民通文书吏事与上国齿者”，即人才可与先进地区相比较。五代时，王审知主政闽中，保境安民，推行政教，发展文化，为其后闽中社会经济文化的全面发展奠定基础。由于城市建设发展、海外贸易兴盛，“百货随潮船入市，万家沽酒户垂帘”，到唐宋之际福州已成为全国海外贸易的三大港口之一，为朝廷经济所依赖。

北宋时代，福州经济发达，商贸发展，文化教育与科举事业迅速崛起，领先全国。一方面得益于入闽主政官员，如程师孟、蔡襄、曾巩等多是名宦兼学者，他们重视文教，倡学闽中，身体力行，推动社会的文化风尚；另一方面，由于官学发展，书院林立，因而教育普及，学者辈出，涌现出许多科举奇迹，为社会贡献大量政治与教育人才。宋人屡有作诗称颂福州文教之兴盛，如“是处人家爱读书”“路逢十客九青衿”“巷南巷北读书声”，可见文风之盛。时人赞曰 ：“忆昔瓯越险远之地，今为东南全盛之邦。”[①]

唐代安史之乱以后，北方人民为躲避战乱，纷纷迁往南方，进入福建的移民较多。由于人口大增，福建地狭人稠的矛盾十分突出，福州地区同样存在。北宋元丰年间，福州共有 321284 户、田亩数 8109692 亩，户均亩数 25.6 亩。[②]

二、曾巩到任

时值北宋，曾巩同时代的文友苏轼认为，“惟福建一路，多以海商为业”[③]；曾巩座师欧阳修感叹“闽商海贾，风帆浪舶，出入于江涛浩渺、烟云杳霞之间”[④]，视闽商为商人代表，而与外国“商贾”相提并论。海商既来自寄居官员、士人、豪民，也来自“海上人户之中下者”；不仅来自沿海，也来自山区。福州“三山宝刹栖禅地，万户青帘卖酒家”[⑤]，尽显城市繁华。

北宋朝廷对福建是甚为重视的。仁宗天圣八年（1030），福州、泉州被列入包括大名（今北京市）、江宁（今江苏省南京市）、苏州、杭州等在内的二十一个重要州府之中。

即将到福州上任的曾巩，将面临怎样的一种处境呢？

曾巩为官，多次迁移，而且都是偏远地区。此时的曾巩年已五十有九，他自然极不愿意迁移到太远的地方为官，心中十分不悦，于是他以母亲年事已高为由，呈奏状力辞，坚决推辞不赴任 ：

> 孤远之臣，幸蒙收擢。圣恩深厚，讵岂敢辞？伏念臣老母年高，近岁多病。臣弟布已移知广州，见赴本任。臣若更适闽越，则兄弟并就远官。犬马之志，不胜彷徨。伏望圣慈矜悯，特寝新命，与臣一便地差遣。[⑥]

---

① 张宁 ：《谕除知福州到任表》。
② 《文献通考》卷十一“户口考”、卷四“田赋考”。
③ 苏轼 ：《东坡集》卷五六。
④ 欧阳修 ：《文忠集》卷四〇。
⑤ 祝穆 ：《方舆胜览》卷一〇。
⑥ 曾巩撰，陈杏珍、晁继周点校 ：《曾巩集》，中华书局 1984 年版，第 481 页。

他希望皇帝能考虑到他的实际情况，不要把他派到福州去，而是另派一地。无奈朝廷不批准，只得前往福州。曾巩六月从南丰启程，八月初九到达福州。

对于移知福州，曾巩心里很是不快，但君命不可违背，他只有遵命赴任。不过，垂暮之年的忧愁，远离亲人的苦恼，却常常萦绕心上：

> 至于九换岁期，常从外徙，四临州部，曾未代还……惟皓首之慈闱，抱累年之宿疹，牵衣辞诀，泣涕分驰。计音信之往来，殆将万里；阻晨昏之定省，各在一涯。①

虽然他有这么多的忧愁烦恼，但是，一旦来到闽海任上，他即能“为郡天涯亦潇洒”，置种种不快于脑后，专心一意地治理福州。

第二节　管兵管民，治理福州

一、廉洁奉公，改革僧侣制度

曾巩在福州时间虽短，而政绩卓然。曾巩知福州后，首先以廉洁奉公作为仕宦的准则。

佛教从汉代传入中国，到魏晋六朝开始兴盛。由于当时社会动乱，战争频仍，人民流离失所，而佛教教义能起到慰藉人民心灵的作用，使佛教得以广泛流传。隋唐时期，佛教更得以传播和发展。北宋时期，由于朝廷崇尚佛道，致使佛道盛行天下。据不完全统计，北宋初年，僧徒就有六万余人，发展到宋真宗时（998—1022），竟增至四十余万人。地处东南一隅的福州，佛教更为盛行。

福州自五代闽国崇奉佛教以来，兴建了大量的佛寺禅院，到北宋时已称

① 曾巩撰，陈杏珍、晁继周点校：《曾巩集》，中华书局1984年版，第414页。

昇山寺

誉东南。

据北宋景德初知福州的谢泌《咏冶城风物》诗云：

> 潮田播稻重收谷，山道逢人半是僧。
> 城里三山千簇寺，夜间双塔万枝灯。

信徒为了追求“来生”幸福，把田产施舍给庙宇。“度牒”是僧人的身份证。“度牒”可以卖钱，可以为寺庙换得田产，寺庙也因此发展壮大起来。寺庙田亩赋税比一般籍户轻得多，刁滑之徒为减轻或逃避赋税，就与寺院勾结，使得寺院田产日多，民间田产日少，赋税负担都转嫁到农民身上，农民负荷不起只得遁入空门为僧。而僧侣待遇优越，享有免税特权，于是很多人争着去当和尚。

佛道的崇尚、寺院的发展威胁着社会经济基础，更突出的是上层僧侣为着寺院有利可图，千方百计贿赂官府，谋求要职。由于当时主守禅寺，需得知州同意，寺院的住持由地方官直接延聘任命。于是僧人们纷纷买通关节，巴结官府；官僧互相勾结，大量贩卖“度牒”，从中渔利，寺主的享用远过于一般的富贵之家。有些官员也趁机敲竹杠而发横财，一时贿赂之风盛行八闽。

曾巩到福州后，知道其中弊端百出。为了取缔这种贪贿行为，他亲自前往寺院，让僧徒们互相推择，选举方丈，并将推选出来的公正贤明的僧人一一记录造册报府，然后按照次序，依次递补。

曾巩到福州后，便有各寺不少僧人送来钱物，曾巩当众却其私谢，一文不取，悉数退回，以杜绝左右受贿。

由于曾巩的清正廉洁，这些贪贿的风气不禁而止。曾巩采取各种办法，改变了主持僧由官府延聘的制度，而由他们推举能者担任，杜绝了钻营门路，堵截了腐败的源头。曾巩又采取强硬的手段，废除了两座与豪门狼狈为奸、为非作歹的寺院，逮捕了一些企图逃税的奸民与不法僧侣，从源头上整治了佛寺禅院的歪风邪气。

福州值得游览的胜迹甚多，诸如西禅寺、开元寺、神光寺、大中寺、万岁寺等大寺庙，以及鼓山、西湖、欧冶池等名胜。知福州期间，曾巩未在这些名胜之地留下诗篇，也许他未曾前往，而东山大乘寺、圣泉寺、虞公庵和昇山灵岩寺、凤池寺、玄沙院等，他都写了诗，从而可知，他应该是结合整治寺庙、改革僧侣制度而前往的。

晚唐以来，福建是佛教禅宗的重镇，禅宗在福建繁盛一时，以致出现了“山道逢人半是僧”的场面。当时闽中寺庙之多,是全国少见的。曾巩《大乘寺》《圣泉寺》《游东山示客》三首律诗，当作于熙宁十年（1077）秋冬之际。曾巩是年八月间到任，就发现不少僧侣为了谋求寺庙住持之职，千方百计向官府攒营贿赂。他想深入了解情况，自然会抽空前往寺院比较集中的东山，也顺便携妻儿领略福州东郊的山川景色。

试读《大乘寺》一诗：

行春门外是东山，篮舆宁辞数往还。
溪上鹿随人去远，洞中花照水长闲。

楼台势出尘埃外，钟磬声来缥缈间。
自笑粗官偷暇日，暂携妻子一开颜。

东山在福州城的东北郊，《闽都记》卷十一载："东山……去城十里，而近有狮子峰、榴花洞。唐永泰（765—766）樵者蓝超逐鹿至洞遇异人与榴花一枝而返，复往遂失所在。"又云："大乘、爱同寺在东山，梁大同六年（540）置大乘寺，十二年（546）置爱同寺。唐大中十一年（857）合二寺为一，因名。"

诗的首联点明出游的地点是东门外的东山（行春门是福州的东门）；颔联写了当地的古迹，目不暇接，引人入胜；颈联"楼台势出尘埃外，钟磬声来缥缈间"，写出楼台形势和远寺钟磬之声，榴花洞、逐鹿桥等传说中的避秦古迹，就在寺的周遭；尾联以作者此游快乐的心情作结。诗中两联对古迹与景色的叙述描写，情景结合，使人有飘逸之感。

《圣泉寺》一诗则简括了福州的形势之胜：

笑问并儿一举鞭，亦逢佳景暂留连。
青冥日抱山腰阁，碧野云含石眼泉。
蹑屐路通林北寺，落帆门系海东船。
闽王旧事今何在？唯有村村供佛田。

圣泉寺亦名圣泉院，旧名法华寺，在大乘寺之北，相距不及半里，有文殊岩、多宝塔、天台井、放生池、神移泉、松坞、芝坞、御生堂、罗汉堂诸胜迹。五代闽国时，远航诸藩的舶主施舍颇多，入宋后逐渐萧条，但景色仍然清幽。《闽都记》卷十一载："唐景龙（707—710）初，僧怀一始卜居寺西，苦远汲。忽一禽噪于地，因凿之，泉忽涌出。"

首联写诗人偶尔问问健儿，举鞭而到圣泉寺，不意却是一处值得留连的佳境。颔联与颈联写圣泉寺的景色与形势，寺在半山之中，故有"青冥日抱山腰阁，碧野云含石眼泉"的奇景，而上有寺院，俯瞰闽江，故以"蹑屐路通林北寺，落帆门系海东船”，概括了眼前的景物形势。末联说“闽王旧事今何在”，虽有一世英雄今安在之意，但“唯有村村供佛田”句却是带有对佞佛的辛辣讽刺。

曾巩在福州任内既整治了那些贪鄙的僧侣，也加强了官府对寺庙的管理，福州境内的僧侣为非作歹的局面得到了有效的控制。无疑，曾巩采取的这些措施，对于遏制僧侣阶层的恶性膨胀，减轻农民的经济负担，维护社会治安，都具有十分积极的作用。

再读《游东山示客》一诗：

虞寄庵余薜径通，满山台殿出青红。
难逢堆案文书少，偶见凭栏笑语同。
梅粉巧含溪上雪，柳黄微破日边风。
从今准拟频行乐，日伴樽前白发翁。

《闽都记》卷十载："虞公庵在东山之麓，梁虞寄隐处。寄会稽人，侯景之乱，避地人闽。陈宝应据闽有异志，寄数谏不听，遁迹东山，宝应败，遣人焚其舍，寄安卧不动。纵火者为灭其炬乃已。宝应败，宾客伏诛，惟寄获免。闽人重之，名其处为虞公庵。"

曾巩此诗，首联先写世事变迁，景物已异，虞公庵只余薜径，满山都是梵宇禅林；颔联写公余与诸客野游之乐；颈联则写梅白柳黄，这正是福州季冬初春的景色，如今一面梅花盛开，一面柳枝却已吐出微黄新芽；尾联以欣悦的心情，来抒发山游的兴致。纵观全诗，无疑充满着愉快的情怀，体现了曾巩知福州时政简人和，公暇得享溪光山色的闲情逸致。

二、关心民瘼，太守不与民争利

在宋代，州府以上的官吏除享受固定的俸禄（料钱、衣服、添支等）以外，还补给一定数量的“职田”租。在福州，州府官吏没有“职田”却另有一大笔可观的收入。

原来，州府中有很大的一块菜园子，每年都种着各种各样的蔬菜。蔬菜成熟以后，便由衙役挑到市上去卖，卖得的钱全归州官所有，实际上比一般的职田租所得还多。由于府里的蔬菜上市早、质量好，人们都争相购买。于是不费什么功夫，就可获得一大笔钱。这样，有时一个州官仅菜钱收入就可达三四十万之多。

曾巩到福州上任之后，便到民间做了调查。他了解到：州府卖菜，往往要排挤菜农的买卖，使他们的生意难做、收入减少，严重侵犯了菜农的利益，以致他们生计无着,造成生活上的困难。曾巩施政以利民为原则,他愤慨于此，大声疾呼曰："太守与民争利可乎？"

他宣布福州府取消这项收入，下令州府菜园不种蔬菜改种别的作物。州府不再收取菜钱，种植的蔬菜也很少拿到市面上去卖了。

消息传出，当地老百姓都很高兴，菜农们知道新任知府曾巩为了避免伤农，连自己的合法收入也不要了，更是欢欣鼓舞。从此以后，凡是来福州做官的，也都效法曾巩的做法，不再向老百姓榨取这部分菜钱而"肥"自己的腰包了。

曾巩是一位奉廉洁、有操守的人，他不但自己做官不贪钱，还身先士卒，积极扭转社会上的贪污风气，深得人民的好评。在那贪官污吏横行的时代，曾巩治理州郡，一切能为民着想，分毫不损民利，这种廉洁治政的精神，不仅在当时难能可贵，就是在今天仍有积极意义。

元丰元年（1078）入夏，福州久旱不雨。曾巩写了多篇求雨文，当然求雨的做法是无稽之谈，但在科学不发达的宋代，曾巩虔诚地为民求雨，从中可以看出他关心民生的一片赤子之心。曾巩在《题祷雨文后》中记载："自四月甲子，至五月辛巳，凡十有八日不雨，田已忧旱。"曾巩非常焦虑，"率属吏士，分祷诸佛祠"，以求苍天降雨，为此他有《夜出城南祷雨》一诗："海天重叠四山云，半出星辰亦半昏。上得篮舆是中夜，两街灯照九重门。"并写了《诸庙祷雨文》《福州鳝溪祷雨文》。

鳝溪在福州名胜鼓山北麓，相传汉时有白马三郎以勇力胜，射死恶鳝，为百姓除灾，后为神，祷雨者必应。是年大旱，曾巩特撰文为百姓祷雨。《福州鳝溪祷雨文》曰：

鳝溪

嗟乎旱也，谁则为之？芃芃之稼，将槁而萎。
嗷嗷之众，曷望而依？维闽属者，寇贼之罹。
逮其既附，我士已疲。余丑成群，百十睢睢。
跳踉出没，负力乘巇。亦有为渠，诸偷所推。
相望棋布，未受羁羁。室家莫宁，远近并疑。
我畜以柔，亦震以威。从有法赏，不从系累。
或抚而序，或就缠徽。逮岁朔易，荡定无遗。
山林夜行，笑语追随。吾人即安，含粮而嬉。
士马亦奋，桓桓骙骙。天子圣德，海邦是绥。
维此海邦，初亦难饥。今宁宇矣，师征始归。
今食足矣，廪实尚微。若岁大熟，如梁如茨。
如京如坻，自公及私。狱无讼系，里无盗窥。
式于永世，方始在兹。今此大田，既硕而齐。
俾不卒成，孰忍为斯？神有灵迹，国人所祇。
神有显号，天子所跻。萎能起之，槁能泽之。
胡宁有余，敛而不施？我用卜日，早驾以驰。
即告潭侧，尚其听之。攘除骄阳，腾云骥霓。

播为甘液，霈洒淋漓。俾农有秋，百物具宜。
熄偷与争，长置刑笞。人于报事，岂有斁思。[1]

此文洋洋洒洒三百多字。据说祈祷后即雨，万物如苏。曾巩非常高兴，为此又写下了《谢雨文》。这类文章虽然没有多少文学欣赏价值，但对于研究曾巩在福州的思想和处境却有重要的参考价值。

曾巩在福州期间写有重要的哲学文章《洪范传》，表达了他对世界的基本看法。他对洪范九畴的阐发基本尊重原意，对水、火、木、金、土等五种物质形态、性质和作用的阐释，有一定的进步作用。他在文中还宣扬了孟子的“天人”观念和《大学》的正心修身、治国平天下的主张。

曾巩认为，人性与道德修养的最终目的在于治国平天下。这个问题，在他的《洪范传》中说得很清楚：

古之欲明明德于天下者，必始于知至意诚，心正然后身修，身修然后国家天下治。以是为大学之道，百王莫不同然。[2]

曾巩特别重视“修身”，他认为致其知“积于其心，以至于身修”，“身修然后可以出政”（《洪范传》）。

曾巩在《洪范传》中还强调了重“化”的教育思想，他认为，用刑不过是教化的一种工具，是教育百姓的一种方式：“先王之刑刑也，其养民之具，教民之方。”当然，教化是要建立在百姓有饭吃、不受冻的基础上才能进行的。如果在此基础上不能教化好百姓，方能用刑惩处，而用刑又是不得已的事：

使民足于养生送死之具，然后教之，教之不率，然后刑之。……而民犹

① 曾巩撰，陈杏珍、晁继周点校：《曾巩集》，中华书局 1984 年版，第 552 页。
② 曾巩撰，陈杏珍、晁继周点校：《曾巩集》，中华书局 1984 年版，第 159 页。

有不率者，故不得不加之以刑。加之以刑者，非可已而不已也。[1]

另一方面，作为施刑者也应“责己而恕人”，对于他们的罪过应详察，分清是过错失误，还是犯罪；是吃不饱，还是教育不到位，然后定罪施刑。“民之有罪也，必察焉，非眚也，非过也，终也，其养之有所不足，其教之有所不至，则必责己而恕人。”

显然，《洪范传》是曾巩历任太平州、汴州、越州、齐州、襄州、洪州等地地方官，长期施政与思考的结果，更是在福州改革僧侣制度、减轻人民赋税、平定盗贼侵扰，以及自己廉洁奉公、身体力行的实践结晶。

三、严而不扰，减轻百姓赋税

地处闽越之地的福州，北宋时治安混乱、民风强悍、贫穷多盗，时称“剧郡”。曾巩莅任时，朝廷上下正在为如何处置福建农民起义而争论。

据《福建通纪》记载，熙宁十年（1077）“八月，权御史中丞邓润甫言：‘福建路群盗窃发，杀掠人民，州县不能逐捕，卒烦朝廷出兵遣将，既又为之蠲赋息役，以安一方，甚大惠也。然臣窃闻闽粤之地，山林险阻，连亘数十里，无赖桀黠、轻死冒利之人，比于他路为多，大抵以贩盐、铸钱为业，故能结连党与，动以千数，州郡兵卫，寡弱莫能抗御。今朝廷傥以廖恩（按：饥民主要首领）为已降，因遂泰然不顾，则恐桀黠之人，乘闲投隙，将复有蹑恩之迹而发者……’”

福建依山临海，有盐铁之利，故铤而走险贩卖私盐和铸造私钱的人不少，州府长官无力对付。曾巩到福州后即深入民间做了调查，发现福州确实苛捐杂税繁多，徭役异常繁重，百姓生活非常痛苦，无路可走的百姓只好铤而走险，或贩卖私盐，或铸造私钱，官府派兵对他们进行残酷的镇压，不仅镇压不下去，反而加剧了他们与官府的矛盾，起义军由分散到集中，愈演愈烈，势力蔓延了几个州，与官兵继续抗衡。

曾巩到福州后，立即对此情况进行谨慎地梳理分析，他发现造反者中的

---

① 曾巩撰，陈杏珍、晁继周点校：《曾巩集》，中华书局 1984 年版，第 159—160 页。

大多数是因为旱饥而迫成的，因此不能对他们赶尽杀绝，而应该招纳安抚，“既不敢以轻动迫之，又不敢以纵玩之”。出于维护封建统治、顾及饥民利益的考虑，曾巩主张对群盗采取既打击又拉拢的办法。

于是曾巩力排众议，妥善处置，恩威并施，采取“一则谕以招纳，一则戒以剪除”的方针，用劝戒的宣传方式来代替兵刃相见，避免残杀悲剧，转难为治。官府发布公告，在大街小巷张贴，盗贼们本来也不想顽抗到底，于是自动投案者就有二百多人。曾巩乘势又擒获了一批老奸惯盗，福州局势很快稳定了下来。

曾巩治理福州力行“保甲法”，又上书奏请朝廷增派巡检员加强管理，自那以后，福州一带就再也没有出现强盗了。老百姓无论是行走山路，还是夜宿船舟，都好像在都市一样，秩序安定，无惧骚扰。

曾巩曾说：“州县常困于文赎烦多，人民则苦于追赋之急。”因此他一到福州任上就和属县商议应办的事情，分别轻重缓急，预计完成期限：期限未至的不再催促；限期一至，不办的就治应有之罪；如讨约之期限和要办的时间不相当，则与该县另定期限；而先已立有期限的，即使有所追问，知州也不派人到县，县上也不再派人下乡。

曾巩试用这种办法来尽力减少官府对人民的骚扰。开始属县并不十分听从，曾巩小则惩罚典史，大则弹劾知县，于是各县莫敢轻慢，有事皆先期召集官吏预告。由于公文减少许多，人民得以过上较宁静的日子。

他在《福州上执政书》中写道：

属闽有盗贼之事，因不敢继请。及去秋到职，闽之余盗，或数十百为曹伍者，往往蚁聚于山谷。桀黠能动众为魁首者，又以十数，相望于州县。闽之室闾莫能宁，而远近闻者，亦莫不疑且骇也。州之属邑，又有出于饥旱之后。巩于此时，又不敢以私计自陈。其于寇孽，属前日之屡败，士气既夺，而吏亦无可属者。其于经营，既不敢以轻动迫之，又不敢以少纵玩之。一则谕以招纳，一则戒以剪除。既而其悔悟者自相执拘以归，其不变者亦为士吏之所系获。其魁首则或縻而致之，或歼而去之。自冬至春，远近皆定。

亭无枹鼓之警，里有室家之乐。士气始奋，而人和始洽。至于风雨时若，田出自倍。今野行海涉，不待朋俦。市粟四来，价减什七。此皆吾君吾相至仁元泽覆冒所及。故寇旱之余，曾未期岁，既安且富，至于如此。巩与斯民，与蒙其幸。[①]

又在《福州奏乞在京主判闲慢曹局或近京一便郡状》中说：

今山海清谧，千里宴然。里闾相安，粟米丰羡。臣于所部，乃无一事可以自效。[②]

由于曾巩治闽有方，严而不扰，“必去民疾苦而与所欲者”，所到之处，口碑甚佳，到福州才一年时间，就变乱为治，所以连当时京师一带也盛传他的政绩。

曾巩有一首《亲旧书报京师盛闻治声》诗，云：

自知孤宦无材术，谁道京师有政声。
默坐海边何计是？白头亲在凤凰城。

曾巩在此诗中，先说自己没有才能，所以经常在外宦游，这自然是自谦之词。接着他又说，没有料想到的是，自己治理州政取得成绩的事情却被传到了京城。他想到白发老母至今还在京城，而自己宦游到遥远的海疆，不能侍奉老母，心里不由泛起一种苦涩与惆怅。曾巩此诗显然暗含了希望自己被朝廷调回京师的想法。

曾巩在福州期间，著有《祭王平甫文》。王平甫，即王安国，王安石之弟，曾巩的妹夫。王安石罢相后，王安国因郑侠事受到牵连，放归田里，待王安

---

① 曾巩撰，陈杏珍、晁继周点校：《曾巩集》，中华书局 1984 年版，第 269—270 页。
② 曾巩撰，陈杏珍、晁继周点校：《曾巩集》，中华书局 1984 年版，第 482 页。

石恢复官职，诏书刚下，王安国就去世了，卒年四十七岁。对于王安国的死，曾巩悲痛万分，他满怀悲戚，奋笔疾书，在文中称颂王安国的高谈雄辩、博闻强识、超卓不凡的文学才能，以及困而愈奋、穷且益坚、不坠青云之志的高尚品质。对于王安国的壮志未酬、英年早逝，曾巩痛泪频挥、悲不自胜：

鸣呼平甫！念昔相逢，我壮子稚，间托婚姻，相期道义。每心服于超轶，亦情亲于乐易。何堂堂而山立，忽泯泯而飙驶。讣皎皎而犹疑，泪汍汍而莫制。聊寓荐于一觞，纂斯言而见意。①

可谓笔力高超，神完气足，真切感人。熙宁十年（1077）十月二十一日，曾巩刚到福州不久。作为"天涯孤宦"，自知回京无望，更谈不上实现匡世大志，故此文实有"既痛逝者，行自念也"的意蕴在内。

曾巩在福州任职期间撰写的文章还有《福州谢到任表》《福州谒夫子庙文》《福州谒诸庙文》《谢元丰元年历日表》《进奉元丰元年同天节功德疏状》《进奉元丰元年同天节银状》《福州回曹侍中状》《自福州召判太常寺上殿札子》《福州举知泉州陈枢久不磨勘特与转官状》等，凡近二十篇。

曾巩对朝中无人举荐以致长期辗转州郡的同僚的苦楚特别同情。泉州知州陈枢便是一位颇有政绩的地方官吏，曾历任州县长官、淮南提点刑狱，再知泉州，曾巩赞其"所至风绩，皆可称纪"。按唐、宋两代官制，地方官员应由上级考核复定政绩，予以升降，称为"磨勘"。唐时负责考核的是州府和百司长官，宋代则专门设有审官院主持这项工作。然而陈枢却十五年未被考核。曾巩任福建路兵马钤辖，泉州在其统属，他一到任，察得评情，立即以《福州举知泉州陈枢久不磨勘特与转官状》上书朝廷，为之申诉。

曾巩离任时所作《自福州召判太常寺上殿札子》一文，则再论治道必本于学，是一篇论证的公文。

① 曾巩撰，陈杏珍、晁继周点校：《曾巩集》，中华书局 1984 年版，第 528 页。

第三节　清丽诗文，流芳百世

一、《道山亭记》等散文创作

曾巩在福州时继续写作，除奏状、启状、札子、书表、祭文以外，抒情、写景的散文则有《道山亭记》流传下来。《闽都记》卷十载：“道山亭在邻霄台之东。”道山这个名称是程师孟所起。程师孟，字公辟，吴县人，熙宁元年（1068）知福州，在福州六月，开拓城的西南隅，又以余力浚河、建桥梁等，公余之暇，还多游览吟咏，建道山亭于乌石山天章台左。

道山亭

《道山亭记》是元丰二年（1079）曾巩应邻郡越州太守程师孟之请，作于明州的一篇名作，道山亭亦借此文传名千古，至今尚列为福州的名胜古迹。

曾巩《道山亭记》写道：“程公以谓在江海之上，为登览之观，可比于道家所谓蓬莱、方丈、瀛州之山，故名之曰‘道山之亭’。”《道山亭记》以浩瀚的思潮、雄奇的文笔，着重描写闽地山水之奇险，闽道之难行，穷形尽相，风格极近柳宗元。其文曰：

其路在闽者，陆出则阨于两山之间，山相属无间断，累数驿乃一得平地，小为县，大为州，然其四顾亦山也。其途或逆坂如缘絙，或垂崖如一发，或侧径钩出于不测之溪上，皆石芒峭发，择然后可投步。负戴者虽其土人，犹侧足然后能进。非其土人，罕不踬也。其溪行，则水皆自高泻下，石错出其间，如林立，如士骑满野，千里下上，不见首尾。水行其隙间，或衡缩蟉糅，或逆走旁射，其状若蚓结，若虫镂，其旋若轮，其激若矢。舟溯沿者，投便利，失毫分，辄破溺。虽其土长川居之人，非生而习水事者，不敢以舟楫之任也。其水陆之险如此。①

此段文字以画龙点睛的手法，形象地把闽省山川形势概括而简练地加以描述，读之如身临其境。清人陆文裕说："亲自闽中，方知其工。"在古代游记文中，《道山亭记》亦为特别优秀的篇章。沈德潜在《评注唐宋八大家古文》中称赞此文"何减韩、柳"。

《山海经》载："闽在海中，其西北有山。"或许，这处文字表述的正是古代闽地的对外交通状况。由陆路入闽，历来被视为危途。入闽之道，北有仙霞岭，西有武夷山，峰峦耸立，蜿蜒边境，形成与邻省的隔绝状态，故民间素有"蜀道难，闽道更难"的慨叹。曾巩由南丰入闽，走的正是"西北有山"之路。他于熙宁十年（1077）六月离开南丰，踏上入闽的旅程，八月才到达福州。可以说，他是实地考察了这条行走线路。

从全文看，《道山亭记》先写福建的地势，次及府治福州的城市繁华：

其城之内外皆涂，旁有沟，沟通潮汐，舟载者昼夜属于门庭。麓多杰木，而匠多良能，人以屋室巨丽相矜，虽下贫必丰其居，而佛老子之徒，其宫又特盛。②

---

① 曾巩撰，陈杏珍、晁继周点校：《曾巩集》，中华书局 1984 年版，第 315 页。
② 曾巩撰，陈杏珍、晁继周点校：《曾巩集》，中华书局 1984 年版，第 315 页。

文章最后说到道山命名的由来，而终称颂程师孟治闽的政绩。今福州城内有光禄坊、道山路二地名，以志纪念。曾巩在文中首用“三山”：“城中之三山（按：即指乌山、于山、屏山）……三山者鼎趾立。”福州别称“三山”，即源于此。

曾巩在文中绝不替寺观铺张，立言得体。当时佛、道盛传闽中，至乌石山者非拜佛即访道，而少有读曾碑者。故南宋著名诗人刘克庄《道山亭》诗中有“城中楚楚银袍子，来读曾碑有几人”之句；此非徒感叹识曾文之妙者少，亦感慨佞佛信道者之多。

曾巩在《道山亭记》中所言福州的景象，是一篇北宋时期福州地方的重要文献。这些景象，历经元明清三代直至现当代，已发生很大变化。但没有此段记述，令人难以想象当日情景。曾巩是福州人民永远怀念的父母官和文学家。

曾巩在福州还写有《福州拟贡荔枝状并荔枝录》一文，阐述福、泉、漳三州及兴化军（莆田）的荔枝种类、优劣等：

荔枝三十四种，或言姓氏，或言州郡，或皆识其所出，或不言姓氏州郡，则福、泉、漳州、兴化军盖皆有也。一品红，言于荔枝为极品也，出近岁，在福州州宅堂前。状元红，言于荔枝为第一，出近岁，在福州报国院。[①]

可谓善于调查研究与描述的简明之作。所举状元红、一品红等，可补同时代蔡襄所著《荔枝谱》所遗。

此外，曾巩来闽前后所撰文章有关福建的，还有《尚书都官员外郎陈君墓志铭》（为陈枢卒于泉州任内而作）、侯官《王深父文集序》、侯官《王容季墓志铭》、福清《天长县君黄氏墓志铭》、兴化《徐复传》等都是闽地人物的传记及《存恤外国人请著为令札子》文中涉及泉州。

① 曾巩撰，陈杏珍、晁继周点校：《曾巩集》，中华书局 1984 年版，第 499 页。

二、忙里偷闲，展现浓郁诗情

由于曾巩在闽"严而不扰，治理有方"，福州境内四境安泰，人民安乐。他到任的第二年，朝廷改元为元丰元年（1078）。这年元宵佳节，福州街头一片喜庆气象。曾巩特作《上元》一诗，既表现了福州人民因喜获丰收，五谷丰登，欢度元宵灯节的热闹景象，同时也抒发了诗人看到治下福州出现安定局势后的喜悦欣慰之情：

金鞍驰骋属儿曹，夜半喧阗意气豪。
明月满街流水远，华灯入望众星高。
风吹玉漏穿花急，人近朱阑送目劳。
自笑低心逐年少，只寻前事捻霜毛。

曾巩在处理繁忙的政事之余，也会携妻儿到福州郊外游玩，如《出郊》一诗：

蒿叶催耕二月时，斜桥曲岸马行迟。
家家卖酒清明近，红白花开一两枝。

诗人以朴实无华的语言，表现出清新淡雅的意境，充满了浓郁的生活情趣。

纵观曾巩的诗作，特别是他出京外任时期的诗歌，充溢着勃勃生机。曾巩知福州任上，仅仅一年零一个月，作诗近四十首，无疑是一个高产时期。[①] 曾巩的诗风在此期间已发生了根本性的变化，跨入了完全成熟的阶段。[②] 巡检曾巩在福州创作的近四十首诗作，有不少内容是反映名胜古迹的。

可读这首《旬休日过仁王寺》：

---

① 喻进芳：《温厚平和 含蓄深沉——曾巩诗歌论》，中国社会科学出版社 2016 年版，第 151 页。
② 王琦珍：《曾巩评传》，江西高校出版社 1990 年版，第 23 页。

杂花飞尽绿阴成，处处黄鹂百啭声。
随分笙歌与樽酒，且偷闲日试闲行。

此时曾巩的情形，和通判越州时颇有几分相似，心情比在辗转襄、洪二州时多少要好一些。面对闽中胜景，不时涌起一股和平自适的欢悦心情，营造出温润冲和的恬淡意境。

历来为诗家所赞叹的《城南二首》及《西楼》两诗，写得轻快清新、雄放壮丽。

《西楼》一诗，描画了一场暴风雨即将到来的壮观景象和诗人怡然自得的平静心态：

海浪如云去却回，北风吹起数声雷。
朱楼四面钩疏箔，卧看千山急雨来。

海浪、北风、雷声、急雨，在一首短短的绝句中，诗人为处于东海之滨的福州城谱写了一曲大自然气势磅礴的交响乐，而作者在西楼挂帘卧看悠然自得的形象，也更加栩栩如生。

“西楼”即诗中的“朱楼”，所以称“西楼”，当是与东面的海相对而言，它的位置应是依山面海。此诗是一首描写海滨雨前自然景色的作品，渲染了一种“山雨欲来风满楼”的氛围与气势，描绘出海滨自然界特有的时刻的壮美情态，并展露了诗人开阔的胸襟，给人一种崇高的审美感受。曾巩作诗曾于李白诗中取法，此诗即是一例，语言即如李白所云“清水出芙蓉，天然去雕饰”，堪称“格调超逸，字句清新”①。全诗气势磅礴，尺幅千里，而又不失雍容之态，充分表现了曾诗特色。

《城南二首·其一》则描写了福州生机勃勃的晚春景色和田园风光：

① 符遂：《曾南丰先生诗注序》。

雨过横塘水满堤，乱山高下路东西。
一番桃李花开尽，唯有青青草色齐。

曾巩此首《城南》与《西楼》风格迥异。《城南》亦写雨景，但它清隽醇朴，富有阴柔之美。二诗对照，显示了曾诗的另一种风格。《西楼》主要写雨前景，《城南》则写雨中景与雨后景，各尽其妙。此诗中诗人对雨的感情与《西楼》略有不同。《西楼》纯然是欣赏其壮美之势的一面，《城南》则侧重写其具有破坏力量的一面。诗的意旨乃以此来衬托后两句的雨后小景，或者说雨造成的不同后果。此诗能注意选取日常习见但又有典型意义的景物作为描写对象，饱含理趣而又不失诗意，因而既深刻又自然，耐人寻味。

再读《城南二首·其二》：

水满横塘雨过时，一番红影杂花飞。
送春无限情惆怅，身在天涯未得归。

如果说《城南二首·其一》是抒发自己虽然宦游四方，却守志不回的

利涉门下安泰河畔

情怀，那么此首则表达了曾巩浓浓的思乡之情。这两首七绝最具有他在福州诗歌创作的风致。

名作《夜出过利涉门》亦是曾巩在福州任上之作：

红纱笼烛照斜桥，复观翚飞入斗杓。
人在画船犹未睡，满堤明月一溪潮。

古利涉门下朱紫坊安泰河道

利涉门是唐末时开辟的，其门在福州城内安泰桥北。《闽都记》卷二载："唐天复元年（901）王审知于子城外环筑罗城北永安门南涉利门。"涉利门外有护城河，河上跨有吊桥，即今三坊七巷之安泰桥。此为福州著名的商业区，"人烟绣错，舟楫云排，两岸酒市歌舞，箫管从柳荫榕叶中出"，颇有南京秦淮河风貌。

这首诗用凝练的诗句描写夜月江边涉利门一带"红纱笼烛""复观翚飞"的繁华夜景。诗人首句写晚间出城的景色，次句仰视城楼之高，三句"人在画船犹未睡"系近河所见，"犹未睡"说明诗人思绪万千，不能入眠。诗末以"满堤明月一溪潮"作结，用语虽很平淡，但极为传神，读之使人深感此处景色之清幽。这充满诗情画意的美景，让诗人在画船上心潮如溪潮一样起伏。

此诗应作于元丰元年（1078）夏秋之间。时福建混乱局面经过一番整治，已基本稳定，社会秩序恢复正常，人民安居乐业。曾巩夜间出城巡视，看到此地欢聚的人犹未散尽，颇有感触，用诗句绘下了这样一幅江边月夜图。

再如《薛老亭晚归》一诗：

终日行山不出城，城中山势与云平。
万家市井鱼盐合，千里川原彩错明。
座上潮风醒酒力，晚来岩雾盖钟声。
归时休得燃官烛，在处林灯夹道迎。

诗中写了福州城内有三山的景色，也写出福州滨海的特色，“万家市井鱼盐合”，显示了当时福州鱼盐贸易的盛况。此诗《元丰类稿》失载，辑于清人郭柏苍所撰《乌石山志》卷二中，当是曾巩在乌石山薛老亭和朋友们置酒游玩尽兴而归所作。

三、为官一载，八闽永忆南丰

曾巩在福州除了写江山形胜的风景诗外，还有咏物、送别、谢人、赠茶等诗篇。

饮茶在宋代成为一种时尚，以茶互相赠送成为社会上人际交往中的普遍现象。福建是全国最重要的产茶地之一，曾巩在福州写了多篇有关茶的诗篇，如《寄献新茶》《尝新茶》等。他也常将新茶寄于京师继母朱氏夫人品尝：“京师万里争先到，应得慈亲手自开。”（《寄献新茶》）再读这首著名的《闰正月十一日吕殿丞寄新茶》：

偏得朝阳借力催，千金一胯过溪来。
曾坑贡后春犹早，海上先尝第一杯。

正月有闰月的不多，但曾巩在福州任上的元丰元年（1078）恰是闰正月。又如《方推官寄新茶》：

采摘东溪最上春，壑源诸叶品尤新。
龙团贡罢争先得，肯寄天涯主诺人。

“龙团”即团茶，是用圆模制成的茶饼，印有龙、凤花纹，专供宫廷饮用，很是珍贵，因此曾巩对方推官给自己寄新茶很是感激。

饮茶不仅可以明目健脑，也是一种闲适清雅的生活志趣。《蹇蹯翁寄新茶二首》：

龙焙尝茶第一人，最怜溪岸两旗新。
肯分方胯醒衰思，应恐慵眠过一春。

贡时天上双龙去，斗处人间一水争。
分得余甘慰憔悴，碾尝终夜骨毛清。

西禅寺宋荔

曾巩在福州的咏物诗中最有名的是《荔枝四首》。福州气候温润，土地肥沃，盛产荔枝。曾巩品尝之后，对这种南国水果很是喜爱。他发现闽地的荔枝并不酸，但唐人杜甫、白居易所咏荔枝的诗歌中都云荔枝酸甜。考证之后，才知杜甫、白居易写的都是蜀中荔枝。由于他要借对荔枝的描绘传达自己的情感，所以全诗写得形象生动，婉曲多蕴。其一、其二两首尽力描绘荔枝的色态，其三、其四则分别写荔枝的畏寒特性和芬芳气味。

其一：

剖见隋珠醉眼开，丹砂缘手落尘埃。
谁能有力如黄犊？摘尽繁星始下来。

前二句写剖开荔枝和弃掉皮壳的愉快心情，后二句描绘荔枝采摘下来之不易。说荔枝是“隋珠”“丹砂”，又发挥想象说它是从天上摘下来的繁星，可谓极尽比喻形容、夸张想象之能事。

其二：

玉润冰清不受尘，仙衣裁剪绛纱新。
千门万户谁曾得？只有昭阳第一人。

一、二句形象地把荔枝的内看外观、色泽光耀描绘殆尽。后二句概括地运用唐人杜牧《过华清宫》诗：“长安回望绣成堆，山顶千门次第开。一骑红尘妃子笑，无人知是荔枝来！”把荔枝和这首名诗联系起来，使人感到荔枝的珍贵和吃荔枝之不易。

其下二首，一以“绛縠囊收白露团，未曾封植向长安。昭阳殿里才闻得，已道佳人不奈寒”来写荔枝不能耐寒的南国习性；另一首则以“金钗双捧玉纤纤，星宿光芒动宝奁。解笑诗人夸博物，只知红颗味酸甜”来说明闽省荔枝之甘美香甜。

作者自注：“白乐天咏荔枝诗云‘津液甘酸如醴酪’，杜工部诗云：‘红颗酸甜只自知’，此皆巴蜀而已，不知闽越荔枝不酸也。”末首虽未道出闽中荔枝气味之美，但其甜酸甘味，却在无言含蓄之中，而使人意味之也。诗人对荔枝的描写本身就很传神，但这种描写又是为了借物抒情，以表达诗人对达官贵人骄奢淫逸生活的不满，由于这种感情是隐含在对荔枝形象的描绘中，因而兴味深远，言外之意尤耐人琢磨。曾巩之《荔枝四首》为历来歌咏闽中荔枝的杰作。

海天一隅的生活无疑是寂寞的，曾巩无论如何也排解不了对亲人的殷切思念。当时他因老母年事已高，寄居京中，无人侍奉，而自己与弟曾布羁宦闽、粤，故诗中常发思归的感慨。

《乱山》一诗便充分体现了诗人的这种感情：

乱山深处转山多，此地栖身奈远何？
莫问吾亲在何处，举头东岸是新罗。

作者自注："福州际海，东岸即新罗诸国，《图经》亦云：长溪与外国接界。"在《寒食》一诗中他又写道：

一麾漂泊在天涯，寒食园林不见花。
唯有市亭酤酒客，俚歌声到日西斜。

在《福州奏乞在京主判慢曹局或近京一便郡状》中，他详细地叙述了自己当时的境况：

臣母老多病，见居京师。臣任福州，臣弟布任广州，相去皆数千里。臣犬马之志，实不遑宁。臣昨移福州之日，曾乞哀怜，改授近地。寻奉圣旨不允，不敢再请。……况臣母子各已白头，兄弟二人皆任远地，今臣于官守，又无可以驱驰之事。伏望圣慈悯恻，以臣老母见在京师，与臣一在京主判闲慢曹局差遣，或就移近京一便郡，庶便亲养。臣虽糜殒，曷报圣恩？臣不任惶惧战汗激切屏营之至。[①]

曾巩一直很尊重继母朱氏夫人，他为自己不能亲自侍奉母亲而倍感焦急无奈，因而多次上书朝廷，要求调回京城，在京城给他安排一个职位，或者在京城附近的一个地方给他安排个职位，以便赡养老母亲。

① 曾巩撰，陈杏珍、晁继周点校：《曾巩集》，中华书局1984年版，第482—483页。

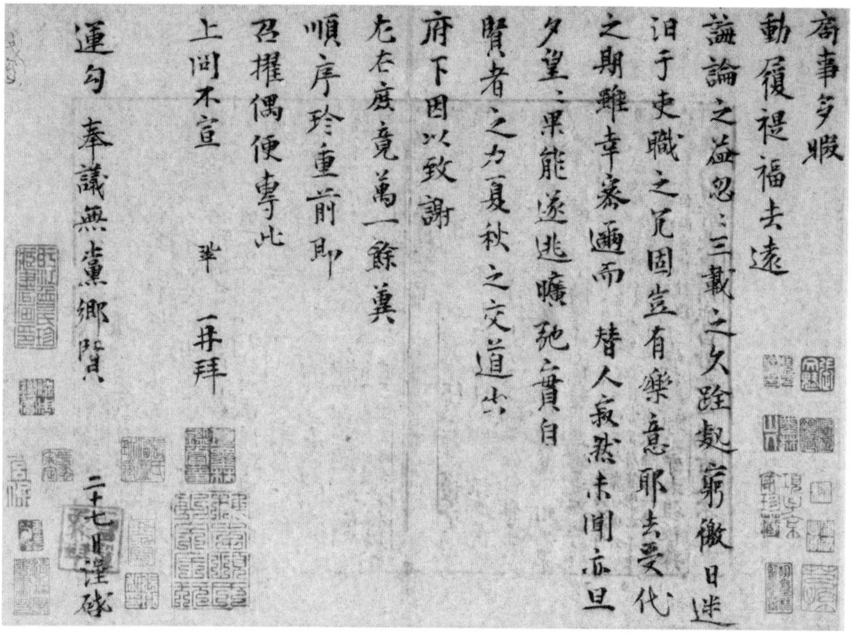

《局事帖》

未收入《曾巩集》，而于近年发现的曾巩的传世墨迹《局事帖》，也表现了他急于改变现状的焦灼心态：

局事多暇，动履禔福。去远诲论之益，忽忽三载之久。跧处穷徼，日迷汩于吏职之冗，固岂有乐意耶？去受代之期，难幸密迩。而替人寂然未闻，亦旦夕望望。果能遂逃旷弛，实自贤者之力。夏秋之交，道出府下，因以致谢左右，庶竟万一。余冀顺序珍重，前即召擢。偶便专此上问，不宣。巩再拜，运勾奉议无党乡贤。二十七日，谨启。

联系曾巩后半生的仕途生涯，熙宁二年（1069），曾巩主动要求离京外任地方官，到如今已是满头白发的花甲老人。在这近十年中，面对回京迟迟无望，曾巩的内心始终被豁达与沉郁两种情绪反复纠缠。《局事帖》也许正是这时写下的。

如果此信确系曾巩真迹，则对于了解他长期外放时期的心境有相当重要的价值。但收信人是谁，学术界争论很大；对于写信的时间、地点也颇有争议。

邱模楷认为写信的地点应在福州。理由有三：第一，福州偏处海隅，符合信中所言“跧处穷徼”；第二，他外任已有十年之久，符合他当时的心情；第三，元丰元年（1078）八月，曾巩向朝廷要求调回京师，诏准，召判太常寺，十月便匆匆离开，此前肯定有人“通风报信”，是何人姑且勿论，但曾巩是早就得到消息却毋庸置疑。在“替人寂然未闻”“旦夕望望”的情形下，曾巩提笔写信，此乃顺理成章的事情。[①]

如果再联系当朝廷将他从洪州调任福州时，他“辞不往”，还因迁延之责被罚俸，他“不胜徬徨”苦恼，直接给执政上书：“窃计已在听察之日久矣。”[②] 治国平天下的政治理想与责任感越来越迫切。因此，《局事帖》中急于改变现状的焦灼心态就不难理解了。

在曾巩多次恳求下，朝廷终于在元丰元年（1078）批准了他的请求，这一年九月，在他奉召离闽判太常寺入京时，欣然作《北归三首》，更和盘托出这种心境：

终日思归今日归，着鞭鞭马尚嫌迟。
曲台殿里官虽冷，须胜天涯海角时。

拜捧恩书喜满颜，马蹄遥望斗杓还。
从今步步行平地，出得千山与万山。

江海多年似转蓬，白头归拜未央宫。
堵墙学士惊相问，何处尘埃瘦老翁？

① 邱模楷:《曾巩〈局事帖〉中的相关内容大有推敲的必要》,《文化南丰》2016 年 11 月 30 日，总第 49 期。

② 曾巩撰，陈杏珍、晁继周点校：《曾巩集》，中华书局 1984 年版，第 269 页。

这三首诗不但写出曾巩奉命北归急欲与亲人团聚的喜悦，也道出了他在福州忧郁情绪的一面。曾巩以为在京师为官一定胜于在地方为官，认为从此便走出了千沟万壑，来到广阔的平地。不过，曾巩想得虽好，但到最终也没能实现愿望。这自然是后话。

曾巩在福州任上曾有《凤池寺》一诗，诗中写道：

经年闻说凤池山，蜡屐方偷半日闲。
笑语客随朱阁上，醉醒身在白云间。
溪桥野水清犹急，海岸轻寒去却还。
为郡天涯亦潇洒，莫嗟流落鬓毛斑。

好一个“为郡天涯亦潇洒”！此诗轻松活泼，平淡自然，情深婉约，情趣盎然，足见曾巩在福州任上心情是愉快的，而且对“京师盛闻治声”也是有一定“得意”的。

曾巩知福州的时间前后仅仅一年多，但他的政绩和诗文却广在八闽传诵，至今成为佳话名篇。

第八章

无边江海量兼容
——曾巩在明州

曾巩从福州任上召判太常寺，赴任途中却改为以度支员外郎、直龙图阁知明州（今浙江省宁波市）。元丰二年（1079）正月二十五日，曾巩辗转到达明州任上，五月三十日就奉命知亳州。仅仅四个月零五天，明州是曾巩“宦游九州”的官宦生涯中所待时间最短的地方。虽然时间短，曾巩“已宵行而祇命，甫夕惕以当官”[①]，他修筑明州城，保护广德湖，德怀高丽国，都留下了浓墨重彩的一笔。

第一节 辗转赴任明州

一、鞭马思归嫌迟

“终日思归今日归，着鞭鞭马尚嫌迟。”曾巩接到判太常寺的任命，非常兴奋、激动，立即向皇上写《自福州召判太常寺上殿札子》，说：“……愚臣孤陋，熙宁二年（1069），出通判越州，因转对幸得论事，敢据经之说，以诚意正心修身治国家天下之道必本于学为献。逮今十有一年，始得望穆穆

① 曾巩撰，陈杏珍、晁继周点校：《曾巩集》，中华书局1984年版，第416页。

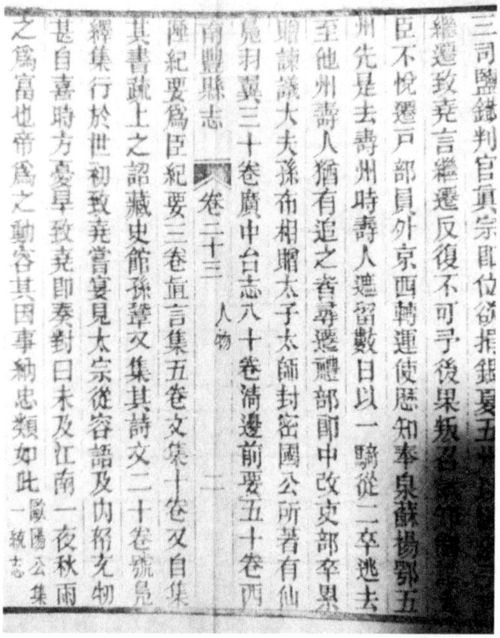
三司鹽鐵判官真宗即位欲損
繼遷致堯言繼遷反復不可予後果叛召
臣不悅遷戶部員外京西轉運使歷知泰泉蘇揚鄂五
州先是去壽州時壽人遮留數日以一騎從二卒逃去
至他州壽人猶有追之者尋遷禮部郎中改吏部卒累
贈諫議大夫孫布相贈太子太師封密國公所著有仙
鳧羽翼三十卷廣中台志八十卷清邊前要五十卷西
南豐縣志 卷二十三 人物 二
陲紀要爲臣紀要三卷直言集五卷文集十卷又自集
其書疏上之詔藏史館孫鞏又集其詩文二十卷號鳧
繹集行於世初致堯嘗宴見太宗從容語及內帑充牣
甚自喜時方憂旱致堯即奏對曰未及江南一夜秋雨
之爲富也帝爲之動容其因事納忠類如此 歐陽公集 一統志

同治版《南丰县志》

之清光，敢别白前说而终之。”[①]同时就计议着回京城。虽然曾巩在洪州任上时曾经回过一趟南丰，但是此番赴京就职，关山万里，何日才能再回江南呢？于是，曾巩决定再转道南丰祭拜祖先。元丰元年（1078）九月，他从福州出发，取道南剑州（今福建省南平市），穿越武夷山的深壑幽谷往南丰而来。

元丰元年（1078）九月十五日，曾巩途经闽清汤池时，想起一年前赴福州任亦经由此地，不禁略有感慨，欣然题曰：“熙宁十年（1077）八月赴福唐，元丰元年（1078）九月被召还朝，往返皆经此。十五日，南丰曾巩题。”[②]元丰元年（1078）十月的某一天，曾巩回到了老家南丰。

曾巩这次回乡停驻在哪里呢？考察一些史料，我们一般认为曾巩是住在秋雨堂的。秋雨堂是南丰曾氏世居之第。曾巩六世孙曾渊子《学宫左旁斋舍祠堂记》中说：“邑东之奉亲坊与‘秋雨堂’之在城西者，实世居之第，与安禅寺跬步而近。”[③]而且，该世居之第还代表着南丰曾氏的荣耀。同治《南丰县志》卷二十三载：“初，致尧尝宴见，太宗从容语及内帑充牣，甚自喜。时方忧旱，致尧即奏对曰：‘未及江南一夜秋雨之为富也’。帝为之动容。”意思是说：当初，曾致尧曾被皇上宴见，席间，太宗皇上神情悠闲，谈到国库充盈，很是高兴。当时，江南正闹旱灾，曾致尧当即回奏皇上：“不如江

① 曾巩撰，陈杏珍、晁继周点校：《曾巩集》，中华书局 1984 年版，第 437 页。
② 李震：《曾巩年谱》，苏州大学出版社 1997 年版，第 370 页。
③ 道光《曾氏族谱》。

南下一夜秋雨给老百姓带来的富足啊！”皇上听了之后非常感动。从此之后，南丰曾氏就有了“秋雨名家”的称号，这栋房子也因此恩荣而得名“秋雨堂”，后改为“秋雨名家”。作为象征着家族荣耀的祖宅，南丰曾氏宦游于外者，回乡时多选择驻于此。有实例为证，元丰七年（1084年，亦即曾巩去世的第二年），曾布、曾肇回乡丁母忧，无政务缠身，曾肇便着手修撰南丰《曾氏族谱》。此族谱现已失传，但是曾布为该族谱所作的跋和曾肇所作的序则留传下来了，其落款均为“元丰七年于秋雨堂”①。可见，曾布、曾肇丁母忧期间就是住在秋雨堂，那么，曾巩此次回乡也完全有可能如此。秋雨堂位于南丰县城老城区盱江西路上水关，历经后世的维修、重建，目前的遗存是一栋清代建筑，门额为“秋雨名家”。

这期间，曾巩在南丰有两件事是明确的。

其一，是在族众的陪同下，至源头里曾氏祖茔地展墓。当地百姓称曾氏祖茔地的山为马鞍山，山下有一平旷之地，唐朝时此处建有一寺庙，始名为“禅祖”，后改为“崇觉寺”②。2016年征集进南丰县博物馆的曾致尧及其母亲周太夫人的外碑，即出土于源头里马鞍山。可见至少在曾致尧这一辈，源头里就已经是曾氏祖茔地，崇觉寺也就成了曾氏的家庙。曾致尧作诗《崇觉寺》云：“水深花影地莓苔，春色烘人若不开。走报鸰原无别事，远将歌管酒壶来。”绍圣元年（1094），曾布奏请皇上将此寺院作为“功德院”以供奉自己的祖先，宋哲宗下旨赐额“崇觉报慈禅院”③。一般情况下，曾巩此次回乡展墓，应该在崇觉寺上过香，当面神灵，宣读展墓文。此展墓文为：“巩去春在江西，蒙恩予告，得省视松楸。今自福州被召还朝，又得便道展拜墓下。敢陈薄荐，用申感慕。仰惟降鉴，俾蒙福于无疆。”④

其二，是吕南公来访。吕南公（1047—1086），字次儒，建昌军南城县丰义（今属江西省黎川县裘坊乡）人，博学广识，善属文章，科考不中，

① 道光《曾氏族谱》。
② 同治《南丰县志》卷十三。
③ 同治《南丰县志》卷十三。
④ 曾巩撰，陈杏珍、晁继周点校：《曾巩集》，中华书局1984年版，第537页。

即退隐家居，治学著书，浇灌园圃，因自号“灌园先生”。曾巩知洪州时，吕南公因为仰慕曾巩，曾经特意赶往洪州拜谒他。如今曾巩回到了南丰，丰义距离南丰不远，因此吕南公再至南丰拜见曾巩。此事载于吕南公写给曾肇的信《上曾吏部书》中：“往岁舍人（按：此“舍人”即曾巩）屈于洪州，实获一见，其后自福还朝又见焉，而翰林与阁下，至今未识也。”[①] 李震《曾巩年谱》对此事予以了证实：“吕南公南城人，谒见曾巩当在曾巩便道南丰时。”[②]

曾巩在南丰有过短暂停留之后，即沿盱江、抚河而下，不几日便抵达洪州。曾巩在洪州稍作停驻，察看了洪州东门。后应洪州知州元积中一再请求，于明州作《洪州东门记》。

二、迎侍赴任不果

曾巩本来的计划是取道南丰、洪州，再一路北上京城。但是，如前所述，这一次曾巩并未进京任职，而是转知明州。朝廷为什么会突然改变对曾巩的任命，目前还未找到相关的史料记载。可以明确的是，曾巩在洪州时知道了这一消息。他在《移明州乞至京迎侍赴任状》中说：“臣遂起离前来，至洪州，睹进奏院报，已差臣知明州。”[③] 所谓进奏院报，也叫“邸报”，是当时官方用以传递皇帝诏敕、朝廷政策、人事任免等内容的官报。曾巩在洪州看到了进奏院报，得知了自己被改知明州。

曾巩从熙宁二年（1068）自求补外，辗转数州，在洪州任上就开始要求回京城或者到临近京城的州郡任职。尤其是去了福州之后，这种心情更为迫切。福州任上一年有余，朝廷命他判太常寺，此时已经在地方任职十年、六十岁的曾巩欣喜异常，以为自己多年的呼告终于实现了。判太常寺在别人看来并不是一个肥缺，但是对曾巩而言，能回到京城奉养年事已高的母亲，尽人伦之本分就最好了。可是，现在空欢喜一场，不能回京城了，改差知明

① 曾枣庄、刘琳：《全宋文》第 109 册，上海辞书出版社 2006 年版，第 191 页。
② 李震：《曾巩年谱》，苏州大学出版社 1997 年版，第 371 页。
③ 曾巩撰，陈杏珍、晁继周点校：《曾巩集》，中华书局 1984 年版，第 483 页。

州了，曾巩的心里是多么的落寞。

皇命难违，他转而想，既然去明州，那就回一趟京城，把母亲接到任上去奉养吧。心意一定，他在洪州就立即给皇上写信提出这一请求，这封信就是《移明州乞至京迎侍赴任状》：

右，臣昨以老母在京，而臣知福州，臣弟布知广州，相去各数千里，幸臣所部之内，盗贼殄除，年谷丰稔，臣于守官，既无可驱驰之事，而臣到任已及一年，远去庭闱，为日已久，奏乞圣慈哀怜，以臣老母见在京师，与臣一在京主判闲慢曹局差遣，或移臣近京一便郡，庶便亲养。寻准中书札子，已降敕命，差臣权判太常寺兼礼仪事。奉圣旨，仰臣交割职分公事讫，发来赴阙。臣遂起离前来，至洪州，睹进奏院报，已差臣知明州。伏念臣已奔驰在路，屈指计日，望至亲侧。窃计臣老母之心，闻臣之来，倚门之望，固已深切。今母子垂欲相见，而臣忽他改差遣。晨昏之恋，既未得伸；迫急之诚，惟知涕泗。且臣母子各已白首，臣母近岁多病。臣弟布又知桂州，私门之内，长子二人皆违左右。而臣于兄弟之内，又最居长。犬马之志，岂敢苟安？况今所得明州，足可迎侍。臣不敢别有陈乞，欲望出自圣恩，特赐矜悯，许臣径马暂至京师，迎侍老母赴任，不敢别有住滞。伏惟天地之德，哀而怜之。

臣欲候授敕后，陈此恳诚。臣见在道路，恐虑敕命附递前来，或致迟延，须至便具奏请，所贵早得指挥，不致别有留滞。臣见水路前去，所有朝旨，乞降至真州，以来付臣。谨具状奏闻，伏候敕旨。①

这篇状毫不输给魏晋时期李密的《陈情表》，其情真意切，令人动容。《陈情表》感动了晋武帝，然而曾巩的这篇状似乎并未打动北宋神宗皇帝。

曾巩在信的结尾处直接哀乞回一趟京城，将老母接来一起往明州赴任，并保证绝不会在途中有半点停滞。而且，曾巩生怕因为赶路而错过皇上的敕命，特意交代清楚自己将从水路沿江而下，先到江宁府，再至真州（今江苏

① 曾巩撰，陈杏珍、晁继周点校：《曾巩集》，中华书局1984年版，第483页。

省仪征市）；并请求朝廷将圣旨降至真州，他就可以很及时地接到圣旨。曾巩把候旨地点选在渡过长江的真州，而不是江宁府，大概是对朝廷允许他去京城迎接母亲一起赴任的请求很有把握吧！可是，他再一次未能如愿。《明州谢到任表》中说："臣于去年十二月，于江宁府准福州公文送到敕牒一道，就差臣权知明州。当月十八日，于真州据进奏官状准中书孔目房帖子，臣乞迎侍老母赴任不行，已于今年正月二十五日到任上讫。"[①] 这一段文字交代得很明白，元丰元年（1078）十二月，曾巩按照自己的计划，先到江宁府，看到了朝廷命他知明州的正式诏书；十二月十八日，赶到真州候旨，等来的结果却是他没有得到允许进京迎侍母亲赴任。曾巩只好从真州折而南下，于元丰二年（1079）正月二十五日赶到了明州任上，以度支员外郎、直龙图阁身份知明州。

三、奉敕临职明州

我们再来回顾一下曾巩从福州到明州这一过程的一些时间节点：元丰元年（1078）九月，曾巩接到判太常寺的任命，离开福州；十月抵达南丰展墓，接着在洪州通过"进奏院报"知道了自己被改知明州；十二月到达江宁府，并看到了自己知明州的"敕牒"；十二月十八日到达真州，知道自己不被允许迎侍母亲，因而从真州折而向明州赴任；元丰二年（1079）正月二十五日到达明州任上。

很显然，曾巩知明州的时间是元丰二年（1079）。然而，几乎所有的宁波地方志，包括影响很大的《四明志》，以及现在当地的许多地方文化学者，都认为曾巩是元丰元年（1078）知明州。曾巩在洪州时知道了自己改知明州，可见朝廷的任命是在元丰元年（1078）下达的，但是他确确实实在明州任上的时间是元丰二年（1079），这是必须明确的。曾巩在《移知亳州乞至京迎侍赴任状》说："臣五月三十日伏奉敕命，就差知亳州。"[②] 可见他于五月三十日就离任明州。所以，曾巩知明州的时间是元丰二年（1079）正月二十五日

---

① 曾巩撰，陈杏珍、晁继周点校：《曾巩集》，中华书局 1984 年版，第 415 页。
② 曾巩撰，陈杏珍、晁继周点校：《曾巩集》，中华书局 1984 年版，第 485 页。

至五月三十日这四个月零五天的时间。

明州，即现在的宁波，简称“甬”，位于浙江东部，地处东海之滨姚江、奉化江、甬江的交汇处。历史上曾有过句章、鄞、明州、庆元等名称。明洪武十四年（1381）取“海定则波宁”之意，称“宁波府”，宁波由此得名。明州历史悠久，七千多年前产生了河姆渡新石器文化，夏朝时的名称为“鄞”，春秋时属越国，秦朝时属会稽郡的鄞、鄮、句章三县。唐开元二十六年（738）设明州，辖慈溪、奉化、镇海、定海、象山等五县，州治鄞县，属浙江东道。唐长庆元年（821）州治迁至三江口（今宁波市海曙区），并建子城。五代十国属于吴越国。北宋建隆元年（960），称明州奉国军，属于两浙路。明州是我国历史上对外交通贸易的一个重要港口，唐宋时期就被列为全国三大贸易口岸（广州、明州、泉州）之一，是中国海上丝绸之路、陶瓷之路的起泊地。

虽然曾巩因为改差知明州又迎侍赴任未被允许，心中非常苦闷，但是儒家先天下的情怀使曾巩很快就调整了心态。元丰二年（1079）正月二十五日，曾巩到了明州之后，一面例行公事，写“谢到任表”向皇上和两府（中书省、枢密院）报告自己已经到任；一面立即全身心投入了实质性的工作。曾巩很快就确定了工作的重点：修筑明州城，加强海关边防；保护广德湖，重视农田水利；德怀高丽国，扩大海外贸易。只要稍作考察就会知道，这三项工作自古都是明州最重要的政务。曾巩在知明州仅四个多月的时间，能有如此准确的判断，并且取得了一定的成效，可见他有非同寻常的治政能力。

第二节　宵行夕惕治甬

一、修筑明州城，加强海关边防

曾巩到任之前，朝廷已下达诏书，着令明州重修城墙。作为一位成熟的政治家，曾巩体味出了朝廷的远见卓识。明州最早的城墙是东晋末年镇北将军刘牢之筑的筱墙。筱墙并不是真正意义上的城墙，它只是一道军事防御工事而已。唐长庆元年（821），明州刺史韩察筑子城（又称内城）。子城很小，仅仅作为衙署办公和州官居住之所。唐乾宁五年（898），明州刺史黄晟筑成了罗城（又称外城）。罗城位于明州三江口，“奉化江自南来限其东，慈溪江（即姚江）自西来限其北。西与南皆它山之水环之”[①]。城墙表面用砖石砌就，城墙内则填夯泥土，周长9公里，十个城门，蔚为壮观。北宋太祖建隆元年（960），钱亿为明州节度使，对罗城进行过维修。将近一百年的时间过去了，城墙已经残损不堪。曾巩明白：辽国的建立和逐渐强大，不仅切断了大宋与高丽国之间的陆路交通，而且破坏了两国之间以登州和莱州为登陆口岸的海上交通北航线。大宋与高丽国、日本交往的主要通道就是在明州登陆的南航线。如此，明州的海关边防和对外贸易就变得异常重要了。诏修城墙确实正当其时，是非常英明的决策。

前任知州李定已经启动了重修城墙（罗城）这一项重大工程的前期工作。本工程确定城墙周长两千五百余丈，十座门楼，从旧城墙砖中回收十分之四可以重新利用。曾巩接手这项工程之后，重新实地勘测，谨慎论证，对原方案进行了修改。修改后的方案缩减了城墙的长度七十余丈；虽然城门有十座，但只在高丽使客出入的两个城门处建城楼，减少了八座城楼；旧城砖回收利用率提高到十分之六，而且继续招募人员再到散乱废弃的旧砖中去挑拣，按量酬钱，又回收了十分之二。总共算来，大量地减少人工、节省费用。曾巩当地方官，务去民疾苦，不增加百姓经济上的负担，也不增加百姓劳力上的负担。这次明州重修城墙，曾巩同样不烦扰百姓。韩维《曾巩神道碑》中说：“公程工赋，裁省费十六，民不知役而城具。”[②]那么，这么大的工程，曾巩是怎样解决劳工问题的呢？曾肇在《亡兄行状》中说：“而力出于役兵傭夫，不以及民。”[③]这句话说明当时修城墙的劳力来自两个方面，一是“役兵”，二是“傭夫”。“役兵”，是指服劳役勤务的士兵。宋代兵制有禁兵、厢兵、役兵、民兵之别。役兵以游民充任，专事一业，如给漕挽、修河防、养国马、

① 宝庆《四明志》卷三《城郭》。

② 曾巩撰，陈杏珍、晁继周点校：《曾巩集》，中华书局1984年版，第803页。

③ 曾巩撰，陈杏珍、晁继周点校：《曾巩集》，中华书局1984年版，第794页。

管府库等。役兵“居有营，有常廪，有横赐”，有固定的居所，有固定的口粮，还有额外的赏赐，调集役兵修城墙确实能减少地方财政的开支。“傭夫”，即雇用来劳作（修城墙）的人，其实就是“募民代役”。在古代服劳役是百姓的一项义务，每一位成年男性须按规定的天数服劳役。除此之外，在朝廷或地方政府有重大工程的时候，则会在规定的天数之外再强征民力。如此，百姓往往不能按时耕作，耽误了农时，苦不堪言。曾巩在修缮明州城墙时的“募民代役”，就是不强征民力，而以付给酬劳的方式招募百姓修城墙。之前，官员、大户人家、僧道等特权人员往往把他们应该服的劳役转嫁给普通百姓。熙宁四年（1071）王安石变法颁行了《募役法》，规定原本百姓按户等轮流到州县当差役的方法，改为由州、县官府出钱雇人应役。募役费用由当地主户按户等分担，称“免役钱”，原本免役的特权人员，也缴纳同样的钱，称“助役钱”。可见，曾巩“募民代役”修城墙，是对王安石变法的积极响应和支持。

这么大的工程，“民不知役而城具”“其力……不以及民”，体现出了曾巩真正的爱民情怀和极为强大的治政能力。

曾巩择定吉日，办了一个简约的开工典礼，祭祀土神。曾巩登上城墙，庄重登坛，馨香祷祝：“州有帝命，缮治城墉。得日之良，啸工始事。斯人允赖，维尔土神。尚其降休，敢不以告。”①

对重修城墙这一重大工程，曾巩总领其事，属下各司其职，分工明确，纪律严明。据考证：城墙基础部分用经过加工的条石砌叠；城墙的上半部分，内夯黏土，外包墙砖，整个城墙极为坚固。共设十个城门，东面的来安门、灵桥门和鄞江门，南面的甬水门，西面的望京门，北面的郑堰门以及东北面的东渡门、渔浦门、盐仓门和达信门。城门由原来的门楣呈梯形的圭角门改为呈半圆形状的券门。古代平时不少士兵是守在城下的，一旦有战事发生，即要登城参加战斗，所以在城墙内侧每隔不远就建有一个圆拱形小门，称作“券门”，有石阶通到城墙顶上。这一次以此形式修缮城墙，可见曾巩是把明

① 曾巩撰，陈杏珍、晁继周点校：《曾巩集》，中华书局 1984 年版，第 554 页。

州城墙作为重要的海关边防设施来看待的。

明州修缮城墙这项工程受到了朝廷的称赞和奖赏。在奏报中，曾巩把这一次修缮城墙全部归功于各司其事的官员们，而没有为自己请功。凡是在奏报中有名字的官员全部都加官进爵,受到封赏。曾肇在《亡兄行状》中说:“城成，总役者皆进官，而公不自言也。”①

二、保护广德湖，重视农田水利

广德湖，是一个已经消失了的、宁波历史上的湖泊。曾经的广德湖烟波浩渺，而曾巩和广德湖则颇有渊源。

十年前，曾巩在越州通判任上时，曾应明州鄞县县令张峋所请，作《广德湖记》。巧的是十年之后的元丰二年（1079）曾巩却来到了广德湖所在的明州任知州。

在曾巩的笔下，当年的广德湖“大五十里”②，位于鄞县西边，灌溉鄞县西部七乡。通往越州的舟船均经由此湖。湖内物产极为丰富，凫雁鱼鳖、

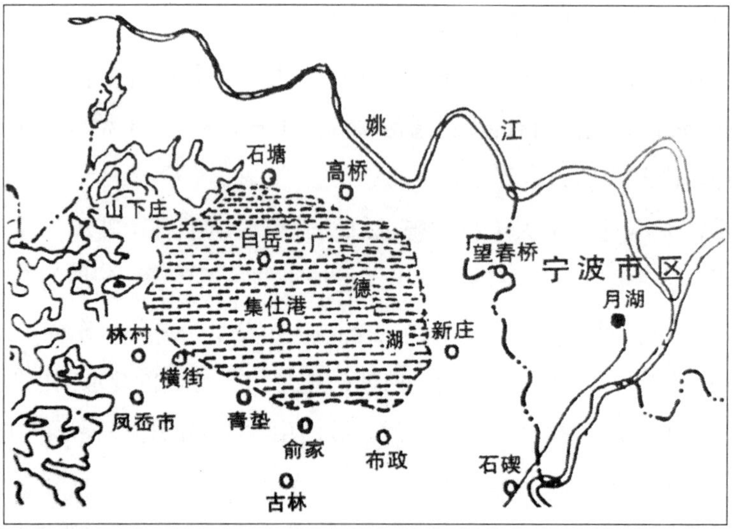

广德湖遗址示意图

① 曾巩撰，陈杏珍、晁继周点校：《曾巩集》，中华书局 1984 年版，第 794 页。
② 曾巩撰，陈杏珍、晁继周点校：《曾巩集》，中华书局 1984 年版，第 305 页。

茭蒲葭菼、葵莼莲茨，应有尽有。因为自古就有人围湖造田，历来有远见的地方官和目光浅短的无知之徒，始终展开“护湖”和“废湖”的斗争。曾巩在文章中，列举了唐宋间诸多护湖的地方官，依次为：唐代的县令储仙舟、刺史任侗、御史李后素、刺史李敬方，宋代的知州事丘崇元、知州事李夷庚、州从事张大有、知州事李照、县主簿曾公望，直到鄞县县令张峋。文章很详细地记叙了张峋主持治理广德湖的情况。治湖的原由是“湖久不治，西七乡之农以旱告”。张峋“计工赋材，择民之为人信服有知计者，使督役而自主之，一不以属吏，人以不扰，而咸劝趋”。充分发动湖边百姓的积极性，让他们积极自主地修整广德湖。这次治湖，从熙宁元年（1068）十一月开始，到第二年二月结束，共费时四个月，八万二千七百九十二个工时，环湖堤岸长九千一百三十四丈，宽一丈八，高八尺，碶（水闸）增加到九个，埭（土坝）增加到二十个。堤岸上栽种了榆树、柳树。而且，用剩余的材料在堤岸上建了两座亭子，在望春山和白鹤山上建了两座庙宇。张峋的这次治湖，成效是极为明显的，“田不病旱，舟不病涸，鱼雁茭苇、果蔬水产之良皆复其旧”[①]。曾巩在文章中无不赞颂道：“张侯于是可谓有劳矣。”[②]

曾巩可不是写写文章而已。《宁波府志》载：“（曾巩）浚明州西湖。”古代明州的“西湖”即指广德湖。就凭这一句，以管窥豹，也反映出曾巩在明州任上大力疏浚广德湖、发展水利的举措。《宁波古代史纲》一书中指出：“曾巩在明州还积极推行王安石的农田水利法。他鼓励农耕，劝种桑柘，注意水利的整治和兴修。”[③]

曾巩在《广德湖记》中希望：“故为之书，尚俾来者知毋废前人之功，以永为此邦之利。”然而，曾巩的文章并未起到警示作用，广德湖并未“永为此邦之利”，因为在曾巩写此文的四十九年、知明州的三十九年后，广德湖就消失了！宋徽宗政和七年（1117），明州人楼异被任命知随州。楼异不

① 曾巩撰，陈杏珍、晁继周点校：《曾巩集》，中华书局 1984 年版，第 306 页。
② 曾巩撰，陈杏珍、晁继周点校：《曾巩集》，中华书局 1984 年版，第 306 页。
③ 乐承耀：《宁波古代史纲》，宁波出版社 1999 年版，第 158 页。

想去偏远的随州，而当时朝廷有规定凡是为朝廷增加收益者即可优擢。因此，楼异就向宋徽宗进言说，明州为海港，造画舫一百艘以供使节游览之需；至于招待费用，可废广德湖为田，其收益尚有余额，即可上缴国库。宋徽宗很高兴，赞同楼异的建议，改派楼异知明州。如此，楼异一到明州任上，就决堤废湖造田。楼异此举历来受人谴责与批评，比如清代万斯同《鄮西竹枝词》写道：

湖开罂脰匹东钱，谁把长陂决作田？却恨宣和楼太守，屡教西土失丰年。楼公本意媚权臣，遂使千秋义迹湮。何事还留丰惠庙，高墙大屋坐称神？

三、德怀高丽国，扩大海外贸易

契丹（辽）崛起之后，对大宋虎视眈眈，阻碍大宋和高丽之间正常的邦交。《宋史·高丽传》记载："往时，高丽人往返，皆自登州（今蓬莱），（熙宁）七年（1074），遣其臣金良鉴来言：欲远契丹，乞改涂，由明州诣阙。从之。"显然由登州登陆的北航线被契丹破坏了，1074 年大宋与高丽之间达成共识，海上航线改为在明州登陆的南路航线。自此之后，明州便成为两国航路中宋朝的最主要港口，在大宋与高丽之间的邦交与贸易方面都起到了非常重要的作用。

唐玄宗开元二十六年（738），明州因海外贸易而建州。淳化三年（992）明州设置市舶司于海定（今镇海），真宗咸平二年（999）市舶司迁到明州子城东南。《宝庆四明志》载："（市舶司）初以知州为使，通判为判官。既而知州领使如劝农之制，通判兼监而罢判官之名。元丰三年（1080），令转运兼提举。大观元年（1107），专置提举官。"[①]《文献通考·提举市舶》载："旧制，虽有市舶司，多州郡兼领。元丰中，始令转运司兼提举，而州郡不复预矣，后置提举而转运不复预矣。"[②]从这些材料可知：元丰三年（1080）

---

① 罗濬：《宝庆四明志》卷六《市舶》。

② 马端临：《文献通考》卷一〇九《提举市舶》。

宋代明州与高丽有记载的贸易往来

Recorded Trades between Mingzhou and Korea in the Song Dynaty

公元	王朝纪年	当事人	事件
962	建隆三年	高丽国广评侍郎李兴祐等。	高丽国王王昭遣广评侍郎李兴祐来朝贡，因登州为辽所阻，改至明州，转道至汴京。
976	开宝九年	高丽国王王伷。	遣使来贡。
1031	天圣九年	陈维等64人。	明州市舶司签证去高丽。
1038	宝元元年	明州商帮陈亮等147人。	赴高丽海运经商。
1049	皇祐元年	徐赞海运商团71人。	去高丽贸易。
1074	熙宁七年	高丽金良鉴来言，“欲远契丹，乞改途明州诣阙”。	
1076	熙宁九年	高丽文宗派遣入宋使臣。	高丽遣使由明州入贡。
1078	元丰元年	安焘、陈睦。	由明州出使高丽。造两舰于明州，一曰“凌虚致远安济”，次曰“灵飞顺济”，皆名为“神舟”
1079	元丰二年	宋神宗。	朝廷规定，商人去高丽贸易资金达5000缗者，须向明州市舶司登记、具保，领付照，无引照者按走私论处； 赐明州及定海县高丽贡使馆名曰：“乐宾”，亭名曰“航济”。
1080	元丰三年	高丽使朴寅亮。	至明州，象山县尉张中以诗送之。
1090	元祐五年	高丽遣使李资义等269人。	至明州，为来明州人数最多的一次。
1103	崇宁二年	明州教练使弘宗闵、许从等与纲首杨炤等38人。	赴高丽经商。
1123	宣和五年	路允迪、傅墨卿等奉旨出使高丽。	国信所提辖人船礼物官徐兢乘明州所造的“鼎新利涉怀远康济”、“循流安逸通济”神舟出使高丽，此年撰《宣和奉使高丽图经》40卷。
1128	建炎二年	纲首蔡世章商团。	去高丽贸易，带送高宗继位的诏书。
1132	绍兴二年	高丽遣使崔维清、沈起等。	高丽使团至明州。携带贡金100两、银1000两、绫罗200匹、人参500斤。
1136	绍兴六年	高丽持牒官金稚圭等。	至明州。
1138	绍兴八年	吴迪商团63人。	去高丽经商，并持明州牒报徽宗皇帝及宁德后郑氏崩于金消息。
1139	绍兴九年	都纲丘迪商团105人； 都纲廖第商团64人； 林大有、黄辜商团71人； 都纲陈诚商团87人。	几批商船赴高丽贸易，共计327人。
1162	绍兴三十二年	纲首候林商团43人。	去高丽经商，携带明州牒：“宋朝与金举兵相战，至今春大捷，获金帝完颜亮，图形叙罪，布告中外。”
1164	隆兴二年	高丽商贡再次来明州。	
1258	宝祐六年	高丽商船至定海石弄山。	明州刺使吴潜派水师接待。

◀

高丽使馆

The Korean Embassy

政府外事接待机构　熙宁七年（1074），明州正式取代登州，成为北宋指定通往高丽的主要出入口岸。政和七年（1117），朝廷在明州专门兴建高丽使馆（高丽行使馆），置高丽司，以接待往来明州的高丽使者、商贾。

◀

高丽使馆遗址考古发掘现场

Excavation Site of the Korean Embassy

1999年，宁波市文物考古研究所对月湖东岸高丽使馆遗址进行了考古发掘，揭露面积1000平方米，发掘出宋代建筑（面积197.4平方米）基址、天井和前一栋建筑之部分基础。

宋代明州与高丽有记载的贸易往来

之前知州兼领市舶司，担任市舶使。曾巩知明州的时间是元丰二年（1079），宁波市博物馆在《宋明州市舶司（务）部分官员名录》中，明确录入“曾巩知州兼市舶司”应该是没有异议的。

曾巩作为一位政治家，长期关注着大宋与高丽的邦交。早在熙宁三年（1070），曾巩通判越州时就曾向皇帝上《请访问高骊世次札子》，请求朝廷深入了解、研究清楚高丽国国君的变更及其世系情况。曾巩在札子中说：“自天圣至熙宁四十三年之间，而徽复见于中国，其继询而立者欤，岂其中间复自有继询者欤，徽于询为何属。如其言可论次，足以补旧史之阙，明陛下德及万里，殊方绝域，前世有不能致者，慕义来庭，故能究知四夷之事，非声教之所被者，远不能及此。”[①] 很长一段时间，高丽王位变更情况复杂，尤其两国断交四十三年，大宋方面对高丽的王位变更史料不足，不利于两国邦交。且曾巩写完该札子之后，觉得须落实具体的人去向高丽使者访问高丽国王世次，因此又在札子的末尾加上几句话把意思表达完备，即“贴黄”。在“贴黄”中，曾巩请求皇帝旨谕毕仲衍去详细访问，如果高丽使者不能具体回答，就要求他们回国后稽查清楚，记录好，由之后的使者带来。事实证明，神宗听从了曾巩的建议。《宋史·毕仲衍传》载：“高丽使人贡，诏馆之。上元夕，与使者宴东阙下，作诗诵圣德，神宗次韵赐焉，当时以为宠。”[②] 这里所记录的是毕仲衍参与的神宗宴请高丽使者的一次宴会，足见毕仲衍介入了与高丽邦交的相关事务。

曾巩知明州兼领市舶司。宋代，市舶司“已经是一个专门管理海外贸易，而且具有系统职能的独立机构”[③]。“市舶司的职掌是掌蕃货、海舶、征榷、贸易之事，以来远人通远货。”[④] 通俗地说，曾巩兼领市舶司，他要做的工作就是根据商人所申报的货物、人员及要去的国家，发给公凭，即出海许可证；派人上船“点检”，防止夹带兵器、铜钱、女口、逃亡军

① 曾巩撰，陈杏珍、晁继周点校：《曾巩集》，中华书局1984年版，第463页。
② 脱脱等：《宋史·毕仲衍传》，中华书局1985年版。
③ 黄纯艳：《宋代海外贸易》第一章《宋代海外贸易的兴盛及其原因》，社会科学文献出版社。
④ 乐承耀：《宁波古代史纲》，宁波出版社1999年版，第145页。

明州与高丽的贸易

Trade between Mingzhou and Korea

明州是宋元时期中国与高丽贸易的重要港口。仅北宋中后期，明州商人航行到高丽经商的就有120次。运往高丽的货物有茶叶、瓷器、丝织品等，进口有人参、麝香、红花等。考古发现的高丽青瓷是两国通商贸易的见证。

明州与高丽航线图

Routing Chart of Mingzhou and Korea

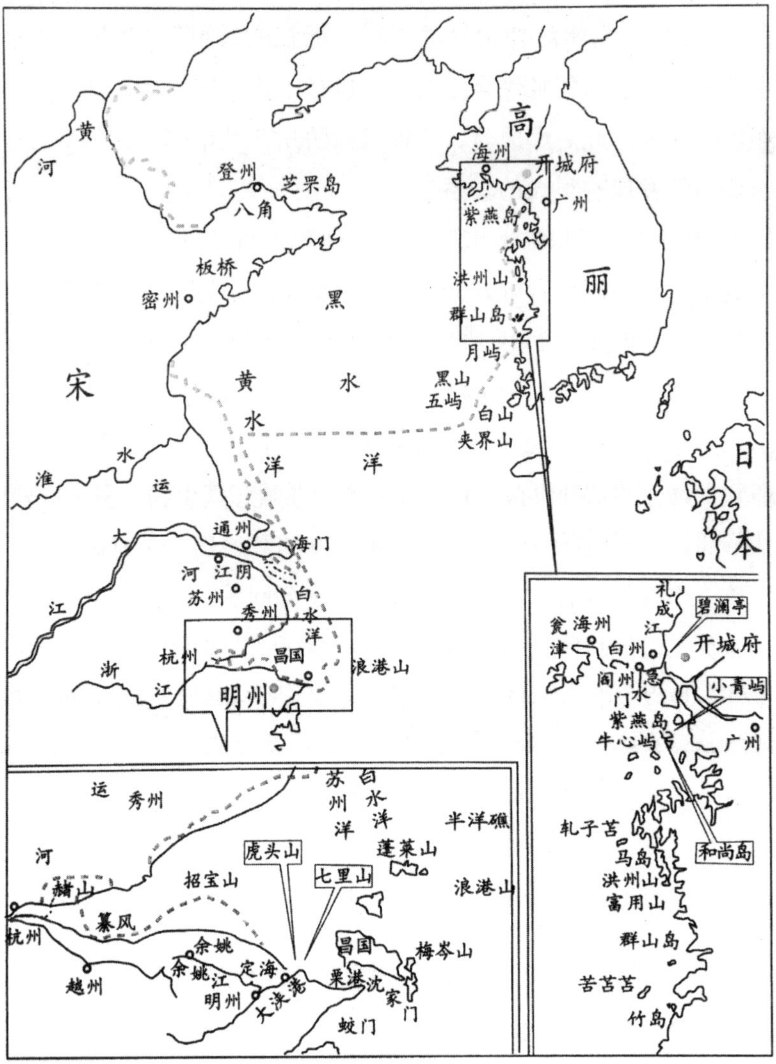

明州与高丽的贸易

人及其他禁止外销的货物；对舶货进行征税，即市舶税；审查核实回港的船舶，等等。此外，市舶司使还要主持祭海仪式。尤其是“（元丰）二年春正月……丙子，诏立高丽交易法”[①]。元丰二年（1079）正月丙子，即正月初六，也就是说在曾巩到达明州任上之前不久，朝廷刚刚下诏制定了“高丽交易法”。此法规定商人赴高丽、日本贸易，价值达到五千缗者，必须由明州签证，否则以盗贩论处。曾巩新到明州之时，差不多就是此法实施之始。曾巩是此法最开始的执行者。从宋元丰年间开始，在很长的一段时间内，“明州海外贸易之盛居于浙江的首位”，明州成为赴高丽、日本等国海外贸易的唯一合法港口，也是宋代的三大国际贸易港之一。明州在短时间内达此辉煌成就，与曾巩知明州兼领市舶司，依责履职，促进明州贸易的发展有很大的关系。

曾巩初到明州临事市舶司时，他就发现“接送高丽使副仪”中有一项规定：高丽国使者进入大宋所经州郡，须送知州、通判土特产。这一发现引起了曾巩高度的关注，并着手进一步调研：“检会熙宁六年（1073）高丽国进奉有使副，送明州知州、通判土物，共估钱二百贯以上九十九陌。熙宁五年（1072）及九年（1076），有进奉使，无副使，送明州知州、通判土物，共估计价钱一百贯以上九十九陌。其土物，奉圣旨并依例令收，估价回答。”[②]奉旨依例接收土物的是知州和通判，“估价回答”却是由政府买单。不仅如此，曾巩还从中看出了许多问题。

首先，他从隋炀帝、唐太宗攻打高丽一路考证下来，认为高丽“可以德怀，难以力服”。其次，如今高丽使臣往来频繁，沿途州郡大臣接受他们的馈赠，是经皇上允许，写进了条律中，成为常规，这是曾巩极不赞同的。曾巩认为应该退还高丽国使臣的礼物，“以明轻财重礼之义”。曾巩素来以儒家“礼义”为标准行事，他举例子说：古代人们赠送礼物给国君，如果是臣子，国君就收下礼物；如果不是臣子，就退回礼物，这是制度所规定

① 脱脱等：《宋史》卷十五，中华书局1985年版。
② 曾巩撰，陈杏珍、晁继周点校：《曾巩集》，中华书局1984年版，第500页。

的。现在高丽向皇上献上礼物，以表达臣子之义，皇上可以收下他们的礼物，以表明皇上为天下之至尊，包含有接受其臣服并表示抚慰之意，这是符合“礼义”的，这是“不易之制”。但是沿途各州郡的臣子们因为和高丽国不是君臣关系，就不能收他们的礼品了，应该退还，这也是“不易之制”。总之，曾巩主张，在邦交中大宋的态度要“以明天子之尊，中国之贵，所重者礼义，所轻者货财”[①]。第三，曾巩帮高丽国算了一笔账，明州一州所需礼物折合钱就三十万，至京城沿途十多个州郡，这就是一笔很大的数目了，高丽作为蛮夷小国，其国力很难承受。如此，曾巩担心，他们即便有亲附大宋之心，但是因为担心财力不足，也会望而却步。

曾巩将此种种问题写成了《明州拟辞高丽送遗状》，呈报给神宗皇帝。此状中曾巩建议：以后高丽使臣来了，送给沿途各州郡长官的礼物，都下诏归还，并强调应该写进法令之中形成制度。曾巩认为对待“蛮夷”之邦应“尚之以义，绥之以仁”，那么这个国家的君臣“必皆心服诚悦，慕义于无穷”。曾巩最后还申明：自己认为应该退回高丽使者的土物，并不是以廉洁自居，实在是为国之大义考虑，彰显皇上“以德怀远人之体”。

《明州拟辞高丽送遗状》体现了曾巩的儒家思想、廉政情怀；他既要表达自己的意见，又要站在皇帝的角度、国家的层面考虑问题；历史教训、现实情况、个人见解、皇帝“德怀远人”的仁义胸襟和大国风范的气度等等均熔于一炉，细细咀嚼，文章内涵十分丰富。许多人一听说是政府公文或者政论文，就把它列入格式化或者枯燥说教的窠臼之中，但实际上曾巩的这类文章同样兼具散文之美，醇厚而耐人品味。

曾巩也以实际行动体现了“尚之以义，绥之以仁”的邦交态度。高丽商人崔举等人在海上遭遇风暴，船翻后飘流到福建泉州地界，为当地渔民所救。在当地随同渔民出海捕鱼，自食其力。后来崔举来到泉州，向当地政府提出，希望到明州来，等候有便利的商船回到本国去。泉州地方官虽然满足了崔举的愿望，却派人押送他们来明州。曾巩在明州见到崔举等人后，

---

① 曾巩撰，陈杏珍、晁继周点校：《曾巩集》，中华书局 1984 年版，第 501 页。

立即进行了热情、周到的接待，设宴为他们洗尘，把他们安置在寺院内居住，每天派人给他们送食物，隔一定天数另为他们设置酒食。崔举离别明州时，曾巩又设宴为他们送行。曾巩在《存恤外国人请著为令札子》中说，他当时立即将这一情况上奏朝廷，而不久朝廷对泉州奏报的批复先到了，曾巩无不欣慰地说道："则臣存恤举等，颇合朝廷之意。"[①] 意思就是说：我对崔举等人的存恤抚慰的做法，很符合朝廷的意思。文章中，曾巩进而希望朝廷能将存恤外国人的做法制度化，诸如安置他们在官舍居住、每天给他们安排食物、间隔几天设置酒食、缺少衣服则官府为之添置、他们要出行则借给他们鞍马舟船、他们要回国则禀明朝廷，等等。

总之，曾巩"可以德怀"的外交态度和"大国风范"的外交姿态，都是大宋朝廷，尤其是神宗一朝邦交政策在地方上具体工作的体现。曾巩知明州兼领市舶司，担任市舶使，执行神宗"联丽制辽"的邦交国策，为营造大宋和高丽两国之间良好的邦交与贸易关系，起到了非常积极的作用。

第三节　和酬旧友赵抃

因为时间短，曾巩在明州的诗文并不多。据李震《曾巩年谱》载，曾巩在明州共写文章十一篇，诗五首。此外还有一首诗必须提一提，即《千丈岩瀑布》。千丈岩瀑布在今宁波市奉化区，宁波很多地方志中载《千丈岩瀑布》为曾巩所作："玉虬垂处雪花翻，四季雷声六月寒。凭栏未穷千丈势，请从岩下举头看。"但是多个版本的《元丰类稿》和陈杏珍、晁继周点校的《曾巩集》却并未录入此诗，所以还需待考证。

这一段时间曾巩与赵抃的诗文交往引人注目。曾巩和赵抃是老朋友，一生多有诗文往来，而明州任上恰逢赵抃知杭州加太子少保致仕，两人诗文唱和尤为集中，曾巩有一篇文、四首诗是写给赵抃的。

① 曾巩撰，陈杏珍、晁继周点校：《曾巩集》，中华书局 1984 年版，第 471 页。

一篇文章就是《贺赵大资致政启》，全文如下：

右巩启：窃审进秩宫朝，归荣里闬，伏惟庆慰。恭以致政宫保大资言为蓍蔡，行应准绳。肩一德以在躬，历三朝而遇主。谠言大论，著在朝堂；善政流风，被于藩服。引年求谢，抗疏弥坚。屡降德音，方倚老成之重；难回壮节，闵有官职之劳。躐升储寀之华，退遂家居之乐。门开祖帐，众叹大夫之贤；庭列赐车，自知稽古之力。惟能谐于素志，实何愧于昔人。巩蚤荷陶钧，与游门馆。观大贤出处之迹，足劝士伦；知儒者进退之宜，敢忘师慕。其为欣跃，倍万等侪。①

这一篇“启”的标题，各种刻本的《元丰类稿》都是这样的，属传刻之误。正确的题目应是《贺赵大资政致仕启》。这是曾巩知道赵抃致仕之后写给他的一封信。信中盛赞赵抃的德行和功绩，为赵抃“退遂家居之乐”而感到高兴；把赵抃当作自己的老师，表达了对老师的仰慕之情：“观大贤出处之迹，足劝士伦；知儒者进退之宜，敢忘师慕。”两人的深情厚谊文中表现得极为详尽。

四首诗便是《寄赵宫保》《和酬赵宫保致政言怀二首》《和赵宫保别杭州》。

《寄赵宫保》全诗如下：

铜扉得谢从今日，玉铉辞荣已十年。
素节谠言留简册，高情清兴入林泉。
海边爱日疲人恋，剑外仁风故老传。
门外最应潇洒客，喜公平地作神仙。②

① 曾巩撰，陈杏珍、晁继周点校：《曾巩集》，中华书局 1984 年版，第 513 页。
② 曾巩撰，陈杏珍、晁继周点校：《曾巩集》，中华书局 1984 年版，第 134 页。

诗中赞颂了赵抃清白的操守、正直的谏言、超然物外之性情及清雅的兴致。回忆了赵抃的政事和功德，在越州任上赵抃救灾济民，争分夺秒，殚精竭虑，灾民们怀念着他；在蜀地，赵抃的仁风德政被当地的故老传颂。最后祝贺赵抃致仕。曾巩对赵抃的称颂是发自内心的，恭喜赵抃从此是“潇洒客”“作神仙”，也是发自内心的。曾巩写这首诗时，大概是想到了自己身在仕途却不能侍奉母亲尽人子之孝的苦闷。

赵抃留传下来的诗不多，他致仕时所作的“致政言怀”也难以查考。曾巩就其“致政言怀”和诗两首，即《和酬赵宫保致政言怀二首》。

其一

说论危言望素隆，独于声利性偏慵。
龙楼调护官虽宠，鸠杖跻攀兴已浓。
不变松篁心转劲，无边江海量兼容。
皤溪纵老宁闲得，会为苍生起更重。

其二

爱国忧民有古风，米盐亲省尚嫌慵。
衮衣天上归何晚，霖雨人间望正浓。
三少官仪虽赫赫，五湖心事肯容容。
角巾藜杖经行处，知在云山第几重？①

赵抃是知杭州期间致仕，离开杭州时写有“别杭州”诗，曾巩以《和赵宫保别杭州》相和：

犹鼓留公岂是催，湖山得意且徘徊。
更应准拟须乘兴，范蠡扁舟去却来。②

① 曾巩撰，陈杏珍、晁继周点校：《曾巩集》，中华书局1984年版，第134—135页。
② 曾巩撰，陈杏珍、晁继周点校：《曾巩集》，中华书局1984年版，第135页。

纵观这一篇文章和四首诗,内容主要有三个方面:一是对赵抃致仕后"喜公平地作神仙"的祝贺;二是称颂赵抃的德行和功绩,表达了对赵抃的敬重;三是希望赵抃这样德高望重、正直无私、爱国忧民的大臣应该继续为国效力,表达了对赵抃的期许。我们注意到,曾巩在称赞赵抃的德行时,有一个词语多次使用,即"谠",如"谠言""谠论",分别出现在《贺赵大资致政启》《寄赵宫保》《和酬赵宫保致政言怀二首・其一》中。"谠",正直的意思;"谠言""谠论",就是正直的言论。由此可见,曾巩从好友赵抃身上看到的最突出的特征是"正直",有所言论必是"正直的言论"。这和赵抃被誉为"铁面御史"是一致的。

第四节　匆促离任明州

确实,曾巩知明州的时间太短了。他于元丰二年(1079)五月三十日离开明州,前往亳州任上。曾巩一直因为要侍奉母亲而要求回京或者在临近京城的州郡任职。那么,他是怎样趁机如愿以偿的呢?——"回避制度"。

我们先看曾巩《明州奏乞回避朱明之状》(卷三十三)中的一段话:"伏为本路提点刑狱朱明之,是臣母之亲堂弟,牒明州检到敕条,窃虑合该回避,须至奏闻者。"[①] 曾巩继母朱氏夫人的堂弟,即曾巩的表舅朱明之任浙东路提点刑狱。明州属浙东路管辖范围。"提点刑狱"就是提刑官,不仅掌管本路范围内刑狱,也对本路所辖州县官员实施监察。宋代在任用官吏问题上,实行了非常严格的避亲避籍制度。宋仁宗康定二年(1041)正式颁布了《服纪亲疏在官回避条制》,其中有规定:"本族缌麻以上亲及有服外亲、无服外亲,并会回避,其余勿拘。"[②] 这句话要解释清楚颇费口舌,我们只要明白曾巩和

① 曾巩撰,陈杏珍、晁继周点校:《曾巩集》,中华书局 1984 年版,第 484 页。
② 徐松:《宋会要辑稿・官职》。

朱明之属“无服外亲”的关系之列。那么，显然曾巩与朱明之在官任上就应该回避了。所以，曾巩赶紧写《明州奏乞回避朱明之状》请求回避。我们完全可以断定，因为涉及政策与律法，曾巩的请求“状”马上得到了回复，他立即被安排移知别州。

曾巩在《移知亳州乞至京迎侍赴任状》中说：“臣五月三十日伏奉敕命，就差知亳州。”[①] 五月三十日，曾巩在明州待了不到半年，便得到了移知亳州的命令。

① 曾巩撰，陈杏珍、晁继周点校：《曾巩集》，中华书局 1984 年版，第 485 页。

第九章

老去飘零心未折

——曾巩在亳州

元丰二年（1079）五月三十日，曾巩受命知亳州（今安徽省亳州市），七月十六日到达亳州任上，此时曾巩已六十一岁。曾巩在亳州任上待了一年多时间，推行新法、发展经济、整肃治安，深受百姓拥戴。

第一节　机缘巧合，改任亳中

一、改任亳州

明州任上，曾巩寻了个“避亲”的理由，成功离任明州。但为什么是去亳州？

在王安石主持变法后，曾巩处境比较尴尬，所以曾巩自求补外，以回避这种尴尬的局面。在保守派与革新派的政治斗争中，曾巩看似独善其身，其实被推离了权力的中心。十年外任，看似简单的平凡调动，数度申请回京，看似朝廷的不理不睬，实际上政治斗争一直汹涌澎湃，谁也顾不上他。

曾巩改任亳州是出于当权者对他的体恤，还是对人才的珍惜抑或让曾巩吸取“前车之鉴”？亳州这个地方很独特，独特的不仅是地理位置的便利，更有大量贬官知亳的先例。

纵观北宋的历史，来亳州任职的官员前赴后继，其中有一个很特殊的现象就是这些官员中相当一部分是亲戚或师生或同门关系，如杨大雅和欧阳修是翁婿，晏殊和富弼是翁婿，欧阳修和曾巩是师生，曾巩和陈师道是师生，曾巩和曾悟是祖孙等。[①] 尤其是欧阳修对曾巩有知遇之恩，两人关系十分亲厚，曾巩是欧阳修最欣赏的门生之一，欧阳修曾不讳言："过吾门者百千人，独于得生为喜。"[②] 也许因为这一层关系，在欧阳修治平四年（1067）出知亳州后，曾巩通判越州（今浙江省绍兴市），十年之后，曾巩追寻欧阳修的脚步踏上了任职亳州的旅程。

学界对曾巩自求补外是否属遭贬谪存在争议，一方认为他是自己申请的，也没犯错，不算被贬；另一方认为从中央下放基层，如果是条件好的州郡，不算贬谪，但如果经济条件较差，社会治安不好，去这种地方主政实则与被贬无异。曾巩一路南下，特别是到福州任职，山高路远，举步维艰，他是极不愿赴任的，拖拖沓沓到了福州早已过了报到的期限，为此还受了处罚。[③] 南方鄙湿之地，尤其闽越、南越历来是官员贬谪和流放之所，汉初贾谊任长沙王太傅时曾痛哭流涕，说自己会死在鄙湿的长沙。到北宋时期，长沙已是很不错的地方了，与湖南毗邻的江西农耕经济发达，调任福州之前曾巩在洪州任职就比较开心。

亳州在北宋以前特别是有唐一代，经济发达，是重要的丝绸产地，生活条件优越，那时到了亳州应该算不上流放。但是这种情况到了北宋时期有了很大不同，宋真宗年间亳州已是盗贼横行民不聊生的状况了，这种情形的转变与黄河流域的自然灾害有关。据统计，从唐贞观十一年（637）到乾宁三年（896）的二百六十年间，有明文记载的河溢、河决年份有二十一年，在此期间还有二十九年沿黄河各州发生大水，因此共发生水患 50 次。而北宋年间，黄河中下游地区发生决溢事件 89 次之多。据《北宋水旱灾时空分布及相关问题浅析》统计，北宋年间亳州共遭遇水旱灾害计 12 次，基本上属

① 吴广森：《唐宋亳州的贬官文化》，《白酒学刊》，2014 年第 7 期，第 41 页。
② 曾巩撰，陈杏珍、晁继周点校：《曾巩集》，中华书局 1984 年版，第 233 页。
③ 李焘：《续资治通鉴长编》卷第二百八十七。

于重灾区。生存环境要比前朝差多了，因此亳州基本成了贬官流放的高频地区。北宋熙宁、元丰年间，风调雨顺，这种状况有了一定改善。欧阳修在《戏书示黎教授》里面写道："古郡谁云亳陋邦，我来仍值岁丰穰。乌衔枣实园林熟，蜂采桧花村落香。世治人方安垅亩，兴阑吾欲反耕桑。若无颍水肥鱼蟹，终老仙乡作醉乡"，就描写了亳州一幅安居乐业的景象。

从朝廷派到亳州任职的，大多数情况较为复杂。北宋的都城在开封，离亳州不过三百公里，算是天子脚下。对于皇帝来说，将官员放到亳州有时候也是一种无奈的选择，比如神宗比较器重欧阳修，当年欧阳修腹背受敌，皇帝只得把他外放亳州。再比如曾巩给朝廷写信，希望允许他"暂至京师，迎侍老母赴任"，[①] 未能如愿，结果皇帝法外开恩，把他派到了亳州。足可见，到亳州的官员在皇帝心目中的形象都还不错。因而，到亳州任职之后，多数官员还有升迁的机会。[②]

二、亳中概况

亳州是一座历史悠久的古城，早在新石器时代就有人类活动。炎黄时帝喾代颛顼为帝，都于亳近四百年。商汤灭夏建立商朝，在亳立都一百九十年。

亳州老街

① 曾巩撰，陈杏珍、晁继周点校：《曾巩集》，中华书局 1984 年版，第 483 页。
② 吴广森：《唐宋亳州的贬官文化》，《白酒学刊》，2014 年第 7 期，第 43 页。

花戏楼

自秦时置谯县以来，历经朝代更迭，大都系州、郡或县建制。由于其位于中原战略要地，素有“南北通衢，中州锁钥”之称，历来是重要商埠和兵家必争之地。元至正十五年（1355），刘福通起兵反元，拥韩林儿在亳州称帝，建“宋”政权，以亳州为国都，至此亳州成为“三朝”古都之地。

亳州钟灵毓秀，人杰地灵，历史悠久，诞生了许多文治武功、彪炳史册的先哲名流。如：道家学派创始人老子，一代圣哲庄子，著名的政治家、军事家、文学家曹操及整个曹氏家族，发明了“麻沸散”和“五禽戏”的医学家华佗，代父从军的巾帼英雄花木兰，精于诗、文、书、画和易学的宋代名士陈抟等。晏殊、欧阳修等文坛巨子也曾相继在亳州为官。亳州文化灿烂，古迹众多。有被誉为“中国原始第一村”的新石器时代尉迟寺遗址，以砖木镂雕双绝闻名于世的花戏楼，全国道教第一大殿太清宫（俗称老子庙），被誉为“地下长城”的曹操运兵道（实则为宋代运兵道），华佗的华祖庵，及曹氏宗族墓群，古井贡酒（宋时为减酒）原产地等。因此，亳州是个不折不扣的历史文化名城，是中原久负盛名的酒乡和药都。

三、缘系亳州

曾巩在亳州任职的时间不长，彼时官制，地方官任期一般三年，且不能在原籍，这是为了避免形成官员与地方势力的勾结，加强皇权的举措。历史上，亳州不仅诞生了众多明哲先贤，而且唐宋以来，在亳州为官的文人达百位之多。巧合的是，曾巩任职前后，来亳州任职的当朝名人中有不少与曾巩有着密切的关系，由这种亲朋好友、门生故吏结成的关系一度也被认为是一种政治意义上的相互荫庇。与曾巩关系密切也曾任职亳州的有：

欧阳修，受“濮仪之争”影响，治平四年（1067）以观文殿学士、刑部尚书的身份出知亳州。在亳期间，欧阳修坚持“宽以济猛，猛以济宽，政是以和”的治政理念，主张猛宽相济，支持范仲淹的以整治官吏为主要内容的政治改革，坚守“宽简不扰”的爱民便民为官原则。至亳州后，欧阳修在年老多病的情况下，将数十年来收集的金石碑刻加以整理，编成《集古录》。又将记录朝廷轶闻趣事的随笔整理成书，名为《归田录》。欧阳修是曾巩的良师，无论是治政理念、为政方略还是文学理论，对曾巩的影响十分深刻。曾巩自求补外也是有感于欧阳修当初的“请辞”，苏轼曾在其《送曾子固倅越得燕字》叙述此事：“昔从南方来，与翁两联翩。翁今自憔悴，子去亦宜然。”

范仲淹，为唐朝宰相范履冰之后。父亲范墉，博学多才，但英年早逝。母亲谢氏贫苦无依，只好带着仅两岁的范仲淹远嫁山东淄州长山县的朱文瀚，范仲淹因此改名朱说。天禧元年（1017），范仲淹调任亳州节度推官，其间，他正式恢复范姓，并把母亲接到身边赡养。如果说欧阳修是曾巩的导师，那么范仲淹就一定是曾巩的精神偶像。范仲淹以天下为己任，其“先天下之忧而忧，后天下之乐而乐”的思想，也深深影响着曾巩。曾巩也从不讳言对范仲淹的仰慕，他在《上范资政书》中说：“夫贤乎天下者，天下之所慕也，况若巩者哉？”范仲淹对曾巩也十分欣赏，在曾巩困难时期给予了他无私帮助。曾巩在范仲淹主持“庆历革新”失败后，去信安慰，予以道义上的支持，诚如书信所说：“造于道，尤可谓宏且深，更天下之事，尤可谓详且博者，未有过阁下也。”同时，也借此砥砺思想，使自己成为一个精神纯粹的人。

林希，字子中，福建福清人，北宋嘉祐二年（1057）进士。曾任宝文阁直学士、成都知府、资政殿学士、同知枢密院事等职，曾与曾巩一同任职馆阁，过从甚密。曾巩去世后，林希为他撰写了墓志铭。后因投靠章惇，章惇获罪后，以同党受贬，出知亳州。林希与曾巩是好友，与曾布是政敌。

张耒，字文潜，号柯山，人称宛丘先生、张右史。生于楚州淮阴（今江苏省淮安市），北宋诗人。早年以文章受知于苏轼兄弟，与黄庭坚、秦观、晁补之并称“苏门四学士”。曾巩赴任亳州，路过山阳，张耒得以书示巩于行次，获曾巩认可，邀他至亳州相聚，后张耒因抱病而未能行于亳。

此外，还有晁补之、陈师道等曾经任职亳州，与曾巩属师生关系，他们对当地的社会经济和文化发展做出过积极贡献。

值得一提的是，后来曾肇的孙子曾悟也曾任职亳州。曾悟，宣和二年（1120）进士。靖康初年（1126）任亳州士曹，逢“靖康之耻”，金兵杀入亳州，曾悟被捉，他抗辞谩骂，铮铮铁骨誓死不让。《宋史》载曰：“众刃劘之，尸体无存者，妻孥同日被害”，时年仅三十三岁。

第二节　治政有方，天寿年丰

曾巩在亳州政绩颇佳，他反对土地兼并，扫除盗贼，发展经济，使百姓安居乐业。

一、推行保甲法

受黄河流域自然灾害影响，北宋年间亳州一地盗贼较多。曾巩主政期间，生产相对发展，但盗贼横行现象一时还积重难返。曾巩到亳后，借鉴齐州治理经验，在当地推行保甲法，毫不手软地打击当地的恶势力，剿匪缉盗，并将为首之徒绳之以法，有效维护了社会治安。曾巩在《申明保甲巡警盗贼札子》中说：“臣昨守亳州，亳为多盗重法之地，臣据推行保甲法，以禁盗贼，幸不至谬戾。”从而做到了“民外户不闭，道不拾遗”。

二、发展酒业

亳州是著名的酒乡，史料记载其酿酒的历史最晚于东汉就有了。东汉建安元年（196），曹操将“九酝春酒法”敬献汉献帝，其《奏上九酝酒法》

曹操手迹

云："臣故县令南阳郭芝，有九酝春酒。法用曲三十斤，流水五石，腊月二日清曲，正月冻解，用好稻米，漉去曲滓，便酿法饮。……今谨上献。"[①] 其后，"九曲春酝遂为宫廷用酒"。南北朝时，亳州酿酒技术更趋成熟，尤以减店一带酿制的减酒最为上乘。至五代，隐士陈抟在亳州故里用涣河水加粘谷酿制的希夷熬酒性情温和，具有舒筋活血之效，为亳州酒之佳品。宋朝，亳州糟坊酒肆遍及，仅酒课一项，列全国第四位。曾巩之前任亳州太守的"醉翁"欧阳修仕亳之时，曾作《答子履学士见寄》一诗："颍亳相望乐未央，吾州乃得治仙乡。梦回枕上黄粱熟，身在壶中白日长。每恨老年才已尽，怕逢诗敌力难当。知君欲别西湖去，乞我桥南菡萏香。"表达了欧阳修对亳酒的喜爱。欧阳修曾与晏殊一同在涡河游览，并饮酒欢会，《和中丞晏尚书忆谯涡二首》云："春波漫处寻他浦，晚潦清时觅故洲。使舸忽归心赏罢，后来风浪但惊鸥。"欧阳修还在家书中提到，"吃亳酒更不及"，饮用亳酒茶饼足矣，不需要家中再托人捎带其他东西，此事载于《欧阳文忠公集》。欧阳修为亳州仙乡美酒所动，其《亳州谢上表》《亳州乞致仕第一表》和《亳州到任谢两府书》祈求在亳州致仕，安度晚年。

相较于老师欧阳修的浪漫和随遇而安，曾巩低调内敛很多。他与亳酒的关系主要还是体现在对酒业的发展上。曾巩生活的年代，社会政治经济状况大抵可用十二字形容"冗官、冗兵、冗费、积贫、积贪、积弱"。宋朝按路、府、州、军设置行政机构，配备的政府官职和军队士卒数量多、耗资大，为抵御辽金的进犯和满足庞大的财政支出，强征暴敛，转赋于民，国力渐弱。为缓解财政压力，北宋延用唐五代的酒类专卖制度，即榷酒制度，并设监酒税。

---

① 曹操：《奏上九酝酒法》，《曹操集》，中华书局 1974 版，第 40 页。

在宋代诗词及史籍里，经常会看到某人“监某州（酒）税”，这就是宋代特有的监税官。曾巩的祖父曾致尧就曾监越州酒税，苏辙也当过筠州酒务。

监税官是宋代监当官的一种，而监当官是宋代政治制度中一个特有的阶层。宋太祖赵匡胤即位时，面临唐末五代以来藩镇割据、中央势弱的局面，赵匡胤首先从政治上采取了“杯酒释兵权”的策略，逐步地将藩镇手中的权力收归中央。而在利权方面，当时各地藩镇都用自己的亲信主管征税场院，征重税以自肥。为了削弱地方利益，赵匡胤直接派朝臣到各地监管，将地方利权上收，这就是监当官的由来。宋代监当官的主管事务包括监粮料、监钱、监仓、监盐、监酒、监门、监茶、监税、监场、监务等项目。监酒税是管理造酒卖酒的监当官。

北宋榷酒制度有三种形式：一是京城（包括四京）和四川、贵州、两广、福建等地实行榷曲制，即允许民间酿酒而对曲实行严格的专卖，官府设立或置办酿酒器具，民众可自带粮食前来酿酒；二是对上述地区以外的各路、府、州、军实行“官酤”，即对曲和酒均实行专卖制度，也就是所谓的官造官卖；三是对人口不甚密集、产销量不大的地区，实行“官监酒务或买扑制”（相当于现代的租赁经营），官府根据酿酒数量多少收取一定费用，或直接由民间造酒，官府征收酒税。北宋初年酒课只有 185 万余贯，仁宗庆历年间高达 1710 余万贯，占全部税收收入四成左右。神宗熙宁十年（1077），全国有官监酒务 1861 处。

针对榷酒制度，曾巩有自己的看法和主张，他曾写《议酒》一篇，阐述他的酒课理念：

榷酤之兴久矣，桑羊建白之，武帝力行之，千秋奏罢之，新莽重立之。绝于魏，起于陈，盛于唐，大备于当今之世，其源益深，其本益固，其所害者多，所利者寡。虽有非常之智，弗能去其害也；虽有不世之略，弗能益其利也。盗滥日益起，争夺日益繁，狱讼日益长，刑辟日益峻。非酌以便宜而建以中道，则淳厚之化其何以致哉？昔武帝之世，骋志四夷，兵资国用皆所不赡，则置之者乃其榷也。孝昭之世，海内休息，务以仁政，绥怀于民，则废之者亦其宜矣。虽新莽诡制，强复其法，然历东汉魏晋，数百年间而弗复用焉。及陈氏膺统，文帝当御，使下诏令恢而袭之。至于有唐，厥制渐备，或定其酤之税，或别为三等之目，可否相半，损益相兼，行于一时，稍得其便。厥后京都免榷，以优乎大众之聚，五州榷曲，以当乎鬻卖之利，随所利害，以为定法。载在前史，灼有明验。

我宋绍位，有三制焉。王城之中，则征其蘖而不征其市；闽蜀之地，则取其税而不禁其私；四方郡国，则各有常榷。军旅之饷，非是不能给也；帑藏之实，非是不能充也；岁时之课，非是不能足也；醝茗之扃，非是不能并也。其名虽异而其课则同，其法则三而其利则一。课既同，利既一，则天下之制可以尽一矣。然朝廷所以不一者，盖将优遐迩之徼而重畿内之民。诚深利矣，孰若兼四海而利之？且盗滥争夺，天下之公患也；狱讼刑辟，天下之大殃也。今使王城之中则亡其公患，闽蜀之地则弃其大殃，其余郡国则兼殃患而有之。呜呼！亦仁者之所非也。

愚以谓京都之内则宜遵旧常之法；天下郡国则宜通闽蜀之制。无损于课而课以之集，不烦于刑而刑以之省。可以导仁政，可以消争心。前所谓酌其便宜而建以中道者，莫大于此。[1]

他主张征酒税而不由官府专卖，同时将茶、酒等税收统一征收，管理部门合并，这样一来，税收不会减少，但管理人员可减，一来可减少大家为酿酒、卖酒抢市场造成的混乱，二来可减少为监酒税而抢位置，最终减轻百姓负担。类似的建议，同时期的苏轼也有精到的见解，认为榷酒劳民伤财，建议免除。

曾巩在亳期间，亳州酒业得到长足发展，酒税年可达 10 万余贯。

“春寒巧放花迟发，人老嗟辞酒满斟。”[2] 亳州的酒，醉了曹操，醉了晏殊，醉了欧阳修，哪怕小饮亳州酒的曾巩，在积极发展壮大亳州酒业的同时，也

① 曾巩撰，陈杏珍、晁继周点校：《曾巩集》，中华书局 1984 年版，第 744—745 页。
② 曾巩撰，陈杏珍、晁继周点校：《曾巩集》，中华书局 1984 年版，第 121 页。

难免被亳州酒深深吸引。

三、承平盛世

曾巩在亳州期间积极支持熙宁变法，他在《亳州谢到任表》中云："千载以来，大道郁而未彰，莫承于古；王者疏而不作，无甚兹时。在理可推，久衰必复。去五代八姓寖微之弊，肇自宋兴；承一祖四宗丕显之谟，实在陛下。盖由体粹精之睿质，执刚健之纯诚。运独断之明，则天清水止；昭不杀之武，则雷厉风行。故能并起百工，越熙庶绩。追二帝三代之甚盛，行两汉有唐之所难。使天地人神，莫不顺序；雨旸寒燠，罔或违时。厥戴德者，田耕井饮之伦，盖游泳于遐迩之内；其蒙泽者，蛰潜妪伏之类，无殰殈于胎卵之中。宝鼎灵芝，声流于乐府；来麰嘉谷，实牣于太仓。至于武库敛藏之兵，羽林阅习之伎，匠尽其巧，而工妙擅于一时；士尽其材，而精锐轶于近代。威灵所覆，夷貉允怀。是以扶桑戴斗之区，度索寻橦之国，来于四海之外，曾无一岁之虚。盖令不待期，而万里奔走；治非有迹，而九域阜安。可谓不世之宏休，难名之盛烈。"[①] 描述了当时的社会发达景象，"宝鼎灵芝，声流于乐府；来麰嘉谷，实牣于太仓"。讴歌了神宗文治武功和道德教化，"士尽其材""而九域阜安"，有《礼记·礼运篇》"用民必顺，故无水旱昆虫之灾，民无凶饥妖孽之疾，故天不爱其道，地不爱其宝，人不爱其情……则是无故，先王能修礼以达义，体信以达顺，故此顺之实也"的大顺之治气象。

曾巩还写诗赞美天下大治之景，曰："盛德临昭旦，多祥获有年。嘉禾登羡溢，高廪积连延。田入丰维亿，仓收富且千。梦鱼谐素兆，如栉比前篇。瑞贶神之与，休明颂所传。粢盛繇此备，清庙荐恭虔。"（《丰年有高廪》）[②] 就丰收美景的描述与王安石《元丰行》所言相同。无独有偶，苏轼也写过一篇《丰年有高廪诗》。

如果说曾巩的谢表是高度概括盛世之景的话，那么他和王安石、苏轼

① 曾巩撰，陈杏珍、晁继周点校：《曾巩集》，中华书局 1984 年版，第 416—418 页。
② 曾巩撰，陈杏珍、晁继周点校：《曾巩集》，中华书局 1984 年版，第 730 页。

的诗就是从劳动的细微处反映农民的丰收之乐，展现了一幅欣欣向荣的丰收图景。

第三节　心系慈恩，陈情侍母

曾巩八岁丧母。九岁，父亲曾易占娶高邮朱齐卿三女儿为妻，曾巩继由朱氏抚养，此时的曾易占还在地方任上，曾家生活还相对宽裕。十年后，曾易占被诬失官，困守老家十二年之久，曾家生活陷入困境，加之此后曾易占不幸去世，曾家的生活重担全部落于曾巩之肩，而与曾巩一同挑起生活重担的还有朱氏。朱氏于曾巩，年少时有养育之恩，年长后有帮扶之义，在艰难困苦中将曾巩弟、妹十余人拉扯长大，培育成材。曾巩对继母感情极深，奉之甚孝。曾巩辗转地方官任上十余年，而继母居京城，聚少离多，为了能侍奉老母，曾巩多次向朝廷请求改任京官或到离京城近的地方任职，以便养亲，尽人子之道。

按理说亳州乃天子近城，探望家人比较方便，但事实并非如此。在他接到改任亳州的任命时，就上了《移知亳州乞至京迎侍赴任状》，云：

臣昨任福州，已系远地，迎侍不得。即今老母多病，见在京师，人子之宜，晨昏之恋，固难苟止。二者与臣之分，实为迫切……只乞对移陈、蔡一郡，许臣暂至京师，迎侍老母赴任……今臣幸蒙恩诏移守亳州，如臣所请。况亳州去京不远，欲乞许臣暂至京师，迎侍老母赴任。[①]

诸番请求，在朝廷看来大致是曾巩回京的借口罢了。对曾巩而言，一而再的漠视显然激起了他内心的愤怒与不甘，同时也加剧了他内心的焦躁与不安，这为日后移知沧州时“乞朝见”埋下了伏笔。元丰三年（1080），曾巩

① 曾巩撰，陈杏珍、晁继周点校：《曾巩集》，中华书局 1984 年版，第 485—486 页。

徙知沧州，途经京城，他不再乞求迎亲侍母了，而是直接要求觐见皇上，此次请见终于打动了神宗皇帝，被留在京师，从而结束了他为时十二载、辗转七郡的地方官生涯，得以和老母共享天伦之乐。

不过，这种相聚，时间也很短暂。元丰四年（1081），曾布从桂林移知陈州（今河南省淮阳市），其母想与曾布一同前往陈州。曾巩意欲调往离陈州较近的颍州去任职，方便照顾老母，他向朝廷上《乞出知颍州状》，[①] 但神宗没有批准他的这一请求。同年七月，神宗下令，命曾巩典《五朝国史》，母子不得不再次分离，不想这一分离却成永别。元丰五年（1082）九月，继母朱氏去世，曾巩丁忧。由于悲伤过度，加之身体抱恙，元丰六年（1083）曾巩病逝于江宁府（今江苏省南京市），享年六十有五。

曾肇在《亡兄行状》中这样描述曾巩与继母之间的感情："平居未尝远去太夫人左右，其仕于外，数以便亲求徙官，太夫人爱之异甚。"[②]

曾巩本性敦厚，重情重义，为了撑起家庭重担，为了弟、妹成长，殚精竭虑，充当了"长兄如父"的角色，创造了曾氏"一门六进士"的佳话。在这过程中，所有的付出、心酸、坎坷都有了回报。然而，世事终究无法完美，看似走出困境的曾氏兄弟后面的路依然艰难，这也决定了曾巩母子聚少离多局面的形成。馆阁十年是曾巩步入仕途后与母亲相处最长的时光，但此时曾巩还依然清贫，加之元妻及同胞弟妹的先后去世，工作的繁重，此时的曾巩还远未能体会天伦之乐。之后自求补外，与母亲天涯远隔。宦海浮沉中，对亲人的思念与日俱增，多次恳求圣上体恤奉养之心。委婉的请求并没有引起圣上关注，于是亳州之后他态度剧变，直接来个"乞朝对状"，这种强硬的姿态在曾巩身上是不多见的。曾巩多以"儒雅、蕴藉、温醇、典重"见称，多年的儒家规范、君臣之道的浸养，造就了他温润的个性，"乞朝对状"实属无奈之举。一味的不争只能换得"子欲养而亲不待"的结局，自求补外的曾巩不曾料想过这种局面。

① 曾巩撰，陈杏珍、晁继周点校：《曾巩集》，中华书局 1984 年版，第 491 页。
② 曾巩撰，陈杏珍、晁继周点校：《曾巩集》，中华书局 1984 年版，第 796 页。

第四节　文为政事，诗表心声

曾巩知亳州期间，除一般性的公文往来，诗作较少，唱和之作也少，有诗六首，文十九篇，状五篇，表四篇，启三篇，墓志铭三篇，疏一篇，序一篇。[①] 虽然作品不多，但还是反映了他任职亳州的有关状况。

一、严谨的《亳州谢到任表》

《亳州谢到任表》作为一种例行公文，叙事精简，条理分明，文风严谨。分四个部分：第一部分叙述作者在地方上的施政方针和措施，感谢皇帝对自己的照顾；第二部分描写政通人和、太平盛世的社会现状，歌颂皇帝的治政之功，“承一祖四宗丕显之谟，实在陛下”；第三部分阐述自己的想法，“臣性姿固塞，人品眇微，独于辈流，素嗜文学。如得镂诸金玉，述陛下赫赫之功；播在管弦，纪陛下巍巍之德，措之六艺而无愧，告诸百世而无疑”，希望能发挥自己的文学特长，更好地为皇帝服务，其实也是表明自己想调任京城从事文字类的工作，结束长期外徙的漂泊生涯；第四部分则是表忠诚，“宣化承流，方尽驽骀之力；望云就日，但倾葵藿之心”[②]，鞠躬尽粹，死而后已。

虽然字里行间尽是赞美之意，但作者此时情绪并不高。首先开头将自己在地方上的施政情况写得很简略，当然，这一方面得益于他转辗多州积累的娴熟的治政方略，驾轻就熟，其弟曾肇形容他“人徒见公朝夕视事，数刻而罢，若无所用心者，不知其所操者约且要，而聪明威信足以济之，故不劳而治也”。[③] 同时也跟他善于剪裁，文字峻洁的行文风格有关。另外，他无意于详叙工作业绩，此时他已深深意识到，一般的文表难以在浩如烟海的公文中引起皇帝的注意。颂文部分文字较多，颂辞基本还是基于实情的。最后部分才

① 曾巩撰，陈杏珍、晁继周点校：《曾巩集》，中华书局 1984 年版。
② 曾巩撰，陈杏珍、晁继周点校：《曾巩集》，中华书局 1984 年版，第 416—417 页。
③ 曾巩撰，陈杏珍、晁继周点校：《曾巩集》，中华书局 1984 年版，第 794 页。

流露出作者的真实想法，写得含蓄简洁，这是曾巩谦卑的个性使然，但也委婉表达了他急于进京的愿望。

二、沉郁的《雪亳州》诗

曾巩任职时的亳州，经济相对发展，政事比较清减。然而，此时的曾巩，内心充满了忧虑：一是感叹时光老去，齿发凋零，自己一腔抱负、满腹文章未能施展；二是农业生产靠天吃饭，担心天不作美，影响百姓收成。曾巩在亳州，即使风调雨顺，他依旧要祈晴谢雨，庇佑苍生。《雪亳州》诗就可以看出他的忧患意识：

> 欲下苍凉日，全低黯霮天。飘飖投夜急，琐碎得风儇。秽壤弥缝遍，枯荄点缀妍。繁英飞面旋，艳舞起翩跹。已压穿林竹，还冰落涧泉。抵巇轻自肆，乘隙巧争先。壅隔书邮断，侵凌客屦穿。恐倾贫巷屋，觉重溯溪船。喈有颜空姣，洵无质可镌。包藏兼海岳，蒙蔽匝坤乾。枚叟招何晚，袁安卧正坚。会须逢见晛，万里豁晴川。[①]

首先来看看该诗的基调，“苍凉”“黯霮”“飘飖”“琐碎”“秽壤”“枯荄”这些萧瑟的字眼，传递给我们一份沉重的心情。由于内心深处的孤寂和焦虑，曾巩在写诗过程中不自觉地将心境外化成文字，颇有柳宗元《江雪》的风致。

作者担心什么？“壅隔书邮断，侵凌客屦穿。恐倾贫巷屋，觉重溯溪船”，大雪封山，家书难寄，天涯路远，羁旅愁苦，贫屋恐倾，溯船沉重。“包藏兼海岳，蒙蔽匝坤乾”，千里冰封，万里雪飘，天地间一片白茫茫，给远行之人造成极大的困扰，应当要等到太阳出来，才能还天地一片晴空。

“见晛”，语出《诗·小雅·角弓》：“雨雪瀌瀌，见晛曰消。”意思是说谗言多得像下大雪，雪见到日光就会融化，但为什么谗言不会呢？这里作者用的是词的本意。“人生如逆旅，我亦是行人”，应该就是曾巩此时的心情。

---

① 曾巩撰，陈杏珍、晁继周点校：《曾巩集》，中华书局 1984 年版，第 135—136 页。

但心情不好归不好，担心百姓的生产生活才是本诗要传达的主要意思。作者借由一个大雪天的天涯行旅之人所见所想来表达他对百姓生产生活的担忧，体现了他一贯的诗文风格和作文主张，特别是最后一句，在一片暗淡中点亮生活的色彩，给自己希望和继续前行的勇气。

三、醇厚的“四六”文

从曾巩的《亳州谢到任表》，我们不难发现他对传统“四六文”的传承和改造。一直以来，人们对曾巩文章的研究大多囿于其散文创作，作为古文革新运动的积极参与者，曾巩的散文创作备受关注理所当然，但不可否认，曾巩的骈文即“四六文”同样出彩。

“四六文”是骈文在发展过程中逐渐形成句式整齐的四六字句的文章样式，常用于表、章、奏、记的撰写。“四六”骈句大量运用始于南朝，到晚唐达到高峰期，传承到宋代，“声律极其精切”（明徐师曾《文体明辨序说》）。正如洪迈《容斋四六丛话》所云：“四六骈俪，于文章家为至浅，然上自朝廷命令诏策，下而缙绅之间笺书祝疏，无所不用。”因而得到极大发展。古文大家欧阳修、王安石、曾巩、苏轼等以“四六述叙，委曲精尽，不减古人”[①]而“情韵俱佳，不尚藻丽，一出自然”的艺术尝试，形成“以文体为对属”等独特的“四六”风貌，[②]为宋“四六”创作形式与风格的拓展起到不可忽视的作用。

刘麟生《中国骈文史》说：“北宋宰辅如夏竦、丁谓、吕惠卿，均遭物议，无不雅擅骈文。而丁晋公尤胜。”夏竦、田锡、晏殊、韩琦、范仲淹、强至等文集“名宰隽匀，络绎纷披，咸以四六，各擅胜场，典赡茂育，自树一帜，譬诸春兰秋菊，一时未易轩轾”[③]。以此观之，在“士大夫例能四六”的两宋时代，众多骈辞高手名播后世。而欧阳修、曾巩等古文大家通过骈文创作方面的努力实践，在对偶、用典、敷藻、声律等“四六”创作方面“变格为文”的大胆尝试，形成了“新四六”在创作技巧上“以文体为四六”的突破，

① 欧阳修：《试笔》,《欧阳修全集》卷一三〇，中华书局 2001 年版，第 1983 页。
② 高步瀛：《唐宋文举要・乙编》卷四，上海古籍出版社 2010 年版，第 1617 页。
③ 张仁青：《中国骈文发展史》，浙江大学出版社 2009 年版，第 380、387 页。

骈散融合的最终结果，不仅表现在“四六”创作中形成的多样特色，更由于骈散二体能在各有所长中相互借鉴，使天下士子皆习用之。进而也实现了北宋“四六”从“飞染遒丽以盈箱，雕绘纷华而满眼”[①]的传统风貌，逐步走向“言情运事皆佳，然已纯为宋调矣”[②]的风格改造。

曾巩是在庆历革新和古文运动的思潮下逐渐成熟的，他以儒道实践精神浇筑骈体文章，阐述经世致用的学术主张，其经史之学与“四六”创作互为表里，无论“五言之制”，表启骈辞，皆能以经语史语为对，作品形式自由，语言简洁，在典雅简严的行文中彰显独特的个性和才情。

曾巩长久以来浸濡于圣贤之学，深谙六经典章，不废“古道”，淹贯经史，博古通今。其表状等以经史行文，高古典谟，追求雅正，弟曾肇在《亡兄行状》中这样说：“词约义尽，论者谓有三代之风，上亦数称其典雅。”王震《〈南丰先生文集〉序》云曾巩掌制诰时，“方除目填委，占纸肆书，初若不经意，午漏尽，授草院吏上马去。凡除郎御史数十人，所以本法意，原职守，而为之训敕者，人人不同，咸有新趣，而衍裕雅重，自成一家”。曾巩制诰诏令、表启奏议之作均别具风格，不唯雍容醇美，但文兼众体，骈散交融，实现了“四六”与“古文”的互融互通，在形式表现与艺术内涵等方面，获得了突破性的进展。

元丰三年（1080）九月，曾巩获诏移知沧州，结束了他在亳州的任期。在一年零两个月里，曾巩为亳州及当地百姓做了大量卓有成效的工作，得到当地百姓的拥戴，至今在亳州地区还流传着“曾巩智对僧人”等诸多轶闻趣事。曾巩一腔抱负，半世沧桑。治亳期间，虽高龄而不怠政，虽沉郁却不绝望，老去飘零，心仍未折，正如其诗所言：“会须逢见睨，万里豁晴川。”

---

① 欧阳修：《试笔》，《欧阳修全集》卷一三〇，中华书局 2001 年版，第 1425 页。

② 高步瀛：《唐宋文举要·乙编》卷四，上海古籍出版社 2010 年版，第 1621—1622 页。

第十章

蓬莱人问几时回

——再回汴京

在由亳州去沧州（今河北省沧州市）的任上，曾巩已不对回京师作京官怀奢望。宦途漂泊十二年，容易使人产生宦旅的疲倦和对家的眷恋。曾巩多次满怀期望地上书请求调任京城，可屡屡令他失望。曾巩屡上奏书请求回京师与母、弟团聚，从其辞章中看出，他是准备大隐隐于朝了。只不过因为屡上屡驳，他的意愿显得有点执着。元丰年，在宋廷，王安石已退隐，曾巩和王安石的关系，他们相颉颃的文名，也使得神宗有意愿将曾巩留下，留在京师。不过，神宗虽然留下曾巩，却并不委以国事，而是让他去撰史。

第一节　留京勾当三班院

元丰三年（1080）九月左右，曾巩从知亳州拟赴知沧州。从熙宁二年（1069）他自请外任通判越州，至此已十有二年在外，转徙了七州。其间他上过《福州奏乞在京闲慢曹局或近京一便郡状》《移明州乞至京迎侍赴任状》《移知亳州乞至京迎侍赴任状》等状请求回京，如能在京任职最好，不能就安排近点的州郡给他。从他的履历看来，他的请求无一得到允许。这次，移知沧州，他又上了《授沧州乞朝见状》，请求皇帝能见他一面。状文写得比较哀婉："臣伏奉敕命，就差知沧州，已起离前来。窃念臣远违班列十有二年，伏遇陛下神圣文武，当天受命，制作法度，以集太平之功。群情颙颙，孰不自愿为能，以托名于万世。而臣曾未得须臾之间，进望清光，窃不自揆，愿奉德音。犬马之情，固非一日之积。今将至京师，伏望圣慈，许臣朝见。"

这封状起了作用，曾巩被神宗召见。见面时神宗说了一句话，曾肇后来记录在《亡兄行状》中，神宗说："以卿才学，宜为众所忌也。"了结了杨绘的那场公案，并对曾巩"劳问甚宠"。朝见之后，曾巩再上《移沧州过阙上殿札子》。这封札子，清初史学家、曾编过《唐宋十家文全集》的储欣评论其"前美后戒，奏疏中独创一格，其深厚逼匡刘，而又廓而大之。此宋文之极盛，欧、苏所不能为"[①]。这封札子打动了神宗，将曾巩留京勾当三班院。三班院是宋朝较为特别的官职，主管低级武官的升迁和调动。勾当三班院，是这个机构的主官。曾巩为此"感激奋励，欲有所自效"。

这一年，曾巩被神宗数次召见，如十月二十六日，赐对延和殿；又数次于便殿赐对。君臣间相处融洽，按曾肇在《亡兄行状》中的评价，曾巩对神宗的奏对"所言皆大体，务开广上意，上未尝不从容领纳，期以大任"。

在职任范围，曾巩屡上奏折建议，十一月二十一日，在垂拱殿进《请西北择将东南减兵札子》《议减经费札子》，一日连上两封札子。神宗对《议减经费札子》做出重要评论："巩以节用为理财之要，世之言理财者，未有及此。"这是将曾巩拔到比原先为神宗理财的王安石更高的地位。储欣甚至认为，假如王安石执政时任用曾巩，则新法可以不必实施。[②]

在留京勾当三班院的时期，晁说之前来求学。晁说之是曾巩亲认的两个门生之一，另一个为陈师道。对两个门生，曾巩的评价是"二人所得不同，当各成一家，然晁文必以著书名于世"[③]。晁说之，字以道，一字伯以，济州巨野人。元丰年进士及第，二十三岁时就学于曾巩。

① 李震：《曾巩年谱》，苏州大学出版社 1990 年版，第 396 页。
② 李震：《曾巩年谱》，苏州大学出版社 1990 年版，第 401 页。
③ 李震：《曾巩年谱》，苏州大学出版社 1990 年版，第 404 页。

第二节　纂修《五朝国史》

元丰三年（1080）开始，宋廷着手改官制。将一些重叠的机构裁撤或合并，定员，定岗；设立详定官制所，制定《寄禄格》，定寄禄官为二十四阶，以阶易官，以此来确定官员的俸禄和品级的升降。一些原寄禄官机构主官成职事官，同时，凡职事官皆以寄禄官品阶高低论高低。尚书省左右仆射为左右宰相，左仆射领门下侍郎行侍中职权，右仆射领中书侍郎行中书令职权，借以发挥中书揆议、门下审议、尚书执行的三省职能。这次改制，从元丰三年（1080）一直持续到元丰五年（1082），参考了《唐六典》。

留京勾当三班院的曾巩，上过《乞赐唐六典状》和《谢赐唐六典表》，并在第二年上《请改官制前预选官习行逐司事务札子》《请改官制前预令诸司次比整齐架阁版籍等事札子》等札子，提出很多建议，深度参与了改官制。

元丰四年（1081），曾巩的五弟曾布移知陈州。此前，治平二年（1065），曾巩的二弟曾牟去世，其母朱氏夫人带着曾牟的两个儿子进京，由曾巩赡养、抚育。曾布熙宁二年（1069）进京，这年曾巩自请外任，朱氏夫人跟随前往外任地。治平四年（1067）曾肇进京任职，元祐五年（1090）之前一直未曾离开。熙宁七年（1074）曾布外放饶州，曾肇请假省亲陪同，在洪州三兄弟相聚，而后，朱氏夫人随幼子回京，长留京师。元丰三年（1080）曾巩回京。曾布于熙宁七年（1074）外放饶州，至此已有七年和朱氏夫人暌违。七十一岁的朱氏夫人颇为想念，打算去陈州，到曾布身边去。曾巩马上上《乞出知颍州状》，颍州和陈州之间有条水路，曾巩本想出知颍州，顺便将继母送到五弟身边，使陆行不便的朱氏夫人免受车马劳顿之苦。正准备重用曾巩的神宗回绝了他的请求，并马上任命他充史馆修撰，专典史事。

当时正在修撰的《两朝国史》已接近完工，神宗打算将这本国史和之前已经修完的《三朝国史》合并。因此他手诏中书门下："曾巩史学见称士类，宜典五朝史事。"加曾巩为史馆修撰、管勾编修院、判太常寺兼礼仪事。旧例，国史修撰，选文学之士为之，以大臣监总，如熙宁年修《英宗实录》，由同中书门下平章事曾公亮提举。这次神宗没有委派监总大臣，由曾巩全权负责。曾巩请辞，不敢独当。神宗手谕安慰："以此特用卿之渐耳，毋重辞。"再下手诏给曾巩："朝散郎、直龙图阁学士曾巩，素以史学见称士类，方朝廷叙次《两朝大典》，宜使与论其间，以信其学于后。其见修《两朝国史》将毕，当与《三朝国史》通修成书。宜与巩充史馆修撰，专典史事。取《三朝国史》先加考详，候《两朝国史》成，一处修定。"同时特许曾巩可以自己选择属官，曾巩推荐邢恕和陈师道为史馆属员。邢恕的任命很顺利下达，陈师道因为未有进士功名，还是白身，朝廷未采用这个推荐。

从元丰四年（1081）八月伏敕上任史馆修撰之后，曾巩和他的史馆同事日夜商量行事，十月十一日上《进太祖皇帝总序》。状文将近三千字，里面除大力歌颂太祖，还将宋太祖与汉高祖相比较，认为汉高祖有"十不及"。其中有"舍子属弟"四个字，宋神宗看后下诏："曾巩今所拟修史格，若止如司马迁以下编年体式，宜止仿前代诸史修定；或欲别立义例，即先具奏。"神宗的诏书虽然只告诫曾巩注意史书的体例格式，不要自创体例格式，实质，对曾巩提出的"十不及"，也稍稍流露出不满。

现在来看《进太祖皇帝总序》，其思想是极为正统的儒家观念，"十不及"的标准皆是从儒家理念中设立。然而神宗看后不满，因其并没有反名教的词语，所以神宗只能不满而已，但内心深处的大忌讳无疑已被触动。

熊伟华在《宋神宗罢修〈五朝国史〉考》一文探讨了神宗不满的原因，认为有三：其一，曾巩请求将《太祖皇帝总序》放在《太祖本纪》篇末，按司马迁创下的体例，就是作为"论赞"了。自《史记》以下的史书，论赞都不曾有将前后代的皇帝相比较，曾巩将宋太祖和汉高祖做了"十不及"的比较，神宗担心他将这种比较推及到后世的皇帝身上。比如，将宋神宗和哪个前代皇帝相比。这让宋神宗有点紧张。

其二，论赞的篇幅过大，近三千字。而宋神宗让曾巩修《五朝国史》就是因为《三朝国史》和《两朝国史》篇幅太大，志的部分多有重复，希望曾巩在《五朝国史》中予以压缩、精简。神宗对《进太祖皇帝总序》有比诏书更直接的评论："为史但当实录，以示后人，亦何必区区与先代帝王较优劣乎？且一篇之赞已如许之多，成书将复几何？"见微知著，担心《五朝国史》并不能改善之前两部国史的冗长现象。

其三，对宋太祖过分赞誉，尤其是其中"舍子属弟"四字，让宋太宗处于尴尬境地，因为太宗是传位给自己的儿子的，这是最主要的触犯，触动了太宗后裔深藏的心病和忌讳。

虽然神宗对曾巩的《进太祖皇帝总序》不满，但没有立刻罢免曾巩的史馆修撰职务，不过，曾巩也能感觉到神宗的不满，精神压力非常大。馆职还未被免，他只有继续下去。他再上《史馆申请三道札子》，申请收集自宋兴以来名臣良士的嘉言善行、历官行事、军国勋劳等等文献，以便继修《五朝国史》。显然，宋神宗对《五朝国史》的编修不再热情了，《两朝国史》修定后也不通知曾巩领取。十一月，废除编修院这机构，将之并入史馆。元丰四年（1081），神宗曾任命曾巩为管勾编修院，现在编修院取消，不需要管勾了。曾巩仍旧为史馆修撰，保留史职，却不再委以修史之任。

《五朝国史》最终于元丰五年（1082）四月底罢修，其全部的纂修活动仅持续九个月。

第三节　一佛出世和罚铜之痛

元丰五年（1082）四月，宋神宗擢拔曾巩为中书舍人，赐服金紫，不使入谢，令其尽快就职。同时，就势撤销其《五朝国史》的修撰任务。

中书舍人一职，宋朝人叶廷珪《海录遗事》臣职篇有相关的记载可以参考："朕（徽宗）闻，朝廷除一舍人，六亲相贺，谚以为一佛出世，岂容易哉。"以此可知中书舍人地位清要得很。中书舍人以草拟诏书、封诰为职事，元丰五年（1082）前中书舍人还是寄禄官，不实际履行职事。元丰五年（1082）

改制，中书舍人掌诏诰，曾巩一被擢拔为此职就得草拟诏诰。

但曾巩连上《辞中书舍人状》和《授中书舍人举刘攽自代状》，请求免去这项任命。但辞呈在中书省就被拦下，告知他“告报有旨，更不得辞免”。从中书省的文词上看，曾巩的辞呈没往上递交，神宗并未看过。也可能，出于帝王之术，神宗看过曾巩的辞呈并不同意又不想让曾巩知道他的态度，授意中书省那么托辞。

于是，推辞不掉新职的曾巩走马上任。履新中书舍人的时候正好遇上朝廷大量地选授官员，每天就有数十个新的任命。因为前中书舍人不在，这些任命的制文都要曾巩来写，每天要写数十封制文。职事虽然繁重，曾巩仍能应付裕如，“人人举其职事以戒，辞约义尽，论者谓有三代之风，上亦数称其典雅”。曾巩任职中书舍人不过百余日，留下制辞二百三十二首。上至册立皇太子制，下到太学博士几乎无所不包。元丰改制后的官僚制度被曾巩解释得一清二楚。

这些制文中，《徐禧御史中丞制》和一篇有关韩维的制文值得在此一说。

王铚的《默记》和朱弁的《曲洧旧闻》中记载了一件曾巩和徐禧的轶事，说曾巩一次上朝，徐禧前来和他相认，曾巩不认识他，就问：“贤是谁？”徐禧自报：“禧姓徐。”曾巩说：“贤便是徐禧。”这话得罪了徐禧，徐禧怒道：“朝廷用某作御史中丞，公岂有不知之理。”后来曾巩罢修《五朝国史》据说就是徐禧在神宗面前进谗言导致的。但这两篇笔记均有不实之处，徐禧任御史中丞没多久时间，就转任给事中，他不可能在短短两三日内进谗言免掉曾巩的《五朝国史》修撰。而且，元丰五年（1082）徐禧由承议郎知制诰一职而权御史中丞。这个职务的任命诏书还是曾巩草拟的：“具官某（徐禧），强敏仁笃，学通古今。擢典训辞，遂持邦法。宜专分职，以应新书。”这哪像不知道徐禧是谁的样子？但这个故事很有名，所以姑且描述一下。

在第二章我们介绍了韩维，要言之，是曾巩在第一个馆阁时期的好友。曾巩任中书舍人时，韩维正好于许州太守任上任满，可能准备转职于朝廷的某个重要职位，曾巩为韩维写了篇制文，现在只留下四个字，“纯明直谅”，是对韩维的评价。神宗蹊跷地在这篇制文上批下“按维天性忿戾，素无事国之意，朋奸罔上，老不革心，朕以东宫之旧，姑委使郡，非所望于承流宣化者也。而草词乖僻，可令曾巩赎铜十斤。别草词以进”。韩维听到这个消息，知趣地自请提举嵩山崇福宫，做了一个闲官。

宋神宗对曾巩为韩维草拟的制文大发雷霆，曾巩难免会三思，韩维没做错什么呀？自己的制词也没说错什么呀？为什么会这样？三思之后会害怕。晁说之在他的《景迂生集》中又说曾巩被罚的铜是三十斤，他说这是曾巩和他父亲说的。不管是十斤还是三十斤，这铜罚得曾巩心很痛。本来《进太祖皇帝总序》造成的心理负担是曾巩承受不起之重，加一羽之轻便能将他压倒，何况是雷霆震怒。

中书舍人任上百余日后，曾巩病倒，恰恰在这时，朱氏夫人去世，曾巩得以丁母忧去职，和五弟曾布、六弟曾肇扶柩回乡，再一次离开京师。他似乎安全了，没想到这一去他再也没有回来。元丰六年（1083）四月，病逝于江宁（今江苏省南京市）。江西省金溪县有一个传说：曾巩榇宫回乡时，里面有尸无首，乡人用紫金铸了首级安放完全。这一传闻，颇可佐证曾巩当年的危局，表面波澜不惊，内里危机四伏。

在江宁，曾巩和王安石以感人的场景了断了恩怨，据曾纡《南游记旧》载，王安石来探病，“日造其卧”[①]。曾巩病倒前，曾给王安石寄了一首诗《寄王荆公介甫》。“素交千里远，谁听此时歌”，早有弥合罅隙之意。两人此时的境遇是非常相同的，王安石辞相，他的变法大受非议，政敌旁伺，欲废其法；而曾巩因秉持的道之理念使得自己失史职，也受到现实无情的嘲讽。

曾巩逝世未久，当世就有很多人写诗作文祭吊。苏辙有《曾子固舍人挽词》，秦观有《曾子固哀词》，沈辽有《子固挽词》，又有《祭曾舍人》，自号参寥子的释道潜有《曾子固舍人挽词》，孔武仲有《祭曾子固文》。诗人张耒在《书曾子固集后》回忆自己在元丰六年（1083）听到曾巩的死讯时，曾打算写一篇祭文并祭之于河南，后因事未果。嘉祐二年（1057）曾巩的同榜、嘉祐五年（1060）之后的馆阁同僚林希，在曾巩去世后，执笔为他撰写了墓

---

① 王琦珍：《曾巩评传》，江西高校出版社 1990 年版，第 267 页。

宋林希撰
《曾巩墓志铭》

志铭，清清楚楚地交代了曾巩清清白白的一生。

第四节 后日犹为班与扬

一、瓣香敬南丰

曾巩的一生，和与其有师、友、生关系的人保持着深厚的情谊。其中，和陈师道的师生情谊显得与众不同。有点像他和欧阳修的师生关系，所不同者，陈师道绝意科举，终身困顿。陈师道十六岁拜谒曾巩，曾巩让他作文，完成后，曾巩说：“大略也好，只是冗字多，不知可为略删动否？”然后提笔帮他删字，只删不添，修改后的文章“其意尤完”，陈师道经此点拨，“遂以为法”。不仅指教学业，曾巩还推荐他去结识当世名士，比如林秀洲。他的这种做法就像当年欧阳修推荐他去见杜衍一般。陈师道在谒见林秀洲前写了篇《上林秀洲书》，这篇文章后被黄坚编入《详说古文真宝大全》，该书在日韩非常流行，成为文人的必读之书。

元丰四年（1081），陈师道来到汴京，时曾巩为史馆修撰，受命纂修《五朝国史》，并特许自寻僚属。曾巩推荐陈师道入史馆，因陈师道没有功名而被否决。虽然没能帮上陈师道，但曾巩郑重地托付陈师道一件家事，请他为父亲曾易占重写神道碑。之前李清臣为曾易占写了神道碑，名为《曾博士易占神道碑》。那时曾易占仅为太常博士，现在曾易占因儿子们的显达已追封为光禄大夫，为了显扬朝廷的荣宠，曾家打算再立一块神道碑，碑文曾巩选择让陈师道来撰写。陈师道在《光禄曾公神道碑》中将事情的原委讲述得很完整，对自己能执笔感到很荣幸。这块神道碑竖立于南丰七都崇觉寺右。

陈师道对曾巩的感情非常深厚，一直师事曾巩，并有“士始终不负”之志。陈师道在熙宁年间就认识苏轼，苏轼对他非常欣赏，有“参诸弟子间”的想法，但陈师道婉言拒绝，他虽然很敬重苏轼，不过既然已经师事曾巩，他就“士始终不负”。熙宁十年（1077），苏轼守徐州。陈师道特意到徐州见苏轼，很多人认为那时陈师道拜入了苏门，但陈师道专门为此解释，他在徐州和苏轼的关系只不过是“民事太守”而已。元祐二年（1087），在朝任翰林学士的苏轼举荐陈师道入仕，称“过壮未仕，实为遗才”。陈师道因此得授亳州司户参军，充徐州教授。四年后，苏轼调任杭州太守，徐州教授陈师道没得到同意就擅离岗位前去探望苏轼，被参罢官。元祐五年（1090），陈师道重新被任命为颍州教授，第二年苏轼来颍州任太守。其间，每次饮宴，都为陈师道单独设一席以示器重。苏轼再一次流露将陈师道纳入门下之意，陈师道咏诗一首，其中“向来一瓣香，敬为曾南丰”，打消了苏轼的念头。但苏轼与陈师道仍旧保持良好的关系。陈师道在曾巩逝世已久仍保持师事的心意，态度坚决，践行了自己“士始终不负”的誓言。

张耒有诗这样赞叹陈师道师事曾巩的忠贞：“南丰冢木已萧萧，犹有门人守一瓢。文彩自应传壶奥，典刑犹可想风标……”[①]

---

① 李震：《曾巩年谱》，苏州大学出版社 1990 年版，第 445 页。

元丰六年（1083）四月，曾巩病逝江宁。陈师道得到消息后，写了两首《妾薄命》以悼念。这两首诗在后世被公认为江西诗派三祖之一的陈师道的代表作,《后山集》以此为冠。诗云：

其一

主家十二楼，一身当三千。
古来妾薄命，事主不尽年。
起舞为主寿，相送南阳阡。
忍著主衣裳，为人作春妍。
有声当彻天，有泪当彻泉。
死者恐无知，妾身长自怜。

其二

叶落风不起，山空花自红。
捐世不待老，惠妾无其终。
一死尚可忍，百岁何当穷？
天地岂不宽？妾身自不容。
死者如有知，杀身以相从。
向来歌舞地，夜雨鸣寒蛩。[①]

陈师道于建中靖国年死于极度的贫穷，他和曾巩的师生关系可以借用欧阳修的两句诗来表述："嗟吾虽得之，气力独何弱。"

陈师道，字履常，一字无己，号后山居士，彭城（今江苏省徐州市）人。元祐二年（1087）由苏轼举荐为徐州教授，历太学博士、颍州教授、秘书省正字。著有《后山先生集》和《后山词》。元符三年（1100）冬，因拒穿连襟赵挺之的毛皮衣以单衣参加郊祭，受冻得病，转年即逝。赵挺之的儿子是赵明诚，媳妇是李清照。曾布的夫人魏玩，朱熹将之与李清照并称。

---

① 李震：《曾巩年谱》，苏州大学出版社 1990 年版，第 443 页。

二、金之精、玉之良

南宋以来，曾巩声望与日俱增，明、清时到达顶点，有段时期甚至超越欧、王、苏，后世许多古文大家都受其影响。

曾巩像

南宋朱熹嗜好曾巩的文章，“熹未冠而读南丰先生之文，爱其词严而理正。居常诵习，以为人之为言，必当如此，乃为非苟作者”。他在《朱子语类》中有三处提到曾巩，认为曾巩的文章“议论平正，耐点检”，也认为“只是关键紧要处，也说的宽缓不分明”。

“元朝散文创作比及盛宋乃一蹶不振。”抒情写景的文章甚少，大多是经世致用的文章。从这个角度看，曾巩的散文是影响了整个元代的。[①]

明代曾巩的地位到达顶点，赵琬评论道：“曾氏之文灿然如日星之丽天，而光耀不可掩焉者。”这是把曾巩抬到接近孔子而超越孟子的地位了。王慎中特别推崇曾巩，《明史·王慎中传》记载：“慎中为文初主秦汉，谓东京之下无可取。已悟欧、曾之作文之法，乃尽焚旧作，一意师仿，尤得力曾巩。”[②]

后世茅坤在《八大家文钞论例》中指出曾巩的文章“本经术，祖刘向”，“而其光焰或不烁也，故于当时稍为苏氏兄弟所掩，独朱晦庵亟称之”。

明末散文大家归有光非常推崇曾巩，钱谦益记载过归有光曾连诵曾巩的《书魏郑公传后》达五十余次之事。

清初张伯行编《唐宋八大家文钞》，总共选编八大家文章三百一十六篇，

① 邹自振：《从元明清评论看曾巩散文的历史地位》，《福州师专学报》1998 年第 4 期。
② 邹自振：《从元明清评论看曾巩散文的历史地位》，《福州师专学报》1998 年第 4 期。

其中曾巩文章达一百二十八篇，是八大家之最。并在《曾文引》中写道："南丰先生之文，原本六经，出入于司马迁、班固之书，视欧阳庐陵几欲轶而过之，苏氏父子远不如也。"

林纾认为曾巩的学记写得很好，而学记又是"最不易为"的。

陈兆仑在《曾文选序》中比较曾巩和韩愈的散文："南丰之文之最上上者，只可当韩之上中，而亦无韩之下格。其无韩之上上者，天也。其亦无韩之最下者，人也。非徒不能为，亦直不欲为耳。"但他认为曾巩的文章超过了欧阳修，"欧阳公之诗有坡老跨之，而文又遇子固，二子皆公之门人，为人师者，不亦难乎？"

以上自南宋起至清末，诸多名家评点曾巩的文章，大概都是赞许和崇敬。"五四新文化运动"后，打倒孔家店，古文沦陷穷谷，曾巩因此受冷落长达百余年。即便到了20世纪七八十年代，还有学者认为曾巩是孔门弟子，是不值得研究的。1983年，曾巩逝世九百周年，江西省在南丰举办了纪念活动，召开了曾巩逝世九百周年学术讨论会，以此为开端，曾巩重新回到世人的眼中。

正如吕祖谦在《古文关键》中评价曾巩为"金之精、玉之良，凡物莫能加也"，曾巩的为文、为政、为人的光芒是掩盖不住的。

参考文献

专著

1. 中州书画社编 :《宋史研究丛书 · 宋史论集》，中州书画社 1983 年版。

2. 曾巩撰，陈杏珍、晁继周点校 :《曾巩集》，中华书局 1984 年版。

3. 江西省文学艺术研究所 :《曾巩研究论文集》，江西人民出版社 1986 年。

4. 江西省社联、抚州地区社联、南丰县纪念曾巩办公室等合编 :《曾巩纪念集》，1987 年版。

5. 祝尚书 :《曾巩诗文选译》，巴蜀书社 1990 年版。

6. 夏汉宁 :《曾巩》，中华书局 1993 版。

7. 李震 :《曾巩年谱》，苏州大学出版社 1997 年版。

8. 王琦珍 :《曾巩传》，吉林文史出版社 1998 年版。

9. 曾子鲁 :《王安石传》，吉林文史出版社 1998 年版。

10. 洪本健 :《宋文六大家活动编年》，华东师范大学出版社 1999 年版。

11. 脱脱等 :《宋史》，中华书局 2000 年版，简体字本。

12. 王琦珍 :《曾巩评传》，江西高校出版社 2000 年版。

13. 宋友贤 :《曾巩传》，广东高等教育出版社 2000 年版。

14. 李焘 :《续资治通鉴长编》，中华书局 2004 年版。

15. 李震 :《曾巩资料汇编》，中华书局 2009 年版。

16. 李俊标 :《曾巩集》，中州出版社 2010 年版。

17. 李俊标 :《曾巩研究》，中国社会科学出版社 2011 年版。

18. 佘德余 :《宦游集》，浙江人民出版社 2013 年版。

19. 罗伽禄 :《曾巩家族》，江西人民出版社 2014 年版。

20. 周明泰 :《曾巩年谱》，台湾商务印书馆发行。

21. 喻进芳 :《温厚平和 含蓄深沉——曾巩诗歌论》，中国社会科学出版社 2016 年版。

22. 王水照主编 :《王安石全集》，复旦大学出版社 2016 年版。

23. 刘成国 :《王安石年谱长编》，中华书局 2018 年版。

论文

1. 陈圣 :《曾巩传》，《抚州师专学报》(曾巩研究专辑) 1988 年第 4 期。

2. 邹自振 :《从元明清评论看曾巩散文的历史地位》，《福州师专学报》1998 年第 4 期。

3. 邹自振 :《曾巩在福州》，《古典文学知识》2003 年第 2 期。

4. 马银华 :《北宋清人笔下的泉水名胜》，《理论学刊》2009 年第 5 期。

5. 马银华 :《文化视野中的北宋齐鲁诗坛研究》，山东师大博士论文，2010 年 11 月。

6. 熊伟华 :《宋神宗罢修五朝国史考》，《湖北社会科学》2010 年第 3 期。

7. 杨丹 :《宋代榷酒法研究》，山东大学法律系硕士论文，2010 年 3 月。

8. 周长风 :《济南南丰祠沿革及联语考证》《济南文史》2015 年第 4 期。

9. 尹光华 :《 陈大春 . 曾巩〈局事帖〉初考》，《今商圈》2016 年第 7 期。

10. 李海洁 :《北宋四六艺术的传承与创变》，浙江大学人文学院博士论文，2016 年 6 月。

11. 李俐苇 :《曾巩在越州》，拉曼大学中华研究院中文系文学士学位论文，2011 年 11 月。

12. 张华松 :《曾巩与济南泉水的时空溯源》,《济南大学学报》2014 年第 3 期。

13. 曾招喜 :《曾巩知齐州历史贡献研究》,《济南职业学院学报》2016 年第 6 期。

后 记

曾巩入仕以来，初仕太平州、转馆阁、自求外任、转徙诸州，回京后，擢中书舍人，官宦生涯共计二十五年，足迹遍及大江南北，入仕以后在地方州府展现了杰出的政治才华，在朝中各岗位亦诚恳敬业、政绩斐然。他以司法参军一职入仕，其后，任地方官时，格外留意折狱，并以“铁面御史”赵抃为“吏师”，行政务求“严简”，终归于“慈恕”。因此，他每到一州郡，往往开始时政务烦剧，不久便“州赖以治”。除刑狱外，每到一地，曾巩对水利相当之重视。越州的鉴湖和海塘、齐州的大明湖和北水门、襄州的长渠、明州的广德湖，均引起曾巩的关注。在这些地方，他仔细观察，细致谋划，悉心调研，及时跟踪进展，留下许多相关文字。这些文字，充分证明了曾巩的“道适天下之用”的儒家理念，一部《曾巩集》，大多文章能让人深深感受到曾巩对任地的拳拳之心、对天下百姓的惓惓之义。

两年之前，为迎接即将到来的“曾巩诞辰千年”，我们南丰县地方文化研究中心策划以一套《曾巩文化丛书》作为献礼，这本《宦游九州：曾巩政治思想研究》乃是其中的一部。着眼于曾巩从政时期，主要从他的政绩、政声着手研究他的治政理念和方式方法。为免囿于文献故纸而产生刻板印象，书稿的十一位作者全部亲临曾巩的任地做实地调查考察，并寻找新的、可信之记载，较为翔实地掌握了曾巩从政时期的生活状况、公务政事、思想心态及创作情况等大量的第一手资料，同时亲临其境又与先贤思接千载。当然，我们也未曾抛开之前已有的曾巩研究成果，在借鉴的基础上，敢于开拓新的思路，写下自己对资料的审读和判断。

本书为集体创作成果，乃集体智慧的结晶。十一位作者，既有资深的专家，又有年轻的研究新锐。大家本着以考据为基础，以史实为依据，夹叙夹议以议为主的写作原则，相互参研，相互评读，相互修订，从书稿的布局、篇目的设计，到内容的采信、资料的甄别，乃至文风的统一、文字的推敲，等等，五易其稿，字斟句酌，终成此书。然众手成书，难免文风不一、参差不齐。

文章千古事，得失寸心知。书已成而事未毕，对于曾巩的研究来说，本书仅仅是一块引玉之砖，在研究曾巩的视域中，着重考察曾巩的为政思想也仅为一次初步尝试。本书有遗憾，有瑕疵，但更多的是体验和认识，十一位作者通过写作本书而体验、认识曾巩宦游的历程。每一份对曾巩的新认识，点滴而后涓涓，汇流进现代人对曾巩这位北宋大儒的重新认识。同时，我们尽可能地配上一些精美的图片，以使读者能更为直观地感受曾巩的仕途遗迹。

当然，学术者，乃观点、主张、学说之谓也。蔡元培先生曾经说过：学术研究，“多歧为贵”。可见，学术空间是允许存在一些歧异的。由于作者学养的差别、研究方法的各异、资料采信的不同，含《宦游九州：曾巩政治思想研究》在内的这套“曾巩文化丛书”，可能还会存在一些失当甚至相互矛盾的地方。我们应秉持的态度是，大胆假设、小心求证，各抒己见、求同存异，尊信史实、不取苟同。

作为《曾巩文化丛书》之一，本书在最初的策划之时，南丰县地方文化研究中心特约研究员、南丰县博物馆原馆长邱模楷先生给出了重要的指导意见，并在本书初稿和二稿上给出许多重要的批改。同时他以顽强的毅力和可贵的敬业精神，带病坚持写作完成了“文掩诗名曾子固”部分数万字的文稿，给本书诸作者予以相关方面的参考。可惜天不假年，斯人已逝，未及看到这部凝聚他心血的丛书问世。谨此致敬邱模楷先生！

本书四稿后，承蒙曾巩研究专家、江西师范大学教授王琦珍先生拨冗审阅，逐章逐句给出意见，庶几谬误得以最大程度地减少，在此对王琦珍先生对本书付出的心力和辛劳表示衷心的感谢。

在此，还应特别感谢江西人民出版社领导及王一木主任和他的同事对本书所做的各项出色的工作，这也是成书非常关键的因素。

读者是最好的批评家，我们诚惶诚恐，在此将本书郑重地交给读者，敬请读者予以品读。

夏老长

2018 年冬